مدينتي حلب

edition
esefeld
& traub

Humboldtstraße 6
70178 Stuttgart
Germany
www.edition-et.de
info@edition-et.de

Herausgegeben von I Edited by
Anette Gangler, Meinolf Spiekermann

Übersetzung I Translation
Jim Kautt, Suleman Taufiq, Fares Youwakim

Lektorat I Copy-editing
Isolde Bacher

Grafische Gestaltungsberatung
Grafic design consultancy
Susanne Puzicha, à propos kommunikation & design, Stuttgart

Druck I Printed by
gutenberg beuys Feindruckerei, Langenhagen

2. durchgesehene Auflage I 2nd revised edition 2015

ISBN 978-3-9809887-6-6

مدينتي حلب

Mein Aleppo | My Aleppo

Inhalt Contents المحتويات

Vorwort Prologue مقدمة

Aleppo – in ihrer 5000 Jahre langen und bewegten Geschichte hat diese Stadt so viele Metamorphosen erlebt wie kaum eine andere. 1986 wurde die gesamte Altstadt mit der Zitadelle, deren Ursprünge bis ins 3. Jahrtausend v. Chr. nachweisbar sind, mit dem Suq, in dem bis heute der hellenistische Stadtgrundriss noch erkennbar ist, und mit den unzähligen historischen Monumenten aus islamischer Zeit und früheren Epochen in die Liste des Weltkulturerbes aufgenommen. Heute ist Aleppo mit fast drei Millionen Menschen die Industrie- und Handelsmetropole Syriens und die Altstadt mit 120.000 Einwohnern eine Stadt in der Stadt.

Die Geheimnisse und Gegensätze, die sich hinter den steinernen Mauern der Altstadtgassen verbergen, haben uns seit den ersten Besuchen in Aleppo nicht mehr losgelassen. Immer wieder neue Entdeckungen in der Stadt und der damit verbundenen Geschichte vergangener Jahrhunderte und vor allem die Begegnungen mit ihren Bewohnern haben unser Bild dieser Stadt von „innen" geprägt. Die Beiträge in diesem Buch haben Erinnerungen, Erlebnisse und Beobachtungen über unser Aleppo wieder lebendig werden lassen und in ihrer Wirkung noch weiter verstärkt.

Für die unterschiedlichen Sichtweisen der Autoren und Fotografen, die die Stadt aus der Sicht der Aleppiner kennen, in ihr gearbeitet oder sie besucht haben, und für ihre Texte und Bilder möchten wir uns herzlich bedanken.

Es ist ein Buch entstanden, das versucht, nicht nur die „Sehenswürdigkeiten" Aleppos, sondern „Innenansichten" vom Leben der Aleppiner zu zeigen: städtische Strukturen sowie Lebens- und Umgangsformen, die sich über Jahrhunderte herausgebildet haben und nun durch veränderte soziale, ökonomische und politische Bedingungen einem rapiden Wandlungsprozess unterworfen sind. Während wir dieses Vorwort schreiben, manifestiert sich eine Aufbruchsstimmung in der syrischen Gesellschaft, deren Auswirkungen noch nicht absehbar sind. Somit dokumentieren die Beiträge im Buch vielleicht etwas, das bald ein Stück weit der Vergangenheit angehören wird (oder kann). Und doch wird es die Grundlage für die Zukunft darstellen.

Die Auswahl der Fotografien, die den kurzen Texten gegenübergestellt sind, spiegelt sehr persönliche Eindrücke wider. Es sind eher alltägliche Momentaufnahmen von Einheimischen und Fremden, vom Sichtbaren und Unsichtbaren, aus den engen Altstadtquartieren und dem Suq mit seiner lärmenden Intimität, dem Blick von der Zitadelle über die Stadt und vom Eintauchen in teilweise fremde und verborgene Lebenswelten Aleppos und seiner Bewohner. Wobei sich bisweilen beim Betrachter schnell das Gefühl einstellt, hier ein Stück weit zu Hause zu sein.

Liebenswert macht die Stadt vor allem die Gastfreundschaft der Aleppiner. Ihre Offenheit gegenüber Fremden gehört zu den stärksten unter den vielfältigen Erlebnissen und Erfahrungen während unserer gemeinsamen langjährigen Tätigkeit in Aleppo. Mit diesem Buch möchten wir uns vor allem bei ihnen bedanken.

Anette Gangler / Meinolf Spiekermann
(2011)

Als dieses Buch im Herbst 2011 erschien, haben wir die Katastrophe in Syrien nicht vorhergesehen. Zwar haben wir damals schon geahnt – die Proteste gegen das Regime hatten bereits begonnen –, dass Syrien und somit auch Aleppo vielleicht nie mehr so sein würden, wie die Geschichten in diesem Buch sie beschreiben. Aber wir haben uns nicht vorstellen können, dass die anfängliche Forderung nach Würde und Recht zu diesem schrecklichen Krieg führen würde, der nicht nur religiöse und ethnische Konflikte aufbrechen ließ, sondern sich inzwischen sogar zu einem Kampf um die Vorherrschaft in der ganzen Region ausgeweitet hat. Hunderttausende Syrerinnen und Syrer sind gestorben, Tausende von Kindern verwaist und Millionen Menschen zur Flucht gezwungen. Heute – im Herbst 2015 – ist nicht abzusehen, wann und wie dieser Konflikt gelöst werden wird.

2011 fragten wir uns, ob wir angesichts der aufkommenden Gewalt ein Buch mit persönlichen Geschichten aus und über Aleppo aus der Zeit vor dem Konflikt herausgeben sollten. Aber wir wollten das Bild einer Stadtkultur zeigen, die über Jahrhunderte vom Zusammenleben unterschiedlicher ethnischer und religiöser Gruppen geprägt war. Die Beiträge dokumentierten bereits damals ein Stück weit die Vergangenheit, da sich die städtischen Strukturen sowie das Alltagsleben der Einwohner Aleppos rapide veränderten. Viele der im Buch dargestellten Sichtweisen haben heute keinen Bestand mehr, viele der syrischen Autorinnen und Autoren mussten ihre Stadt verlassen und sich in völlig neuer Umgebung zurechtfinden. Das Buch ist über die Jahre zum Zeugnis einer vergangenen Zeit geworden – gerade dies hat uns veranlasst, es in zweiter, durchgesehener Auflage bewusst weitgehend unverändert zu belassen.

Wir möchten mit der Zweitauflage neben der Bekundung unseres Respekts vor dem Schicksal der Bewohner Aleppos einen Beitrag dazu leisten, die Erinnerung an die verlorene Heimat, an diese vormals schöne und stolze Stadt aufrechtzuerhalten – gerade weil dieser Krieg so viel von dem infrage stellt oder gar zerstört hat, worauf die Aleppinerinnen und Aleppiner stolz waren und sich verlassen haben: die jahrhundertealte Geschichte der religiösen und ethnischen Vielfalt, die Kraft einer 5000-jährigen Stadtgeschichte, Toleranz, Freundlichkeit und so vieles mehr. Wir finden, dass dieses Geschichtenbuch inzwischen auch ein Geschichtsbuch ist.

Anette Gangler / Meinolf Spiekermann
(2015)

Aleppo – in its dynamic five thousand year-old history, Aleppo has experienced more metamorphoses than hardly any other. The entire historic city center (Old City), with the Citadel, whose origins can be traced back to the third millenium B.C., and the Souq, where the Hellenistic city plan is still recognizable today, and the countless historic monuments from the Islamic period and earlier epochs, was added to the list of the World Cultural Heritage in 1986. With a population of nearly three million today, Aleppo is the industrial and commercial capital of Syria and with its population of 120,000 inhabitants, the Old City is a city within a city.

The secrets and contrasts hidden behind the stone walls of the alleys of the Old City have gripped us ever since our first visits to Aleppo. More new discoveries in the city, the history of past centuries connected to it, and, above all, encounters with its residents have defined our image of this city from the "inside". The articles in this book have allowed memories, experiences, and observations about our Aleppo to become alive again and amplified their effect even more.

We would like to extend our cordial thanks for the different viewpoints of the authors and photographers who either know the city from the perspective of native Aleppines, or have worked or visited there, and for their articles and images. A book has been produced that not only attempts to show the "sights" of Aleppo, but also the "internal views" of the lives of Aleppines, such as city structures as well as ways of life and manners that have developed over hundreds of years and are now being subjected to a rapid process of change due to altered social, economic, and political conditions. As we write this preface, an atmosphere of change is evident in Syrian society, the results of which are not yet foreseeable. Thus, the articles in the book document something that will (or may) perhaps soon be a part of the past. Yet, it will also still present the basis for the future.

Even more so than in both of the previous volumes, the selection of photographs placed next to the short articles reflects very personal impressions. They are more everyday glimpses of natives and foreigners, of the visible and the invisible, from the narrow quarters of the Old City and from the Souq with its noisy intimacy, from the vantage point of the Citadel out across the city and from immersion in the partially strange and hidden worlds of life of Aleppo and its residents. In all of this, the observer quickly gets the feeling of being a bit at home here.

Above all, the hospitality of the Aleppines is what makes the city so desirable. Their openness towards foreigners is one of the strongest among the manifold experiences during our joint long-term activity in Aleppo. With this book we would like to especially thank them.

Anette Gangler / Meinolf Spiekermann
(2011)

When this book was published in the fall of 2011, we did not foresee the catastrophe in Syria. Even then, we already guessed – the protests against the regime had already begun – that Syria and therefore perhaps Aleppo would never be the same as the stories in this book describe them. But we could not have imagined that this initial demand for dignity and justice would lead to this terrible war in which not only religious and ethnic conflicts break out, but which has now even extended to a battle for supremacy across the region. Hundreds of thousands of Syrians have died, thousands of children orphaned and millions of people forced to flee. Today – in autumn 2015 – it is not possible to predict when and how it will be resolved.

In 2011, we asked ourselves, in the face of emerging violence, whether we should publish a book with personal stories and Aleppo from the period before the conflict. But we wanted to show the image of a city culture, which was dominated for centuries by the coexistence of different ethnic and religious groups. The articles documented already at that time in a little way the past because the urban structures and the everyday lives of the residents of Aleppo changed rapidly. Many of the views presented in the book no longer exist today, a lot of Syrian authors have had to leave their city and find their way in a totally new environment. Over the past few years the book has become a testimony of a bygone era – this very fact has led us to keep it, to a large extent, consciously unchanged in the revised second edition.

We want to make the second edition, besides showing respect for the fate of the inhabitants of Aleppo, a contribution to the memory of the lost homeland, to keep up this formerly proud and beautiful city – just because this war has called so much into question, or even destroyed what Aleppines and Aleppo were so proud of and have relied on: the centuries-old history of religious and ethnic diversity, the strength of a 5000-year-old city history, tolerance, kindness and so much more. We think that this book of stories has now, in the meantime, become a history book as well.

Anette Gangler / Meinolf Spiekermann
(2015)

على مدى ٥٠٠٠ سنة من تاريخها الطويل والحيوي شهدت مدينة حلب العديد من التحولات التي لا مثيل لها. في عام ١٩٨٦ تم ضم المدينة القديمة بأكملها إلى قائمة التراث الثقافي العالمي، أي القلعة التي يعود تاريخ تشييدها الموثق إلى ثلاثة آلاف سنة قبل الميلاد، والسوق حيث لا يزال المسقط الأفقي للمدينة الهلنستية واضحاً فيها، إضافة إلى العديد من الصروح التاريخية من العصر الإسلامي والعهود القديمة. حلب اليوم، بعدد سكانها الذي يقارب الثلاثة ملايين نسمة، مدينة صناعية وتجارية أساسية في سوريا وتشكل المدينة القديمة، التي يتجاوز عدد سكانها الـ ١٢٠٠٠٠ نسمة، مدينة داخل المدينة.

من زيارتنا الأولى إلى حلب أسرتنا الأسرار والتناقضات التي تكمن وراء الجدران الحجرية في الأزقة القديمة. أما رؤيتنا لأعماق هذه المدينة وخصائصها، فلقد تكونت من خلال ما تمخضت عنه الإكتشافات الجديدة المستمرة في حلب وإرتباطها بتاريخ القرون لماضية، وخصوصا من خلال اللقاءات مع سكان هذه المدينة. لقد جددت مقالات هذا الكتاب إحياء الذكريات والتجارب والانطباعات عن مدينتنا حلب.

نتقدم بالشكر الحار للكتاب والمصورين الذين قدموا وجهات نظر مختلفة، الذين يعرفون المدينة كونهم من أهلها، أو الذين إشتغلوا فيها أو الذين قاموا بزيارتها.

والخلاصة كتاب لم يحاول الاكتفاء بإبرازالمعالم السياحية، إنما سعى لإعطاء فكرة عن أعماق الحياة اليومية لسكان حلب في أدق مظاهرها: بُنية حضرية، طريقة حياة، وآداب اللياقة، التي نمت على مدى قرون، خضعت لتحولات سريعة نتيجة تغيّر الظروف الإجتماعية والإقتصادية والسياسية. وإذ نحن نكتب هذه المقدمة تجلّت أجواء نهضوية في المجتمع السوري لم تظهر آثارها في الأفق بعد. وبالتالي، فإن هذه المقالات الواردة في الكتاب ربما تصبح لاحقاً شيئاً من الماضي، لكنها سوف تكون أساساً للمستقبل.

ويعكس اختيار الصور لفوتوغرافية المقابلة للنصوص القصيرة النظرة الشخصية بامتياز. ثمة لقطات أكثر للحياة اليومية للسكان والأجانب، لأشياء مرئية وغير مرئية، لأحياء المدينة القديمة الضيقة والسوق بحميميتها الصاخبة، لمشهد المدينة من القلعة، لقطات تغوص في عوالم حياة حلب وسكانها وبعضها غريب. مي بعض الأحيان يشعر المشاهد بسرعة أن هذا جزء من وطن بعيد.

الشئ الذي يجعل المدينة مُحببة هو بالأخص كرم الضيافة لدى أهل حلب. إن إنفتاحهم على الضيوف والزوار هو من أهم التجارب المختلفة التي عشناها خلال سنوات عملنا المشترك في حلب.

بهذا الكتاب نودّ تقديم الشكر للحلبيين على وجه الخصوص.

أنيته غانغلر - ماينهولف سبيكرمان
(2011)

عندما صدر هذا الكتاب للمرة الأولى في خريف عام ٢٠١١، لم نكن نتوقع حصول الكارثة في سوريا. بالرغم من أننا كنا نشعر - وكانت الاحتجاجات قد بدأت بالفعل ضد النظام - أن سوريا، وبالتالي مدينة حلب، لن تبقى أبدا كما وُصفت في هذا الكتاب.

لم نكن نتصور أن بداية هذه الاحتجاجات من أجل الكرامة والعدالة سوف تتحول إلى حرب رهيبة من شأنها أن تؤدي في نهاية المطاف إلى صراع ديني وعرقي، بل ليمتد الصراع ويتحول إلى معركة من أجل السيطرة على المنطقة بأسرها. مئات الآلاف من السوريات والسوريين قد قتلوا. آلاف الأطفال تيتموا. وملايين البشر أجبروا على الفرار. لا يمكن اليوم - في خريف ٢٠١٥ - التنبؤ متى وكيف يتم حل هذا الصراع.

تساءلنا عام٢٠١١: هل يمكن إصدار كتاب يحتوي على قصص شخصية حول حلب في فترة ما قبل الأحداث على ضوء العنف الحاصل؟ وكنا أردنا أن نقدم صورة لثقافة حضرية من التعايش بين الجماعات العرقية والدينية المختلفة كانت سائدة لعدة قرون.

وثقت النصوص والصور في ذلك الوقت بالفعل التغيرات السريعة في الهياكل الحضرية والحياة اليومية للسكان في حلب. والعديد من الرؤى المعروضة في الكتاب اليوم لم تعد موجودة، والكثير من الكتاب السوريين اضطروا لمغادرة مدينتهم، وهم يحاولون اليوم التأقلم مع بيئة جديدة تماما.

أصبح الكتاب على مر السنين شاهدا على حقبة ماضية. وهذا ما حدا بنا إلى إصدار الطبعة الثانية دون أي تغييرات. إضافة إلى احترامنا الكلي لمصير سكان حلب، نود بالطبعة الثانية المساهمة في الحفاظ على ذاكرة الوطن المفقود، وعلى هذه المدينة التي كانت جميلة وأبيّة. ولأن هذه الحرب دمرت الأشياء التي يعتز بها أبناء حلب وإضطروا للنزوح عنها: دمرت قرونا من تاريخ التنوع الديني والعرقي في المدينة و٥٠٠٠ سنة من تاريخ التسامح والود، بل وأكثر من ذلك بكثير. نحن نرى أن كتاب الحكايات الشخصيةهذا أصبح الآن كتاب تأريخ أيضا.

أنيته غانغلر - ماينهولف سبيكرمان
(2015)

Fotos 1
Archiv Poche-Marrache /
Archiv Thierry Grandin

Photos 1
Archive Poche-Marrache /
Archive Thierry Grandin

صور ١
أرشيف بوخه - مراش
أرشيف تييري غراندين

Der Palast der Poche

Eigentlich sind sie schwer erträglich, die Aleppiner, wenn sie über ihre Stadt reden. Keine sei älter, keine sei schöner, sagen sie und lassen keinen Widerspruch zu. Keine habe elegantere Minarette, Maschrabien und Moscheen, keine edlere Paläste, und der Suq von Aleppo, der sei ohnehin der älteste der Welt und auch der längste. Auch hier ist Widerspruch nicht ratsam, andernfalls verwickelt der stolze Aleppiner den Zweifler in eine Diskussion und argumentiert ihn schwindlig.

Wenn aber Jenny Poche-Marrache über ihren Palast, durch den sie gelegentlich ausgewählte Besucher führt, ins Schwärmen gerät, dann verzeiht man ihr jeden Superlativ. Wir hatten sie bei Dreharbeiten für einen Fernsehfilm über Aleppo kennengelernt. Sie ist ein Muss, hatte man uns gesagt, denn sie stammt aus einer der letzten großen Händlerdynastien der Stadt, den Poche-Marrache. Dies ist alles andere als ein typisch syrisch-arabischer Name. Jenny, so war mein Eindruck, ist überzeugte Aleppinerin. Sie ist verheiratet mit einem Syrer, versteht sich aber nicht unbedingt als arabische Syrerin, denn ihre Familie hat Wurzeln in Venedig und Böhmen. Ihr Palast ist so europäisch, wie es europäischer kaum noch geht, liegt aber unmittelbar über dem Suq, und der ist so orientalisch wie nur was. Seine Geruchsmelange aus Gewürzen, Parfums, geröstetem Kaffee und den Düften der Garküchen glaubt man noch in den Sälen des Palastes wahrzunehmen. Die Rufe der Händler dringen gedämpft nach oben.

Das eben ist Aleppo: West und Ost stoßen hier aufeinander, aber nicht zusammen. Aleppo hat von beiden Himmelsrichtungen profitiert, liegt die Stadt doch an der Schnittstelle zwischen Mittelmeer und Vorderasien. Im osmanischen Reich war sie über Jahrhunderte Schaltzentrale im damals schon globalen Handel. Hier kamen die Karawanen aus Fernost an und luden ihre Waren ab. Hier hatten sich schon früh europäische Kaufleute niedergelassen und ihre Handelskontore eröffnet, die meisten mitten im Suq. Als Erstes die Venezianer, die 1548 ihre Vertretung in Aleppo einrichteten. Andere Europäer folgten, bauten Patrizierhäuser und Paläste mitten in den Suq, meistens verbunden mit einem Khan, einer Karawanserei. Aus den Handelsvertretungen wurden später Konsulate, aus Kaufleuten Diplomaten. Aus dem böhmischen Glaswarenhändler Poche wurde der Honorarkonsul Belgiens, der Vereinigten Staaten, Russlands und der Niederlande, aus Poche wurde dank geschickter Heiratspolitik mit den Venezianern, so Jenny Poche-Marrache.

Sie ist stolz auf ihre Vorfahren und ihren Palast, in dem sie ihre Jugend verbracht hat: „Wir hatten Könige zu Gast, Prinzen und Herzöge. Botschafter kamen fast jeden Tag zu uns. Selbst Lawrence von Arabien war hier, aber das war vor meiner Zeit."

Ihr Palast liegt über dem ehemaligen Suq der Kupferschmiede. Durch eine unscheinbare Tür betritt man einen Innenhof, steigt eine Treppe hoch, Jenny öffnet die Tür und der Besucher steht in herrschaftlich hohen Räumen, die Holzböden mit kostbaren Teppichen ausgelegt. Kronleuchter aus Kristallglas hängen von der gewölbten Decke. Jenny führt uns durch die Empfangshalle, erzählt zu jedem Wappenschild an der Wand, zu jedem Ahnenbild eine eigene Geschichte. Vor einem mit Schnitzereien verzierten Holzkasten an der Wand bleibt sie stehen. „Mein Großvater Albert", berichtet sie, „war ein leidenschaftlicher Fotograf. Dieses aufklappbare Album aus Holz hat er sich bauen lassen für seine Fotografien." Wie eine Ziehharmonika lassen sich mehrere Flügeltüren des Wandschränkchens aufziehen. In jede sind schöne, alte Schwarzweißfotografien eingelassen. „So etwas gibt es sonst nirgends", sagt Jenny.

Dann führt sie uns noch zu einer besonderen Kostbarkeit in einem kleinen Salon, dem Lieblingszimmer ihrer Großmutter. An der Wand hängt ein großformatiges Ölgemälde, das die Ehefrau des letzten venezianischen Konsuls zeigt, mit der Jenny natürlich verwandt ist. Auf dem Tisch im Bild liegt eine kleine Mandoline. „Und dies ist diese Mandoline", Jenny deutet auf eine echte Mandoline auf einem kleinen Tisch vor dem Bild. „Sie wurde vor über 200 Jahren in Neapel gefertigt."

Einen kleinen Vormittag hat der Palastbesuch gedauert, die Dreharbeiten brauchen ihre Zeit, aber auch die vielen Geschichten, die Jenny zu erzählen weiß. Fast haben wir den lärmenden Suq unter uns vergessen. Als wir schließlich die Treppen wieder hinuntersteigen, den Innenhof durch das Tor verlassen, hat er uns wieder, der längste Suq der Welt, mit seinem Lärm, seinen Gerüchen und seiner Hektik.

Jörg Armbruster

قصر بوخه - مراش

يصعب على البعض إحتمال أهل حلب عندما يتحدث هؤلاء عن مدينتهم. يقولون لك «لايوجد أقدم منها ولا أجمل»، ولا يقبلون أي إعتراض. ويقولون «لا توجد مدينة تزخر بالمآذن والمشربيات والمساجد الأنيقة والقصور الفخمة العريقة مثلها، وسوق حلب، هي بدون شك الأقدم والأطول بين أسواق العالم». هنا أيضاً، ليس من الحكمة الإعتراض، وإلا فإن الحلبي الذي يتفاخر بمدينته سيقود المشكك بكلامه إلى نقاش طويل وسوف يجادله إلى حد إصابته بالدوار والإعياء! لكن الانطباع يتغير، عندما تتجول السيدة جيني بوخه - مراش في قصرها مع ضيوفها المختارين، فعندئذ لا تملك إلا أن تغفر لها حماستها.
كنا قد التقينا بها أثناء تصوير فيلم تلفزيوني عن مدينة حلب. قيل لنا «يجب أن تلتقوا بهذه السيدة». فهي تنتمي إلى واحدة من آخر السلالات التي أمتهنت التجارة في المدينة: عائلة بوخه - مراش. تركيبة «بوخه مراش» لا تدل على أسم سوري نموذجي. أعتقد أن جيني مقتنعة بأنها حلبية. هي متزوجة من سوري، لكنها لا تعتبر نفسها بالضرورة عربية سورية أصيلة، فعائلتها ذات جذور في البندقية وبوهيميا. قصرها هذا أوروبي، بامتياز. لكنه مشيّد مباشرة فوق السوق التي هي شرقية أصيلة. الروائح الطاغية في المكان مزيج من التوابل والعطور والبن المحمص وروائح المأكولات الآتية من الأكشاك، يعتقد المرء أنه يستنشقها في قاعات القصر. أما نداءات التجار فتصل إلى الأعلى خافتة.
هذه هي حلب بالذات: الشرق والغرب يتقابلان، لكن لا يصطدمان. إستفادت حلب من كلا الإتجاهين. تقع المدينة عند نقطة تقاطع البحر المتوسط والشرق الأدنى. في عهد الإمبراطورية العثمانية، كانت لعدة قرون مركز التحكم في مجال التجارة العالمية. كانت القوافل تصلها من الشرق الأقصى لتفريغ بضائعها. وقصدها التجار الأوروبيون في وقت مبكر وفتحوا المكاتب الفرعية التي كانت معظمها وسط السوق. كان الرواد تجار البندقية الذين أنشأوا ممثلية لهم في حلب عام ١٥٤٨. بعد ذلك تبعهم الأوربيون من مختلف الجنسيات، الذين بنوا بيوتهم الفخمة وقصورهم في وسط السوق. وغالباً ما رافق ذلك تشييد الخانات. وتحول التمثيل التجاري فيما بعد إلى قنصلية والتجار إلى ديبلوماسيين. وأصبح بوخه تاجر الزجاج المنحدر من بوهيميا قنصلاً فخرياً لبلجيكا والولايات المتحدة وروسيا وهولندا، وبفضل سياسة الزواج الذكية مع أهل البندقية أصبح بوخه كما تقول جيني «بوخه - مراش». أنها فخورة بأجدادها وبقصرها حيث أمضت شبابها. «في ضيافتنا أقام ملوك وأمراء ونبلاء. كان السفراء يأتون إلى عندنا كل يوم تقريباً. حتى لورانس العرب زارنا. لكن ذلك كله حدث قبل مولدي.»
يقع قصرها في سوق النحاسين سابقاً. من باب عديم الملامح يدخل المرء إلى فناء ثم يصعد الدرج. جيني تفتح الباب ويقف الزائر وسط الغرف الفخمة ذات السقوف العالية. الأرض الخشبية مفروشة بالسجاد الثمين. ثريات الكريستال تتدلى من سقف مقبب. تقودنا جيني إلى بهو الإستقبال وتروي لنا معاني الشعارات الخاصة بالأسرة المعلقة على الحائط وتفاصيل الصور التي لكل واحدة منها قصة. تقف أمام علبة خشبية مزخرفة بنقوش ومثبّتة على الحائط وبها صور. «هذا جدي ألبرت»، تقول، «كان مولعاً بالتصوير. وهذا الألبوم الذي يمكن طيّه صنعه من الخشب لحفظ صوره. وتضيف: «هذه العلبة مثل الأكورديون الذي يمكن تحريكه فتدفق فيه الصور القديمة والجميلة وكلها بالأبيض والأسود». وتختم جيني تعليقها بالقول «هذا شيء لا مثيل له».
بعد ذلك قادتنا إلى شئ ثمين موجود في صالون صغير، الغرفة المحببة لجدتها. على الجدار عُلقت لوحة زيتية كبيرة لزوجة آخر قنصل للبندقية، التي تربطها بجيني صلة قرابة. وفي اللوحة ترى آلة مندولين صغيرة. «هذه هي المندولين»، وتشير جيني إلى مندولين حقيقية موضوعة على طاولة صغيرة أمام اللوحة وتقول «صُنعت قبل أكثر من ٢٠٠ سنة في نابولي».
استغرقت زيارة القصر فترة قبل الظهر. أما التصوير فتطلب وقتاً، وكذلك الوقت المخصص للعديد من الحكايات التي على جيني أن ترويها وعلينا أن نسمعها. نسينا تقريباً ضوضاء السوق تحتنا. وأخيراً عندما نزلنا الدرج من جديد وخرجنا من فناء القصر من خلال البوابة، استقبلتنا أطول سوق في العالم بضجيجها وروائحها و صخبها.

يورغ أرمبروستر

Innen und außen

Das Bild des Innenhofes eines traditionellen aleppinischen Hauses ergänzt den Blick auf die Dachlandschaft. Es zeigt das Innere eines der zahllosen „Atemlöcher" in der Dachhaut der Stadt. Der Besucher, der die Schwelle eines dieser Wohnhäuser übertreten will, hat sich dem Haus von den zentralen Märkten über mehrere, teils verwinkelte Haupt- und Nebengassen zu nähern, muss Schritt für Schritt den Gegensatz zwischen öffentlichem und privatem Raum der Stadt überwinden. Durch das Haustor gelangt er in einen weiteren verwinkelten Innengang, der bereits der privaten Sphäre angehört und vorerst jede direkte Einsicht ins Hausinnere verwehrt. Aus dieser letzten Pufferzone tritt er endlich in den lichten Hofraum, wo sich ihm eine andere Welt als jene der gedrängten Basare und der engen, zwischen die Hauskörper eingezwängten Gassenschluchten eröffnet. Dieser offene Innenraum ist keine zufällige, gestaltlose Leere, sondern ein fest umrissener, individuell belebter Ausschnitt aus der Unendlichkeit. Wer hier verweilt, fühlt sich dem weltlichen Getriebe enthoben, und doch im Mittelpunkt aller Dinge. Die Welt des Hauses wird zu einem Mikrokosmos, der sich um die „Nabe" seines Hofes dreht.

Im Gegensatz etwa zu den maghrebinischen Wohnhäusern sind in Aleppo die sich gegenüberliegenden Hoffassaden nicht zwingend absolut symmetrisch. Die Hauptaufmerksamkeit des Besuchers zieht meist ein haushoher, gewölbter Nischenraum auf sich: der dem Zentrum des Hofes zugewandte *Iwan*, der als geschützter Aufenthalts- und Empfangsraum im Freien dient und dem Hausherrn gleichsam königlichen Status verleiht. Eine andere Hofseite wird oft von der sogenannten *Qa'a* eingenommen, einem hohen, mit einer Lichtkuppel gedeckten Zentralraum mit seitlich angegliederten, leicht erhöhten Alkoven oder *Iwanen*. Die *Qa'a* gleicht einem überdeckten Hofraum und bildet sozusagen ein Haus im Haus, das den formalen Empfängen vorbehalten ist. Um diese Elemente gliedern sich weitere Wohneinheiten mehr privater Natur an, viele von ihnen mit eigenständigem Charakter und über offene Treppen direkt vom Hof aus erreichbar. Vornehme Häuser bestehen oft aus mehreren Hofeinheiten. Sie gleichen dadurch einer Stadt im Kleinen, die sich um den Haupthof des Komplexes entwickelt hat.

Anders als bei dem nach außen gewandten europäischen Haus geht die Blickrichtung der Räume nicht auf die Straße und auch nicht auf die Ferne des Horizontes. Das Haus ist nicht als plastisches Volumen in den freien Raum gestellt, sondern wird durch die eingeschnittenen Hohlformen der offenen und gedeckten Höfe geprägt, zu denen alle Öffnungen des Hauses orientiert sind. Die wahren Fenster des Hauses sind die „Himmelsaugen" des Dachausschnittes, wohin alle Blickrichtungen geleitet werden, wie um sich in einem gemeinsamen Brennpunkt zu vereinen. Die Anordnung der Räume um eine gemeinsame Mitte – die oft durch einen Brunnen betont ist – zentriert das Raumgefüge und die darin sich abspielenden Tätigkeiten. Die vertikale Achse des von oben einfallenden und sich nach unten verbreitenden Lichts hält sie gleichsam im Lot. Diese räumliche Ordnung teilt sich geradezu körperlich mit, prägt Haltung, Bewegungen und Lebensführung der Bewohner auf gleichsam rituelle Weise. Nicht umsonst betrachtet der gläubige Muslim das Innere seines Hauses als Heiligtum, was auch der ursprüngliche Sinn des Wortes „Haram" ist.

Diese Sakralisierung des Hauses bedeutet keine Verachtung der äußeren Alltagswelt (in der Tat kann man sich kaum ein pralleres Leben als jenes in den alten Marktvierteln von Aleppo vorstellen), sondern weist auf den Wunsch hin, in beiden Sphären gleichzeitig zu leben und jede in den ihr zukommenden Rechten und Ehren zu halten. Beide Lebensbereiche, den zeitlichen und den zeitlosen, auf so harmonische Weise in ihrem baulichen Gefüge verräumlicht zu haben ist der besondere Vorzug einer Stadt wie Aleppo.

Stefano Bianca

داخل و خارج

منظر باحة المنزل الحلبي التقليدي يُكمل مشهد فضاء الأسطح. هذا يرينا داخل واحدة من «ثقوب التنفس» التي لا تُحصى في سقف الغشاء الذي يكسو المدينة. فالزائر الذي يريد عبور إحدى عتبات هذه المنازل، عليه أن يقترب من البيت من طريق الأسـواق المركزية مـروراً بـأزقـة متعرجة رئيسية وفرعية، وعليه التغلب تدريجياً على التناقض ما بين الفضاء العام والخاص للمدينة.
من خلال الباب الرئيسي، يصل إلى ممر آخر داخلي متعرج، هو جزء من الحيز الخاص الذي يعزل داخل البيت عن الخارج. من هذه المنطقة العازلة الأخيرة يدخل أخيراً إلى الفناء المنير، حيث ينفتح عليه عالم آخر يختلف عن ذلك الذي في الأسواق المزدحمة والبيوت المرصوصة في أخاديد الأزقة الضيقة. هذا الفضاء الداخلي ليس فراغاً عشوائياً من دون شكل، وإنما له شكل مُحدد فردي حيوي مقتبس كمقطع من الخلود. من يمكث هنا يشعر بالإرتياح من العناء الدنيوي، ويكون في الوقت نفسه في مركز كل الأشياء. عالم المنزل يصبح نموذجاً مصغراً يدور حول «محور» باحته.
وعلى النقيض من البيوت المغاربية، فإن واجهات باحة الـدار المقابلة فـي حلب ليست بالضرورة متناظرة. الإهتمام الرئيسي للزائر ينصبّ على إرتـفـاع البيت، الأقبية فـي الـزوايـا، كذلك على الإيوان الواقع في منتصف الفناء الذي يُستخدم للإستقبال والجلوس في الخارج تحت قبة، والذي يمنح سيد البيت مكانة ملوكية.
كثيراً ما يكون جانب آخر من الفناء جزءا من القاعة، غرفة مركزية عالية مسقوفة بقبة يتخللها الضوء، فيها إيـوان مرتفع قـلـيـلاً. الـقـاعـة تشبه الفناء المغطى وهي بمثابة منزل في المنزل، يستخدم لحفلات الإستقبال الرسمية. حول هذه العناصر توجد وحدات سكنية أخرى للإستعمال الشخصي وكثيراً منها له طابع خاص، يمكن الوصول إليها من الفناء عن طريق درج مفتوح. في الغالب، توجد في المنازل الأرستقراطية عدة فناءات. تشابه المدن الصغيرة التي تشكلت حول فناء رئيسي للمجمع السكني.
خلافـاً للمنزل الأوروبـي المنفتح صـوب الخارج، لا تطل الغرف في البيت الشرقي على الشارع ولا على الأفـق البعيد. البيت ليس وحـدة مميزة المعالم منصوباً فـي فضاء مفتوح، وإنـمـا هو مطبوع بالأشكال المجوفة داخـل الفناء المفتوح والـمـسـقـوف الـذي تـتـوجـه إلـيـه جميع الفتحات الموجودة في المنزل. النافذة الحقيقية للمنزل هي «عيون السماء»، حيث تتجه جميع الأنظار إلى مقطع السقف وتتوحد في بؤرة مشتركة. نسق الغرف حول الوسط (غالباً ما توجد فيه بركة ماء) يجعل هـذا الوسط مركز الفضاء وكـل النشاطات الجارية فيه. المحور العمودي للضوء الساقط من الأعلى والمُنتشر في الأسفل يجعل نسق الغرف متجانساً ومستقراً.
ترتيب النظام هذا يعبّر عن ذاته، ويطبع السلوك والـحـركـة ونـمـط حـيـاة للسكان بطقوس موحّدة. بالنسبة للمسلم المؤمن ليس عبثاً أن يكون داخل البيت مقدساً، وهو أيضا المعنى الأصلي لكلمة «حرام».
تقديس البيت هذا لا يعني إزدراء ما يجري في الخارج في الحياة اليومية (في الحقيقة لا يمكن للمرء أن يعايش نمطي حياة متوازيين مثلما في منطقة السوق القديمة في حلب)، بل يدل ذلك على رغبة العيش في مجالين في آن واحـد، مع الحفاظ - فـي كـل منهما - على الحق والشرف. الحصول على مجالي الحياة الزمني واللازمني بطريقة منسجمة في معمارها وفضائها، لهي ميزة عظيمة لمدينة مثل حلب.

ستيفانو بيانكا

The Breathing City Body

Like a membrane stretched out between earth and heaven is the continuous roofscape that extends over the Old City of Aleppo. Smaller and larger breathing holes indicate the apartment houses, caravansaries and mosques below it – buildings that have grown together wall to wall, so as to form a solid city body, as it were. Through its veins and arteries pulsates the stream of life tailored to the size of pedestrians powerfully welling up in the covered market lanes and then gradually ebbing out into a variety of narrow and crooked, residential deadend alleyways of the individual houses, where it is regenerated in the peaceful courtyards that inhale light and fresh air.

The visitor to this intricate urban fabric moves in a seemingly labyrinthic system of chambers and subdivided passages of different sizes that first confuses and puzzles him. By contrast, residents have so perfectly internalized and embodied it that the hard architectural shell and its living content become almost identical at the same time. What first seems to be arbitrary wild growth is in fact conditioned by the organic laws of living entities. Giving structure to it are the collective daily rituals and meaningful social patterns, which transpose the corresponding intellectual principles into concrete shapes and give the urban body through this the quality of a living being, that quality which our abstract planned and mechanically constructed modern cities can hardly produce any more.

Modern Western cities are dominated by the channels of wide linear motorways and their vanishing points, to an extent that the feeling of space evaporates. Traditional Islamic architecture, on the contrary, tends to enclose and concentrate space by means of courtyards that are able to center man and anchor him to keep him in balance. The city consists of thousands of such self-contained nuclei that seem to rotate around their own vertical axes. The communication between them is controlled through a system of partly open, partly covered passages that include intermediate gates, thresholds and controlled interior corridors to avoid any loss of spatial energies. Thus, the city resembles a complex cellular tissue that integrates all single buildings and unites the vertical axes of its courtyards. The conformity (not uniformity!) of the basic architectural elements that are repeated in different sizes, configurations and hierarchic steps creates a game of analogies and correspondences that confirms the inner unity of the manifold urban fabric.

The fact that a complex city can be experienced as a single, contiguous "house" of the community that inhabits it – with the mosque as the collective living room, the individual houses as the bedrooms, and the alleyways as internal corridors, equipped with hundreds of lockers along the main market lanes – this fact has been a lifelong fascination on mine ever since my first visit to an Islamic city – Fez, Morocco, in 1966. Since that time, this idea of one unified urban house with many limbs has not let me go. A visit to Aleppo in 1978 renewed that experience and added a further layer of complexity to it. For here, the typical "organic" city growth in the course of the centuries has overgrown the the geometric grid of the Roman-Hellenistic city structure. Earlier Roman urban elements were adopted, reused according to the needs of a different culture of life and re-interpreted from a different understanding of space. The enclosure of the Umayyad mosque with its interior courtyard was inserted into the former Roman forum, while the pillared hall of the mosque itself adopted the typology of the Roman basilica. The wide Roman colonnaded avenue was first squatted by small informal market booths and over time gradually transformed into a series of several narrow parallel market lanes and later rows of vaulted roofs. Finally, the rectangular Roman *insulae* were suppressed by irregularly-contoured housing clusters with their built-in interior access system based on dead-end alleyways.

Faced with this vital and ingenuous inter-cultural complexity, we cannot but question our own attitude toward the past which, since the 19th century, has been defined by historicism and by a rigid preservation ideology: Have we lost the sense of continuous adaptation and transformation of cultural heritage as part of a holistic, integrated process of life? Did the technological revolutions of the 19th and 20th century cause breaks and disruptions that could not be mastered with regard to culture? Did excessive, utopian technological development, by ignoring deeper human concerns, give rise to sterile conservationism as an equally extreme reaction? Will sponsors and architects of tomorrow be able to liberate themselves from this unproductive dichotomy through a new and organic understanding of culture? Can there be a third way that connects past and future through a creative and continuous present and finds its expression in meaningful patterns of life and in rich urban structures that appeal to the human senses?

Stefano Bianca

Der atmende Stadtkörper

Wie eine Membran zwischen Himmel und Erde spannt sich eine durchgehende Dachhaut über die Stadt. Kleinere und größere Atemlöcher verweisen auf die darunterliegenden Wohnhäuser, Karawansereien und Moscheen, die Wand an Wand zusammenstoßen und zu einem kompakten Stadtkörper zusammengewachsen sind. Durch dessen Adern und Gefäße pulsiert der auf Fußgängermaß zugeschnittene Lebensfluss – mächtig anschwellend in den gedeckten Marktgassen, stufenweise abgebaut in den verwinkelten Erschließungsgassen der Wohnhäuser und still sich erneuernd in den Licht und Luft saugenden Innenhöfen.

Der Besucher dieses Stadtgefüges bewegt sich in einem scheinbar labyrinthischen System von Kammern und unterteilten Gängen verschiedener Größe, das ihn zunächst verwirrt und ihm Rätsel aufgibt. Dem Einwohner hingegen ist es so sehr in Fleisch und Blut übergegangen, dass die verfestigte architektonische Schale und ihr lebender Inhalt gleichsam eins werden. Was zunächst als beliebiger Wildwuchs erscheint, unterliegt den organischen Gesetzmäßigkeiten eines natürlich gewachsenen Körpers. Strukturierend sind die kollektiven Rituale und sinngebenden Verhaltensmuster, welche die entsprechenden geistigen Prinzipien in konkrete Formen umsetzen und dadurch dem Stadtkörper die Qualität des Lebendigen verleihen – jene Qualität, die unsere abstrakt geplanten und mechanisch gebauten modernen Städte kaum mehr herzustellen vermögen.

Moderne westliche Städte sind in ihrer Struktur so stark von Straßenfluchten und motorisierten Verkehrsströmen bestimmt, dass sich der Rauminhalt gleichsam horizontal verflüchtigt. Die traditionelle islamische Architektur fasst und verdichtet den Raum in Form von in sich geschlossenen Innenhöfen, die den Menschen immer wieder neu zentrieren, verankern und in ein ruhendes Gleichgewicht versetzen. Die Stadt besteht aus Tausenden solcher in sich ruhender Kerne, die sich um die eigene vertikale Achse drehen. Die Kommunikation zwischen ihnen erfolgt über teils offene, teils gedeckte Verbindungsgänge, die durch Tore, Schwellen und verschließbare Korridore so gegliedert sind, dass kein Verlust an räumlicher Energie entstehen kann. Die Stadt wird dadurch zu einem zellenförmigen Gewebe, das alle eingefassten Einzelgebäude integriert und die parallelen vertikalen Achsen ihrer Innenhöfe bündelt. Die Gleichartigkeit (nicht Uniformität!) der vielfach in verschiedenen Dimensionen und hierarchischen Abstufungen wiederholten architektonischen Grundelemente erzeugt ein Spiel von Analogien und Entsprechungen, das die innere Einheit des vielgliedrigen Stadtgehäuses verbürgt.

Dass eine ganze Stadt in ihrem komplexen Aufbau gewissermaßen als ein einziges, zusammenhängendes „Haus" der sie bewohnenden Gemeinschaft erfahren werden kann – mit der Moschee als kollektivem Aufenthaltsraum, mit den einzelnen Häusern als den individuellen Wohnkammern und mit den Gassen als inneren Korridoren, die entlang der Märkte mit unzähligen Wandschränken versehen sind – das war ein Grunderlebnis bei meinem ersten Besuch einer islamischen Stadt: Fes im Jahre 1966. Seither hat mich diese Idee eines vielgliedrigen und doch einheitlichen Stadtgehäuses nicht mehr losgelassen. In Aleppo bin ich ihr 1978 neu begegnet, mit einer zusätzlichen Stufe der Komplexität. Denn hier hat das „organische" Stadtgewächs im Lauf der Jahrhunderte das geometrische Raster der römisch-hellenistischen Stadtanlage überwuchert. Frühere römische Stadtelemente wurden den Bedürfnissen einer anderen Lebenskultur entsprechend umgenutzt und aus einem anderen Raumverständnis heraus neu interpretiert: Dem alten römischen Forum wurde das geschlossene Geviert der omayyadischen Hof- und Hallenmoschee (ihrerseits eine Umsetzung der römischen Basilika-Typologie) einverleibt. Die breite römische Kolonnadenstraße wurde durch kleine Marktbuden besetzt und allmählich in mehrere enge, parallel laufende und später überwölbte Marktzeilen verwandelt. Die orthogonalen römischen *insulae* wurden von unregelmäßig konturierten, durch Sackgassen erschlossenen Häusertrauben überlagert.

Angesichts dieser vitalen und unbekümmerten kulturellen Vielschichtigkeit stellt sich unwillkürlich die Frage nach unserem eigenen Umgang mit der Geschichte, der seit dem 19. Jahrhundert so stark von den Ideen des Historismus und des Denkmalschutzes geprägt ist: Haben wir den Sinn für ein kontinuierliches Anpassen und Verwandeln des kulturellen Erbes als Teil eines ganzheitlichen, integrierten Lebensprozesses verloren? Haben die zivilisatorischen Revolutionen des 19./20. Jahrhunderts Einschnitte und Brüche verursacht, die kulturell nicht zu bewältigen waren? Haben manche überbordende, von den tieferen Lebensgründen abgehobene technologische Utopien als extreme Gegenreaktion einen ebenso sterilen Konservatismus befördert? Werden die Bauherren und Architekten von morgen durch ein neues, lebendiges Kulturverständnis in der Lage sein, sich aus diesem unproduktiven Zwiespalt zu befreien? Ist ein dritter Weg denkbar, der Vergangenheit und Zukunft in eine fließende Gegenwart einbindet – eine kreative Präsenz, die sich in sinnerfüllten Lebensformen und körperlich-sinnlich ansprechenden urbanen Strukturen ausdrückt?

Stefano Bianca

Eingang des Khan im Waqf Ipchir Pacha in Jdeideh

In den 1920er-Jahren unter französischem Mandat: das Eingangstor des Khan al-'Arasa im Waqf Ipchir Pacha in Jdeideh auf dem Platz des Brennholzes (Sahat al-Hatab). Das Bauwerk sieht heute nur wenig anders aus: Das obere Gesims in der Rahmung des Portals ist ebenso verschwunden wie der kleine Marmorbrunnen mit dem Arabeskenmedaillon rechts des Portals, den man nach ganz hinten in den Hof des Khans gebracht hat. Die traditionellen Holzverkleidungen der Geschäfte mussten zwischenzeitlich Rollläden aus Metall weichen. Doch inzwischen wurden diese ihrerseits durch hölzerne Läden ersetzt, die sich wie ein Akkordeon falten und geschmückt werden müssen, um einen authentischen Eindruck zu machen – so schreibt es das Bauamt vor, das für die Altstadt zuständig ist.

Die Geschäfte, die sowohl den Bedürfnissen eines Arbeiterviertels als auch einer wesentlich zahlreicheren gutbürgerlichen Kundschaft entsprachen, bestanden bis vor Kurzem noch und sind noch nicht ganz verschwunden. Fischhändler, Holzkohlenhändler, alteingesessene Konditoren, Metzger, Geflügel- und Feinkosthändler halten dem Ansturm der Schmuckgeschäfte und der Souvenirläden noch stand, die auf der Westseite des Baus zahlreich sind. Aber der Direktor für Tourismus in Aleppo äußerte in einem Interview seine Beschämung über diese Eindrücke des traditionellen täglichen Lebens, die von einer Vergangenheit zeugen, die nicht zu den touristischen Standards dieser orientalischen Stadt passt. Vor einigen Jahrzehnten wurde eine Apotheke eröffnet. Doch die Entwicklung verlief in den vergangenen dreißig oder vierzig Jahren langsam, ehe sie sich vor Kurzem beschleunigte – bisher noch, ohne alle alten Geschäfte zu verdrängen.

Es ist noch gar nicht so lange her, dass man das Federvieh – Hühner, Truthähne und selbst Gänse –, das fürs Schlachten und zum Verkauf bestimmt war, vor dem Geschäft eines Geflügelhändlers an einer Straßenecke frei herumlaufen sah. Doch heute sind das Geflügelschlachten und die Rupfmaschinen in den Geschäften verboten. Die traditionellen Kleidungsstücke *Ombaz* und Kaschmirgürtel wurden noch von einigen betagten Kaufleuten getragen und die Kohlenhändler trugen noch *Charwal* und schwarze Hemden.

Der neue Bodenbelag des Platzes ist zweifellos eine der bedeutendsten Veränderungen: Für die Sauberkeit und um Staub und Schmutz zu beseitigen, hat man das Straßenpflaster vor langer Zeit durch Asphalt ersetzt. Außerdem wurde der unbebaute Raum, der sich hinter dem Fotografen erstreckt, mehrfach während eines Jahrhunderts erneuert: Wo sich einst die Buden sowie die Tische und Stühle eines Cafés im Freien unter einem alten Maulbeerbaum befanden, der noch vorhanden ist, sieht man heute eine saubere, angenehme, mit Steinen gepflasterte kleine Anlage mit Parkbänken und einem ziemlich hohen Randstein, der die Durchfahrt von Autos verhindern soll. Die Bewohner des Viertels sind mit der Verbesserung zufrieden, doch sie haben gegen das Durchfahr- und Parkverbot protestiert.

Jean-Claude David

باب الدخول للخان في وقف إبشير باشا في الجديدة

عشرينات القرن الماضي، زمن الانتداب الفرنسي: باب دخول خان العراصة في وقف إبشير باشا في الجديدة، في ساحة الحطب. المبنى يبدو الآن مختلفاً إلى حد ما: اختفى الإفريز العلوي من إطار البوابة وكذلك النافورة الرخامية الصغيرة على يمين المدخل، التي تم نقلها إلى الخلف آخر فناء الخان. تم تبديل الكسوة الخشبية التقليدية للمحلات التجارية بمصاريع معدنية مؤقتاً. لكن الآن استعيدت المصاريع الخشبية التي يمكن طيها مثل الأكورديون، والمزخرفة حيث تبدو وكأنها أصيلة، وفقا لما تنص عليه قوانين دائرة البناء المسؤولة عن المدينة القديمة.

إلى وقت قريب وجدت فئة من المحلات التجارية. وبعضها مازال موجوداً - التي تلبي إحتياجات حي عمالي وعدد كبير من زبائنه من أبناء الطبقة المتوسطة: محلات بائع السمك، بائع الفحم، الحلواني القديم، اللحام وبائع الدواجن والمأكولات الخاصة، مازالت تتحدى هجمة محلات المجوهرات والتذكارات الموجودة بشكل كبير على الجانب الغربي للمبنى. بيد أن مدير السياحة في حلب أعرب في مقابلة عن خجله إزاء هذه الانطباعات عن الحياة اليومية التقليدية، التي تحكي عن الماضي الذي لا يتطابق مع المعايير السياحية في هذه المدينة الشرقية. قبل بضعة عقود اُفتتحت صيدلية. لكن التطور في السنوات الثلاثين أو الأربعين الماضية سار ببطء، وتسارع في الآونة الأخيرة، من دون تنحية المحلات التجارية القديمة.

على مقربة كان المرء يرى الدواجن: الدجاج والديك الرومي والإوز، التي كانت مخصصة للذبح والبيع، تجول بحرية أمام محل بيع الدواجن وفي زاوية الشارع. لكن ذبح الدواجن في المحلات التجارية محظور اليوم. كان بعض التجار يرتدون اللباس التقليدي أي القمباز والحزام الكشميري، وكان تجار الفحم يرتدون الشروال والقميص الأسود.

البلاط الجديد في الساحة هو أهم تجديد: من أجل النظافة ولإزالة الغبار والأوساخ تم منذ فترة طويلة تبديل رصف الشارع بالاسفلت. إضافة إلى ذلك، تم تجديد المساحة الشاغرة التي تمتد إلى وراء المصور عدة مرات خلال قرن من الزمن: فحيث كان المقهى في الهواء الطلق قائما ذات يوم تحت شجرة توت قديمة، بالمقصورات والطاولات والكراسي، يمكننا اليوم حيث الشجرة لا تزال موجودة، أن نرى منشأة صغيرة نظيفة، لطيفة، مرصوفة بالحجارة مع حافة حجرية عالية تمنع مرور السيارات. سكان الحي راضون عن التجديدات، لكنهم احتجوا ضد حظر مرور السيارات ووقوفها.

جان كلود دافيد

simulation der stadt

die bürgersteige simulieren den drang
die drangvollen plätze simulieren die weite
die menschen simulieren die menschlichkeit
die menschlichkeit simuliert die toleranz
die toleranz simuliert die verständlichkeit
die verständlichkeit simuliert die geduld
die geduld simuliert das schweigen
das schweigen simuliert das wortlose gespräch
das gespräch simuliert das zusammensein
das zusammensein simuliert die liebe
die liebe simuliert das leben
das leben simuliert den tod
der tod simuliert das nichts
das nichts simuliert das ganze

garten der illusion

eine gewebte matte aus vergangenen gesichtern
der esstisch neben der hütte der wachenden menschen
im wald der abreise über dem hügel der philosophen
wie oft bauten wir mauern aus eichen im garten der illusion
wie oft kehrten wir zum schlafen zurück
ohne unsere köpfe
wir erinnerten uns daran, dass wir uns nicht vom echo entfernten
die mythen altern wie bäume
wir altern mit ihnen
im garten der illusion
wir verstehen das warten im wald der abreise nicht mehr
die hügel der philosophen werden nicht höher
sie werden stets durchlöchert
durch die philosophierenden

in aleppo

jener sand, der in die glut des wartens starrt,
schläft
im moment des nachdenkens
in den späteren stunden in der dunkelheit
auf dem weg hin zu jener stadt,
die nur in der erinnerung aufwacht

die steine, die am rande zerstreut sind,
sind voller wasseradressen
die steine laufen wie kinder hinter einem ball her

vielleicht ist die offenbarung ein wille
und der wille ein baum,
der nur im feuer früchte trägt

dass der schatten vor seinem schatten flüchtet!
dass die nacht in ihrer dunkelheit einschläft!
dass die wunde herrscher der schmerzen ist!

in den spiegeln des gestern waren sie ermüdet
insgeheim waren sie aber herbst, der nicht verwelkt

herbst in aleppo
(für al mutanabbi)

die blätter fallen nieder
zwischen einem augenblick und einem anderen
tanzen die äste
der himmel weint

zwischen einem augenblick und einem anderen
sitzt er allein
kein gesang weckt ihn auf
aus seiner einsamkeit
keine stille besucht ihn
allein sammelt er die worte
die worte der poesie
so wie die erde
im herbst
die blätter sammelt

Fouad El-Auwad

المدينة

الرصيف يتظاهر بالضِيق
الساحات المزدحمة تتظاهر بالوسع
الناس يتظاهرون بالإنسانية
الإنسانية تتظاهر بالتوافق
التوافق يتظاهر بالتفاهم
التفاهم يتظاهر بالصبر
الصبر يتظاهر بالصمت
الصمت يتظاهر بحديث بلا كلمات
الحديث يتظاهر باللقاء
اللقاء يتظاهر بالحب
الحب يتظاهر بالحياة
الحياة تتظاهر بالموت
الموت يتظاهر باللاشيء
اللاشيء يتظاهر بكل شيء.

حديقة الوهم

حديقة الوهم، حصيرة وجوه تلاشت
والمائدة عند كوخ الساهرين في غابة الرحيل على هضاب الفلاسفة.
كم بنينا مِن السنديان أسـواراً حولنا في حديقة الوهم.
كم عدنا إلى النوم دون رؤوسنا،
وتذكرنا أننا لا نفارق الصدى.
الأساطير كالأشجار تهرم
ونهرم نحن معها في حديقة الوهم.
لم نعد نستوعب الانتظار في غابة الرحيل
وهضاب الفلاسفة لا تعلو،
ينخر مِن جوانبها المتفلسِفون.

في حلب

ذاك الرَمْلُ الذي يُحدِّقُ في لهيبِ الانتظار، ينامُ في لحظةِ البالِ
وفي السَاعاتِ المتأخرةِ في ظلمةٍ على طريقِ مدينةٍ لا تستيقظ إلاّ في الذاكرة.

الأحجارُ المتناثرة على الأطرافِ والمليئةُ بعناوينِ الماءِ، تهرولُ كطفلٍ وراءَ كرة.
قد يكونُ البوحُ رغبةً أو أنَّ الرغبةَ شجرةٌ لا تُثمِر إلاّ في النار.
أن يهربَ الظِّلُّ من ظلِّه،
أن ينامَ الليلُ في عتمِه،
أن تستبدَّ الندوبُ في الألم.
أشقياءٌ في مرايا الأمسِ كانوا،
وكانوا في السرِّ خريفٌ لا يذبل.

الخريف

إلى المتنبي

تتساقط الأوراق، هنا وهناك.
بين برهة وأخرى
تتراقص الأغصان
والسماء تحاول البكاء.
بين برهة وأخرى
يجلس إلى نفسه،
لا الغناءُ يوقظه من وحدته،
ولا السكينة تزورُهُ.

وَحدهُ يجمعُ الكلمات
كلمات قصيدته،
كما الأرضُ في الخريف
تتلقف الأوراق.

فؤاد آل عوّاد

Die Katzen von Farafra

Der Reisende von heute wird nur schwerlich das prachtvolle Eingangstor zum mameluckischen Khan finden, der unter dem Namen „Outch-Khan“ bekannt ist (Wakf). Es befindet sich im Viertel Al-Farafra und gehörte zur frommen Stiftung El-Mudarris. Wie viele Schätze Aleppos bleibt das fein ausgearbeitete Steintor aus dem 16. Jahrhundert dem Blick des gewöhnlichen Touristen verborgen, und wie viele Wunderwerke unseres Erbes gerät es nicht nur in Vergessenheit, sondern ist auch dem Verfall geweiht. Das Foto hat der Abt Gabriel Bretocq gemacht, der zu Beginn der französischen Mandatszeit damit beauftragt war, die unter französischer Verwaltung stehenden Gebiete zu fotografieren und sie der Öffentlichkeit bekannt zu machen. Der Geistliche aus der Normandie war nicht der Erste, der die Metropole Nordsyriens fotografierte. Um 1844 bemühte sich der Franzose Girault de Prangey, den arabischen Kulturanteil dieser Stadt zu untersuchen, und entwickelte zu diesem Zweck eine Serie von Bildern und Daguerreotypen. Meine Liebe zur Fotografie veranlasste mich, quer durch Aleppo zu streifen und die Stadt über mehr als 25 Jahre immer wieder zu fotografieren und alte Fotos und Postkarten zu sammeln. Ich liebe die „Stadt aus Stein“ gleichermaßen wie die „Stadt aus Papier“.

Meine Familie wohnte in der Nähe des Siegestors (Bab al-Nasr) in Farafra, einem weltoffenen Viertel, in dem Aleppiner verschiedenen Glaubens zusammenlebten. Ihr Verhältnis zeichnete sich durch Respekt aus und Ehrlichkeit war die Basis aller Geschäfte. Ein Wort war ein Wort, und auf diesem Prinzip baute der Ruf der Aleppiner auf. Bis in die 1950er-Jahre beherbergte Farafra eine einzigartige Institution: eine fromme Stiftung für Katzen. Der Prophet des Islam schätzte Katzen so sehr, dass er es vorzog, ein Stück aus seinem Mantel herauszuschneiden, anstatt eine Katze zu wecken, die in seiner Mantelfalte eingeschlafen war. Die Tiere erfuhren eine ganz besondere Güte: Bei jedem der fünf Gebetsrufe liefen die Katzen des ganzen Viertels in Richtung der Moschee El-Othmaniyyeh, denn gegenüber wurde Katzennahrung aus Schlachtabfällen, Schafsfett und Hühnerköpfen verteilt, die man bei den Metzgern der Stadt eingesammelt hatte. Der Bruder meiner Großmutter war als Letzter verantwortlich für diese Einrichtung, die er selbst finanzierte. Immer wenn ich mich zum großen Haus meiner Familie begab, das sich direkt neben der Moschee befand, konnte ich dem Ansturm von etwa hundert Katzen zusehen, die aus dem Nichts aufzutauchen schienen, um meine Beine strichen und auf das Ende des Gebets und damit auf die kostbare Nahrung warteten. Dieses Schauspiel beeindruckte das Kind, das ich war, und hat sich mir tief ins Gedächtnis gegraben. Noch heute begegnet man in der Altstadt unzähligen streunenden Katzen. Auf der Suche nach Nahrung durchwühlen sie die Müllsäcke, aber sie werden auch von großzügigen Bewohnern gefüttert, die diese Tradition bewahren wollen.

Aleppo ist eine Stadt der Erinnerung, der in Stein gemeißelten, aber auch der nicht greifbaren, in den Traditionen ihrer Bewohner verankerten. Denkmäler und Bauwerke kann man restaurieren, aber wenn das kollektive Gedächtnis verloren geht, verschwinden die Traditionen für immer. Deshalb ist es wichtig, die Altstadt nicht zu einem Museum zu machen, auch auf die Gefahr hin, ein Stück unseres ideellen Erbes verschwinden zu sehen. Stattdessen müssen wir ein empfindliches Gleichgewicht finden und halten. Wir müssen wie eine Katze sein: dem Ruf folgen, unsere Stadt zu bewundern, und flink über schmale Mäuerchen springen, um in dem Überfluss zu schwelgen, den uns Aleppo bietet.

Hussein I. El-Mudarris

The Cats Of Farafra

Today's traveler will have a hard time finding the magnificent gate to the Mameluke Khan, known by the name "Outch-Khan". It is located in the Al-Farafra Quarter and was part of the El-Mudarris religious foundation (waqf). Like many treasures of Aleppo the fine chiseled stone gate from the 16th century remains hidden from the view of the typical tourist and, like many wonderful works of our heritage, it is not only forgotten, but is also doomed to decay. This picture was taken by Abbot Gabriel Bretocq, who, at the beginning of the French mandate, was entrusted with the task of photographing areas and making them known to the public.

This priest from Normandy was not the first one to photograph the metropolis of northern Syria. Frenchman Girault de Prangey tried to study the Arabic cultural part of this city in 1844 and so he developed a series of pictures and Daguerreotypes for this purpose. My own love for photography led me go all over Aleppo and to photograph the city again and again for more than twenty-five years as well as to collect old photos and postcards, that is, to love the "city made of stone", as well as the "city made of paper".

My family lived near the Gate of Victory (Bab al-Nasr) in Farafra, a cosmopolitan quarter where Aleppines of different faiths used to live together. Their relationship, characterized by respect and honesty, was the basis of all businesses. Keeping one's word was the principle the Aleppines built their reputation upon. Up until the 1950s, Farafra was also the home of a unique institution: a religious foundation for cats. The Prophet of Islam loved cats so much that he preferred to cut out a piece of his own coat instead of waking up a cat that had fallen asleep on the folds of his coat. These animals experienced a very special measure of goodness: at each of the five calls to prayer the cats of the entire quarter ran toward the El-Othmaniyyeh Mosque, as cat food collected by the city's butchers from left-overs of slaughtering, sheep lard, and chicken heads were put out. My grandmother's brother was the last person responsible for this institution which he financed himself. Whenever I went to my family's big house, located right next to the mosque, I could see the rush of about hundred cats that seemed to appear out of nowhere, crawled through my legs and waited for the end of the prayer and the delicious food. This show made a big impression on the child that I was and is deeply etched into my memory. Even today, you find innumerable stray cats in the old city center. Searching for food, they rummage through sacks of garbage, but they are also fed by kind residents that keep this tradition.

Aleppo is a city of memories, etched in stone, but also anchored in an intangible way in the traditions of her residents. You can restore monuments and buildings, but when the collective memory is lost, traditions forever disappear. This is why it is important not to make the old city center into a museum, at the risk of seeing a part of our intangible heritage disappear. Instead, we need to find and to keep a sensitive balance. In doing so, we have got to be like a cat: following the call to admire our city and nimbly leaping over narrow walls to revel in the abundance Aleppo has to offer us.

Hussein I. El-Mudarris

Aleppos Altstadt – ein historischer Überblick

Bereits seit dem dritten Jahrtausend v. Chr. ist Aleppo aus schriftlichen Quellen, den Archiven von Ebla (Tal Mardikh), bekannt. Texte, die bei Ausgrabungen in der seit dem zweiten Jahrtausend v. Chr. bestehenden Stadt Mari entdeckt wurden, zeugen von einem blühenden Königreich von Yamhad mit der Hauptstadt Hal Ba. Um 1700 nannten die Hethiter die Stadt Halba und die Araber gaben ihr den heute noch gebräuchlichen Namen Halab.

1929 entdeckte man im Zuge archäologischer Ausgrabungen auf Aleppos Zitadelle ein Basaltsteinrelief aus der Zeit der Hethiter, das die Aufmerksamkeit der Archäologen auf sich zog und zur Folge hatte, dass 1996 eine deutsch-syrische Arbeitsgruppe gebildet wurde. Die Grabungen brachten einen Tempel zutage, der sich etwa ins mittlere Bronzezeitalter zurückdatieren lässt. Damit gehört das Gebiet um die Zitadelle wohl zu den ältesten von Menschen bewohnten Orten der Welt. Man nimmt an, dass Aleppo seit dem fünften oder sechsten Jahrtausend v. Chr. besiedelt war und sich die Siedlung auf einem Hügel, der die Umgebung in der Nähe des Flusses Queiq um etwa vierzig Meter überragte, befand.

Aufgrund seiner geografischen Lage ist Aleppo seit dem Altertum wohlhabend und ein Treffpunkt für Händler aus der ganzen Welt gewesen. Die Stadt hat viele verschiedene künstlerische und kulturelle Strömungen in sich aufgenommen, neu interpretiert und damit eine einzigartige gestalterische Kraft hervorgebracht, die über die Zeit den ausgeprägten Charakter Aleppos formte. Die anhaltende Produktivität der Stadt sowie die wechselseitigen kulturellen Einflüsse kann man bis heute an ihren spektakulären Monumenten ablesen. Über Generationen war Aleppo nicht nur für seine religiöse Toleranz bekannt. Verschiedene Nationalitäten, Religionen und Glaubensgemeinschaften konnten dort friedlich zusammenleben.

Dank dieser kulturellen Vielfalt wurde Aleppo 1986 auf die Liste des UNESCO-Weltkulturerbes gesetzt, und die Idee entstand, ein Projekt zur Erhaltung der Altstadt Aleppos zu initiieren. Mitte 1993 erhielt die Altstadt Fördermittel der Deutschen Gesellschaft für Technische Zusammenarbeit (GTZ, jetzt GIZ) mit dem Ziel, die Lebensbedingungen der Menschen in der Altstadt zu verbessern und sie in den Entwicklungs- und Erhaltungsprozess einzubeziehen. Eine umfassende Bestandsaufnahme wurde durchgeführt und ein integrativer Planungsansatz entwickelt. Die Planung schloss auch die finanzielle und technische Unterstützung der Bewohner für die Sanierung ihrer Häuser ein. Seitdem haben wir zusammen mit den Bewohnern und den im Projekt tätigen jungen syrischen Architekten vielfältige Erfahrungen gesammelt und umgesetzt. Diese Maßnahmen waren ein Teil der Aktivitäten, die zur Erhaltung der Altstadt führten und damit zu einem erfolgreichen Entwicklungsprojekt, das mehrere internationale Auszeichnungen erhielt.

Khaldoun Fansa

The Old City Of Aleppo – An Historical Survey

Aleppo has been known from written sources, the archives of Ebla (Tal Mardikh), since the 3rd millennium B.C. Texts discovered in the second millennium B.C. city of Mari, where excavations have taken place, bear witness to a flourishing Kingdom of Yamhad with its capital city Hal Ba. Around the year 1700 B.C., the Hittites called the city Halba, and the Arabs gave it the name Halab, which is still current.

Archaeological excavations in the layers underneath the Aleppo Citadel's surface in 1929 uncovered a basalt stone relief and caught the attention of archaeologists and this resulted in the formation of a German-Syrian work group in 1996. The excavations brought to light a temple dating back to the Intermediate Bronze Age. These show that the area around the Citadel was certainly one of the world's most ancient human habitation sites. It is now believed that Aleppo had been settled as long ago as the 6th and 5th millennia B.C., on a hill that was forty meters higher than its surroundings, not far from the Queiq River.

Due to its geographical location, Aleppo has been prosperous since ancient times; merchants from all over the world converge on it. The city has assimilated many different artistic and cultural trends, reinterpreting them and bringing forth a unique creative power that has shaped the distinct character of Aleppo over time. The continued productivity of the city as well as the interactive cultural influences can be seen even today in its spectacular monuments. Throughout generations Aleppo has been well-known for its religious tolerance. Different nationalities, religions, and denominations have been able to live together peacefully.

Due to this cultural diversity, Aleppo was listed as a UNESCO world heritage site in 1986 and the idea was launched of initiating a project for the preservation of the Old City of Aleppo. In the middle of 1993, Old Aleppo received a grant from the German Agency For Technical Cooperation (GTZ, now GIZ) with the goal of improving the living conditions of the population of Old Aleppo and integrating them into the development and preservation process.

A comprehensive survey of the Old City was conducted and an integrative planning method was developed. The plan also included the financial and technical support to the residents for repairing their houses. Since then, together with the residents and the young Syrian architects involved in the project, we have garnered many different kinds of experiences and implemented them into the work. These measures were a part of the activities that led to the preservation of the Old City and thereby to a successful development project that received several international awards.

Khaldoun Fansa

SYRIE

Die große Wanderung

Die Sonne beginnt hinter der Silhouette der Stadt zu verschwinden. Das grelle Licht wird weicher, die scharfen Kontraste verwischen. Ein leiser Lufthauch trägt die brennende Hitze des Tages mit sich fort. Von hier oben, den Mauern der Zitadelle, wirkt die Stadt jetzt wie entrückt. Der lang gezogene Ruf des ersten Muezzin weht zu mir herauf, kurz darauf hebt der zweite an, der dritte, dann kann ich sie nicht mehr voneinander unterschieden. Der Klangteppich vermischt sich mit der Dunstwolke, Auge und Ohr verlieren das Detail, Stein und Geist werden für kurze Zeit eins.

So ähnlich müssen wohl die Menschen über Jahrhunderte empfunden haben, wenn sie sich Aleppo zu Fuß oder zu Pferd näherten. Wenn sie am Horizont der kargen Landschaft zuerst die Zitadelle, dann die schlanken Minarette in der schwirrenden Luft ausmachten. Und wenn dann nach weiterer Wegstrecke der langsam anschwellende Klang der Menschen – religiös oder profan – an ihr Ohr drang und sich schließlich die Stadt vor ihnen erhob.

Nach der Weite der Wüste nahm die Stadt den Fremden in sich auf. Ihre hohen Wände und schmalen Gassen vermittelten Schutz, bedeuteten aber auch Enge. Gegen die „Begrenzung" der Steine wirkt die „Entgrenzung" der Symbole. Die mächtige und machtvolle Zitadelle steht nicht nur für sich selbst, sondern weist hinaus in ein unbestimmtes Gebiet, über das sie herrscht, weit hinter den Mauern der Stadt. Die hoch aufragenden Minarette, eleganter, aber nicht weniger machtvoll, verbinden Himmel und Erde.

Ist es dieses Wechselspiel, das nicht nur den *genius loci* Aleppos, sondern auch den der Stadt schlechthin ausmacht? Weite und Enge, Bauwerk und Symbol, Schutz und Beherrschung, Geist und Ungeist? Warum wandern Menschen seit Jahrtausenden in die Stadt? Und warum bleiben sie dort? Was ist die treibende Kraft dieser großen Wanderung?

Ein Blick in die Geschichte von Aleppo, auch Halab, vormals Beroia genannt, mutet wie eine Zusammenfassung der Menschheitsgeschichte an. Juden, Moslems und Christen leben seit Urzeiten in Aleppo. Venezianische, niederländische, englische und französische Kaufleute betrieben Handel. Hethiter, Araber und Perser herrschten hier, ebenso Römer, Mongolen und Osmanen. Alexander der Große nahm Aleppo ein, die Kreuzritter versuchten es vergeblich. Alle hinterließen ihre Spuren, herrschten über die Stadt und prägten sie damit.

Natürlich ging es beim Ringen um die Vorherrschaft um Macht und Geld. Selbst heute noch, in Zeiten des Überflusses, beeindruckt die Größe und Vielfalt des Suq von Halab. Materieller Reichtum weckt Begehrlichkeiten und treibt Menschen an – die Geschichte zeigt, mit welchen Folgen. Doch es gibt auch noch die andere Seite des Menschen: Der Legende nach schenkte Abraham am Ort des heutigen Aleppo (Halab) nach dem Melken seiner Kuh die Milch den Armen. Ein Akt der Barmherzigkeit, der auf Mitgefühl beruht und Gemeinschaft herstellt. Mag die Legende stimmen oder nicht, die Idee dieser Urgemeinschaft wurde für so bedeutsam gehalten, dass der Name „Halab" auf sie zurückgeht: „Halab Abraham?" („Hat Abraham gemolken?")

Die Stadt ist eben mehr als nur ein Handelsplatz, auf dem man Ware kauft oder verkauft (oder plündert) und dann zurückkehrt in die ländliche Idylle. Gemeinschaft schafft Geist, der Geist schafft Metropolen, und Metropolen schaffen den Geist. Keine andere Stadt hat mir diesen Gedanken deutlicher gemacht als Aleppo. Ein flackerndes Licht erregt meine Aufmerksamkeit und lenkt meinen Blick nach unten, wo die Restaurants gegenüber der Zitadelle ihre bunten Reklameschilder anschalten. Etwas weiter blockiert ein Lkw die Kreuzung, das wütende Hupen übertönt den Nachhall des letzten Rufs des Muezzin. Die Stadt ist wieder da.

Günter Meinert

الرحلة الكبرى

تبدأ الشمس خلف طيف المدينة بالمغيب. الضوء الساطع يصبح رقيقاً وتختفي التناقضات الحادة. تهب نسمة خفيفة تحمل معها حرارة النهار الساخنة بعيداً. هنا عند أسوار القلعة تبدو المدينة في غيبوبة.
أول صوت طويل لمؤذن يبلغ مسامعي عالياً، يتبعه ثان وثالث، ومن بعد لم أعد أستطيع التمييز بينها. نسيج الأصوات يمتزج مع سحابة ضبابية، العيون والآذان تفقد التفاصيل، الحجر والروح يتحدان لفترة قصيرة.
لعدة قرون، ربما كان على البشر أن يشعروا بشيء من هذا القبيل عند إقترابهم من حلب سيراً على الأقدام أو على ظهور الخيل، عندما تتراءى القلعة في أفق الأرض الجرداء أولاً ثم المأذنة النحيلة في دوائر الهواء، وعندما يتسلل إلى آذانهم آتيا من البعيد رنين صوت الناس (دينياً كان أم دنيوياً) وهو يتضخم رويداً رويداً، ثم لا تلبث المدينة أن تنتصب أمامهم.
بعد إجتياز رقعة الصحراء الواسعة، تضم المدينة الغريب اليها. جدرانها العالية وأزقتها الضيقة توفر له الحماية، لكنها قد تعني له الضيق أيضاً. ضد «حدود» الحجر توحي الرموز بنزع الحدود. القلعة العظيمة والقوية تقف ليس من أجل ذاتها فحسب، وإنما هي تشير أيضاً إلى منطقة غيرمحددة تسيطرعليها، بعيداً خلف أسوار المدينة. ومآذن شاهقة وأنيقة، لا تقل سطوة، تربط بين السماء والأرض.
هل هو هذا التفاعل الذي لا يقتصر على الناحية الروحية لحلب، بل يشمل ما تقدمه ماديات هذه المدينة أيضاً؟ رحابة وضيق، بناء ورمز، حماية وسلطة، مُقدس وشيطاني؟ لماذا يُهاجر البشر منذ آلاف السنين الى المدينة؟ ولماذا يبقون هناك؟ ما هي القوة الدافعة لهذه الهجرة الكبيرة؟
نظرة في تاريخ حلب، التي كان أسمها بيريا سابقاً، يبدو وكأن به موجز لتاريخ البشرية. عاش في حلب المسلمون والمسيحيون واليهود منذ الأزل. تُجار من البندقية، من هولندا، من انكلترا، من فرنسا كان لهم نشاط تجاري فيها. هنا حكم الحثييون والفرس والعرب، كذلك المغول، والرومان والعثمانيون. إحتل الإسكندرالكبير حلب، وحاول الصليبيون ذلك عبثاً. ترك الجميع بصماتهم وأستولوا على المدينة وخلفوا آثارهم فيها.
بالطبع كان هدف السيطرة: السلطة والمال. حتى اليوم، في زمن الوفرة مازالت سوق حلب تثير الإعجاب بحجمها وتنوعها. الثروة المادية مثيرة للطمع ومحفزة للبشر، والتاريخ كشف لنا العواقب.
لكن هناك أيضاً الجانب الآخر من البشر: ربما تكون الأسطورة التالية صحيحة أو لا، وهي قائمة على أن النبي إبراهيم وزع في موقع حلب اليوم حليب أبقاره على الفقراء. أنه عمل رحيم، قائم على روح الرأفة والتضامن. أسطورة قد تكون صحيحة أو لا، تعتبر فكرة التضافر شيئا عظيماً، وقد ظلت مصونة إذ أن اسم «حلب» اشتق منها: من «حَلَب ابراهيم».
المدينة هي أكثر من مجرد مكان للتجارة، حيث يتم شراء السلع أو بيعها (أو نهبها) ثم يعود المرء إلى المناطق الريفية المريحة. التضافر يخلق الفكر، والفكر يخلق المدن، والمدن تخلق الفكر. لا توجد مدينة أخرى جعلت هذه الأفكار أكثر وضوحاً مثلما حلب.
وميض ضوء أثار إنتباهي وتوجه نظري إلى الأسفل، حيث أضاءت المطاعم الكائنة مُقابل القلعة لوحاتها الملونة. على مقربة تحجب شاحنة تقاطع الطرق، ويعلو صوت أبواق السيارات الغاضبة على صدى آذان العشاء.
المدينة تعود ثانية.

غونتر ماينرت

Aleppo's Historic City Center Is My Life

For me the historic city center of Aleppo is not just an historic city. It is a living, breathing being that gives us an endless abundance – although we have pulled apart some of its members. This being resembles an image of the goddess Ishtar, which nourishes with her large number of breasts, protects, and creates a feeling of security.

The city has developed over many millennia, changed, and brought forth generations of children who bear the experience of the city in themselves and whose destinies are formed by the city. I idealize Aleppo for I see myself as a cell in the bio-sociological, cultural, ecological and historical structure of this city.

I was born in one of the many thousand courtyard houses that make up the structure of the city. I remember rooms that open up into large inner courtyards, ponds, lemon trees, grapevines, jasmine and roses, and much space for children to run around in. All of this made up the ideal framework for a large family. Even as a teenager, I lived in our courtyard house and, although I was an only child, I rarely missed the presence of other children because they were always right around me. A child could enter every house in the neighborhood and find friends there to play with. The narrow alleys were a paradise for kids. My kindergarten was located in a courtyard house, my elementary school in an historic building only a stone's throw away from the Citadel.

Although my childhood experiences had a strong influence on the course of my life, I understood this completely later in life – namely, at the moment when I was confronted with the possibility of losing the unique place where I grew up.

I originally left the Old City (historic city center) to live in the new part of town. Then I moved to America to study architecture and to work. During that time my memories of Aleppo's Old City were vague and blurry. But, when I returned with the intention of only staying for a short time, I submerged immediately again into the atmosphere of the place. It was like a revelation when I walked through the alleys of my childhood, came into the house I had grown up in and visited my elementary school. I suddenly understood the essence of what it meant to be a part of my quarter. In my childhood, the courtyard house had been taken for granted and going to the Citadel next door and being able to climb around on its slopes was nothing special. But, when I knocked on the door of my old home today, asked the new owners for permission to come in, and sat at the edge of the water basin, my memories flooded me with the power of an avalanche. I spoke with children about their schools, where and how they played and which alleys they like the most. I was surprised to hear so many spontaneous answers that make clear to me the value of this place and how sad it would be to lose it.

It was clear to me, like to many others, that the Old City must be protected. The results of neglect and dissection were already evident in abandonment and decay. The quality of life had disappeared and those who possessed the means to upgrade their courtyard houses turned their backs on them to move into the new part of the city. The city administration neglected the old building structure and allowed the Old City to slowly go down.

Today, several decades later and despite the fact that large parts of the historic building structure were destroyed, common sense finally prevailed. In the late 1970s, resistance to the plans to tear down the Old City resulted in a governmental decision which declared it an historic monument. The UNESCO declared it as a World Cultural Heritage Site. The project I suggested for the improvement and renovation of the historic fabric was accepted by the city of Aleppo and was supported by the German government, the Arab Fund for Economic and Social Development and the Aga Khan Trust for Culture. In the past twenty years the project has worked wonders for the historic city center. The run-down infrastructure was completely renewed and public space was improved. Loans and allowances for the renovation of houses were made available to the occupants and several socio-economic development concepts were started for the benefit of the residents. A new plan of development and legal framework are being implemented at present to protect the residential area from over commercialization, organize and reduce the heavy amount of traffic, and set up regulations for a proper restoration.

However, one of the most successful parts of the project was the integration of the residents in the planning and implementation process. These people were very interested in attending the meetings and expressing their opinions loudly and clearly – even when they contradicted the views of the experts. And in most cases, the residents were successful in such discussions.

Now that we have preserved this precious and unique historic quarter, we should attempt to learn how we can take on some of the characteristics of quality of the Old City to improve our way of life and environment today.

Adli Qudsi

مدينة حلب القديمة هي حياتي

بالنسبة إليّ، ليست المدينة القديمة في حلب مجرد مدينة تاريخية. إنها كائن حي يتنفس ويعطينا الكثير، برغم أننا فرقنا أطرافه بعضها عن البعض. هذا الكائن يُشبه تمثال الإلهة عشتار التي تغذي بأثدائها العديدة وتحمي وتؤاسي. تطورت المدينة عبر آلاف السنين. تغيرت وأنجبت أجيالاً من الأبناء الذين يحملون في وجدانهم خبرة المدينة، والذين تشكّل مصيرهم من خلال المدينة. أصوّر حلب بشكل مثالي، لأنني أرى نفسي خلية في التكوين العضوي الإجتماعي والثقافي والبيئي والتاريخي لهذه المدينة.
وُلدت في واحد من آلاف البيوت ذات الفناء التي تشكل نسيج المدينة. أتذكر الغرف التي تَفتح على باحات واسعة داخلية، وعلى البرك وأشجار الليمون وكروم العنب والياسمين والورد الجوري وعلى الكثير من الفضاءات التي لعب فيها الأطفال. كل هذا يُشكل الإطار الأمثل لعائلة كبيرة. عشت فترة شبابي في منزل ذي فناء. وبرغم أنني كنت طفلا وحيداً، لم أفتقد وجود أطفال آخرين الا نادراً، لأنهم كانوا دائماً بقربي. مسموح لكل طفل أن يدخل أياً من بيوت الجيران في الحي فيعثر فيها على أصدقاء يلعب معهم. كانت الشوارع الضيقة جنة للأطفال. كانت روضتي في فناء دار ومدرستي الإبتدائية في مبنى تاريخي لا يبعد عن القلعة سوى مرمى حجر.
بيد أن تجارب طفولتي كان لها تأثير قوي في مسار حياتي وسلوكي، إستوعبتها كاملاً فيما بعد في الحياة، بالضبط في اللحظة التي واجهت فيها إمكانية خسارة المكان الفريد من نوعه الذي ترعرعت فيه.
غادرت المدينة القديمة أصلاً، للعيش في المدينة الجديدة. ثم أنتقلت إلى أمريكا لدراسة الهندسة المعمارية والعمل. خلال ذلك الوقت، كانت ذكرياتي عن المدينة القديمة في حلب ضبابية وغامضة. لكن عندما عدت ولدي رغبة في البقاء لفترة وجيزة فقط، غُصت فوراً من جديد في أجواء المكان. شعرت بمثل الوحي عندما سرت في شوارع طفولتي، ودخلت البيت الذي ترعرعت فيه، وزرت مدرستي الإبتدائية. أدركت فجأة جوهر ما يعنيه أن أكون جزءً من منطقتي. في طفولتي كان المنزل له باحة دار، وهذا أمر مفروغ منه، ولم يكن الذهاب إلى القلعة المجاورة لتسلق منحدراتها بالشئ المميز. لكن اليوم، عندما أطرق باب بيتنا القديم وأطلب من المالك الجديد إذنا للدخول وأجلس عند حافة بركة الماء، تتدفق ذكرياتي بقوة تيار جارف.
أتحدث مع الأطفال عن مدارسهم، وأين وكيف يلعبون وماهي الأزقة المحببة عندهم. فوجئت لسماع الكثير من الإجابات العفوية، التي برهنت على قيمة هذا المكان، وأنه من المحزن أن نفقده مثل كل الآخرين أصبح واضحاً لدي أنه يجب حماية المدينة القديمة.
في حالة الشغور والتهدم تظهر عواقب الإهمال والتشرذم. جودة الحياة لم تعد متوفرة، وأولئك الذين لديهم إمكانية رفع مستوى البيوت، أداروا ظهورهم لها لينتقلوا إلى المدينة الجديدة. الإدارة المحلية أهملت البناء القديم، وتركت المدينة القديمة تندثر ببطء.
أما اليوم، وبعد عقود، وعلى الرغم من حقيقة أن أجزاء كبيرة من الهيكل البنائي التاريخي قد دُمر، فقد انتصر أخيرا العقل البشري السليم. في أواخر السبعينيات إنتهت المقاومة ضد خطط هدم المدينة القديمة إلى قرار حكومي بإعلانها محمية ثقافية. وأعلنتها منظمة اليونسكو جزءً من التراث العالمي. ووافقت مدينة حلب على مشروعين تقدم بهما لتحسين البناء التاريخي وتجديده، وحصلنا على دعم من الحكومة الألمانية، والصندوق العربي للإنماء الاقتصادي والاجتماعي ومؤسسة آغا خان للثقافة. في السنوات العشرين الماضية حقق هذا المشروع معجزة للمدينة القديمة. تم تجديد البنية التحتية المتداعية بالكامل والفضاء العمومي تحسن. قُدمت قروض ومنح للسكان لتجديد منازلهم، ووضعت خطط للتنمية الاقتصادية والاجتماعية لصالح السكان. وهناك خطة جديدة للتنمية وقوانين تنظيمية يتم تنفيذها في الوقت الراهن لحماية المناطق السكنية من طغيان المشاريع التجارية الكثيرة، وتنظيم وتخفيض حجم حركة المرور ووضع قواعد لتنظيم عملية الترميم لكي تناسب الإستخدام لاحقاً.
وكان إشراك السكان في عملية التخطيط والتنفيذ هو أكثر عناصر المشروع نجاحاً. كانوا مهتمين جداً بحضور الإجتماعات وتقديم وجهات نظرهم بشكل واضح، حتى لو اختلفوا مع رأي الخبراء. وفي معظم الحالات نجح رأي السكان في هذه المناقشات.
الآن، بعد أن أنقذنا هذا الحي الفريد والتاريخي، ينبغي علينا محاولة تعلم كيف يمكننا إستلهام بعض المميزات النوعية للمدينة القديمة لتحسين طريقة حياتنا ومحيطها الحالي.

عدلي قدسي

Reise der Enthüllungen

„Hunderttausend Menschen, vielleicht mehr, leben dort – isoliert, ohne Papiere, ohne je gezählt worden zu sein. Sie kommen fast nie in den Teil der Stadt, den Sie kennen. Und natürlich wüsste kein Mensch zu sagen, was sie denken, nach was sie sich sehnen. Sie sehen vor sich das asiatische und islamische Rätsel." Diese Worte, die ein französischer Offizier in den 1920er-Jahren an Pierre La Mazière richtete, unterstreichen die Besonderheit Aleppos und die rätselhafte Aura, welche die Stadt umgibt. Denn Aleppo ist ein Ausnahmefall in der Region: Im Gegensatz zu Damaskus oder Antakya ist die Stadt frei von „biblischen" Erinnerungen, folglich ist sie nicht Teil des Heiligen Landes. Außerdem hat Aleppo in den Augen jener Touristen, die ihr Apameia oder Palmyra vorziehen, nur wenige Ruinen zu bieten, die aus griechischer oder römischer Zeit stammen. Ihr Name hat in der Vorstellung von europäischer Kultur keinen Platz, die bei der Nennung der erwähnten Städte in den heiligen Texten oder bei den klassischen Autoren mitschwingt, doch bei der Erwähnung Aleppos oder seines antiken Namens Beroia hoffnungslos schweigt. Das ist der Grund, warum Aleppo im 19. Jahrhundert nur wenige namhafte Gäste empfing: Chateaubriand, Lamartine, Nerval, Gautier oder auch Loti, um nur die bekanntesten zu nennen, trieben ihre Reisen nicht bis in die Metropole Nordsyriens, die in der Mode der Orientreise einfach nicht vorkam. Noch heute nimmt Aleppo in den touristischen Reiserouten nur eine Randstellung ein. Die Hauptattraktionen sind Damaskus, Palmyra, Baalbek, Petra oder auch das nahe bei Aleppo gelegene Kloster St. Simeon.

Das ist einer der Gründe, warum ich vor einigen Jahren nach Aleppo reiste: Ich wusste nichts von der Stadt, kannte nicht einmal ihre berühmte Seife. Daher hatte ich bei meiner Ankunft den unbedarften Blick eines Neugeborenen, allerdings eines Neugeborenen, der an der Brust der klassischen Kultur genährt wurde und dessen Blicke sich ganz selbstverständlich zu den Überresten der byzantinischen Dörfer in der Umgebung und nicht zu den Meisterwerken der islamischen Architektur wandten. Nichtsdestotrotz dauerte es nicht lange, bis ich, nach einem Spaziergang durch die Altstadt und einigen unerwarteten Entdeckungen im Labyrinth der Gassen, vom Zauber der Stadt und ihrer Bewohner betört war. Denn eine Stadt kann man nicht auf ihre Architektur und ihre Bauwerke reduzieren, da diese untrennbar mit der Seele ihrer Einwohner verbunden sind, was auf Aleppo umso mehr zutrifft, da diese Stadt seit mehr als 3000 Jahren dauerhaft bewohnt ist.

Wenn die Straßen aus grauem Stein auf den ersten Blick auch streng und düster scheinen, genügt doch ein Sonnenstrahl, um Aleppos warme Farbtöne zum Leuchten zu bringen; eine Einladung zum Tee oder die Aufforderung, ein prächtiges Wohnhaus zu betreten, um den Sinn der Gastfreundschaft zu verstehen; und einige Jasminblüten oder Rosenblätter, die man von einem Passanten geschenkt bekommt, um die Großzügigkeit und Feinheit der aleppinischen Seele zu spüren.

Auch wenn Pierre La Mazière bei seiner Abreise bemerkte, dass „Aleppo, das wahre Aleppo, das muslimische Aleppo, das sich unbeugsam und uneinnehmbar von der Zitadelle bis in die Wüste erstreckt, sein Geheimnis nicht preisgibt", verlasse ich die Stadt jedes Mal mit dem Gefühl, dass ein Besucher, der zwischen seinen Ängsten und Vorurteilen gefangen ist, nur schwer hinter das Geheimnis Aleppos kommen kann: ein Geheimnis, das keines ist, wenn er sich nur darauf einlässt, den Schleier seiner kulturellen Vorstellungen zu lüften, die seine Sicht beeinträchtigen. Wie Lamartine schreibt: „Den moralischen Horizont zu verändern heißt, anders zu denken", oder um Ibn 'Arabi zu zitieren, der in Aleppo lebte: „Die Reise wurde *safar* genannt, weil sie das Wesen der Menschen enthüllt *(yusfir)*."

Aleppo hat mir die Augen geöffnet – in Bezug auf mich selbst wie auch auf die Welt. Und so, wie man mit Interesse der Weisheit der älteren Menschen lauschen soll, so muss man dazu bereit sein, die Lehre dieser jahrtausendealten Stadt in sich aufzunehmen.

Olivier Salmon

رحلة الكشف

«مائة ألف شخص، وربما أكثر، يعيشون هنا في عزلة ومن دون أوراق رسمية، لم يتم إحصاؤهم بعد. لا يظهرون أبداً في هذا الجزء من المدينة الذي تعرفه أنت. وبطبيعة الحال لا يعلم أحد بماذا يفكرون وإلى أي شئ يشتاقون. يرون أمامهم اللغز الأسيوي والإسلامي». هذه الكلمات التي أرسلها ضابط فرنسي عام ١٩٢٠ إلى بيير لامازير تؤكد على خصوصية حلب والهالة الغامضة التي كانت تحيط بالمدينة.

حلب حالة إستثنائية في المنطقة. وعلى النقيض من دمشق أو أنطاكيا، تخلو المدينة من معالم أتى ذكرها في الإنجيل أو التوراة، وبالتالي فإنها ليست جزءً من الأراضي المقدسة. علاوة على ذلك، فحلب في عيون أولئك السياح الذين يفضلون تدمر وأفاميا، لا تقدم سوى القليل من آثار العصور اليونانية أو الرومانية. لا يوجد لإسمها مكان في تصور الثقافة الأوروبية، التي عندما تذكر المدن العريقة الواردة في الكتب المقدسة أو في نصوص الكتاب الكلاسيكين، تتجاهل حلب أو أسمها القديم برويا. وهذا هو السبب في أن حلب لم تستقبل في القرن التاسع عشر سوى القليل من الضيوف المشهورين: شاتوبريان، لامارتين، نيفال، غوتييه أو لوتى أيضاً، إذا اكتفينا ببعض المشاهير الذين لم تقودهم رحلاتهم إلى المدينة في شمال سوريا، التي لم تكن ضمن المدن التي كانت «موضة» للرحالة المتوجهين إلى المشرق.

إلى اليوم تبقى حلب على هامش الرحلات السياحية، فمناطق الجذب الرئيسية هي دمشق، تدمر، بعلبك، البتراء، أو حتى دير القديس سمعان القريب من حلب.

أحد الأسباب التي جعلتني أحضر إلى حلب قبل بضع سنوات هو التالي: لم أكن أعرف شيئا عن المدينة، بل ولا شيء عن صابونها الشهير أيضاً. لذلك كانت لي لدى وصولي عين ساذجة لطفل حديث الولادة يرضع من ثدي الثقافة الكلاسيكية، فتحولت نظرته بطبيعة الحال إلى بقايا القرى البيزنطية في المنطقة وليس إلى روائع العمارة الإسلامية.

مع ذلك، لم يمض وقت طويل حتى فتنني سحر المدينة وأهلها، عندما تجولت سيراً على الأقدام في المدينة القديمة لأكتشف أشياء غير متوقعة في متاهة أزقتها. لأنه لا يمكن حصر قيمة المدينة في هندسة عمارتها فحسب، لأن هذه لا يمكن فصلها عن روح سكانها، وهو ما ينطبق على حلب بشكل كبير، لذلك كانت هذه المدينة مأهولة بالسكان باستمرار منذ أكثر من ٣٠٠٠ سنة.

إذا كانت الشوارع المرصوفة بالحجر الرمادي تبدو للوهلة الأولى قاسية جداً وقاتمة، فيكفي شعاع من الشمس لتغدو ألوان حلب الحميمية متألقة، وتكفي دعوة لتناول الشاي أو لزيارة منزل رائع لتفهم معنى حسن الضيافة، كما تكفي بعض زهرات الياسمين والورد التي يهديها لك أحد المارة لتشعر بسخاء الحلبيين وأريحيتهم.

برغم أن بيير لامازير لاحظ يوم مغادرته أن «حلب الحقيقية، حلب الإسلامية، الصلبة والتي لا يمكن الإستيلاء عليها والتي تمتد من القلعة الى الصحراء لا تكشف عن أسرارها». أغادر المدينة كل مرة مع الشعور بأن الزائر الذي سيبقى أسيراً لمخاوفه والأحكام المسبقة سيجد صعوبة في فهم أسرار حلب: سرٌ لا يغدو سراً، إذا شرع المرء في رفع حجاب معتقداته الثقافية، الذي يؤثر على وجهة نظره، كما كتب لامارتين: «تغيير الأفق الأخلاقي معناه التفكير بشكل مختلف»، وحسب تعبير إبن عربي الذي عاش في حلب: « سُميت الرحلة سفر، لأنها تُسفر جوهر الإنسان».

جعلتني حلب أدرك نفسي، وكذلك العالم. كما نصغي باهتمام إلى حكمة كبار السن، يجب على المرء أن يكون مستعداً لإستيعاب عبر هذه المدينة التي عمرها آلاف السنين.

أوليفيه سالمون

Aleppo Basar

1992 fiel der Fastenmonat Ramadan ins Frühjahr. Es war noch kalt in Aleppo und relativ feucht. Außerdem fiel an diesem Nachmittag der Strom aus. Nichts Besonderes im Syrien der 90er-Jahre. Viele Gespräche begannen damals mit der Frage: „Wann fällt bei euch der Strom aus, vormittags oder abends?" Lange Erörterungen konnten sich anschließen: Ist es besser, dass man morgens waschen kann, aber dafür abends kein Licht hat, oder umgekehrt? An jenem Nachmittag im Ramadan schickte mich der Stromausfall auf eine Art Zeitreise: Mit einem Mal war der Basar von Aleppo so schummrig, wie er vor hundert Jahren gewesen sein mag. Er ist nämlich durchgehend überdacht, nur kleine, quadratische Fenster lassen in regelmäßigen Abständen einen scharfen, staubgesprenkelten Lichtstrahl herein. Kein zweiter Basar der Welt ist so groß und so vollständig überdacht wie der von Aleppo. Voll war es nicht an jenem Nachmittag, im Ramadan gehen die meisten erst nach dem „Fastenbrechen", sprich: nach Sonnenuntergang einkaufen. Die vielen kleinen Läden hatten Petroleumlampen oder batteriebetriebene Funzeln angemacht. Sie spendeten gerade so viel Licht, dass man die Waren erkennen konnte: In orientalischen Basaren sind die Läden nach ihrem Angebot sortiert, in einer Gasse funkeln die Auslagen der Goldschmiede, fein gekleidete Tuchhändler verkaufen den begehrten Damaszener Brokat, bunt gewebte Seidenstoffe oder schweres Tuch aus England. Eine Gasse weiter duftet es nach den riesigen Säcken der Gewürzhändler, die neben Nelken, Kardamom oder getrocknetem Ingwer auch die berühmte Aleppiner Olivenseife verkaufen, aufgeschichtet zu kunstvollen Türmen und gekennzeichnet mit dem Prägestempel der Seifenfabrik. „Sabun Ghar" heißt die Seife, nach dem Lorbeer, der ihr einen unverwechselbaren Geruch gibt, nicht blumig-zart, sondern kräftig und für ungewohnte Nasen fast ein bisschen unangenehm. Fast alle Syrer verbinden mit diesem Duft eine Kindheitserinnerung: das wöchentliche Bad in einem kleinen, aufgeheizten Raum, vor sich ein Becken mit heißem Wasser, hinter sich die Mutter, die einen rauen Luffa-Handschuh mit Olivenseife einreibt, bis sie hellgrün aufschäumt, und dann den Rücken ihres Kindes schrubbt, bis der feuerrot ist. Haare, Ohren, Arme, Beine, kein Zentimeter entkommt dem Seifenschaum, der fürchterlich in den Augen brennt. Heute verkaufen die Seifenhändler auch herkömmliches Shampoo, außerdem allerlei Öle und Essenzen, die angeblich Wunder wirken gegen Haarausfall, Hautprobleme und sonstige Zipperlein. Eine Gasse weiter blieb ich stehen: Hier hingen Seile, Karabinerhaken und Winden aller Größen; die Händler dösten im Schummerlicht, denn bei ihnen kaufte in der Fastenzeit nun wirklich niemand etwas. Plötzlich hörte ich eine Stimme hinter mir, „Eile mit Weile", sagte der Mann und fragte dann in mein Erstaunen hinein: „Sie sind doch aus Deutschland, oder?" Ob ich Souvenirshops suche, ob ich Hilfe brauche – ich verneinte alles, wollte ja nur das Schummerlicht und die Ruhe genießen. Da verabschiedete er sich freundlich und ging weiter. Ein paar Schritte, dann drehte er sich noch mal um: „Schaffe, schaffe, Häusle baue", rief er mir zu und lachte. Ich lachte zurück.

Esther Saoub

بازار حلب

في عام ١٩٩٢ حلّ شهر رمضان في فصل الربيع. كان الجو في حلب مازال بارداً ورطباً بعض الشيء. إضافة إلى ذلك، إنقطع التيار الكهربائي بعد ظهر ذلك اليوم. شئ عادي في سوريا التسعينات. كان أكثر الأحاديث يبدأ بالسؤال التالي: «متى تنقطع عنكم الكهرباء، في الصباح أو في المساء؟» يلي ذلك شروحات طويلة: هل من الأفضل الغسيل في الصباح، والبقاء بدون ضوء في الليل، أو العكس؟

بعد ظهر ذلك اليوم من شهر رمضان أرسلني انقطاع التيار الكهربائي إلى نوع من الرحلة عبر الزمن: فجأة كان النور في سوق حلب خافتاً، كما لو أننا قبل مئة عام. السوق مسقوفة لكن شعاع ضوء الغبار الأرقط كان يتسلل إلى الداخل من شبابيك مربعة صغيرة. لا يوجد «بازار» آخر في العالم كبير مثله ومسقوف بالكامل مثل سوق حلب. لم تكن السوق مزدحمة عصر ذلك اليوم، لأن معظم الناس في شهر رمضان لا يخرجون للتسوق إلا بعد الإفطار، أي بعد غروب الشمس. العديد من أصحاب المحلات التجارية الصغيرة أشعلوا مصابيح الكيروسين أو استخدموا مصابيح تعمل بالبطارية، وهذه أو تلك تمنحهم بعض الضوء ليستطيعوا تمييز البضائع.

في الأسواق الشرقية يتم تصنيف المحلات التجارية وفقا لمعروضاتها: في أحد الأزقة تلمع شبابيك العرض عند الصاغة، تجار الأقمشة يرتدون الألبسة الفاخرة ويبيعون البروكار الدمشقي المرغوب وأقمشة حرير ملونة والجوخ الإنكليزي. في زقاق آخر تفوح الروائح من محلات التوابل التي تبيع القرنفل والهال والزنجبيل اليابس في أكياس ضخمة، كما تبيع صابون زيت الزيتون الحلبي الشهير وتراه مكدساً بشكل أبراج، ممهوراً بختم المصنع. «صابون غار» إسمه مستمد من نبتة الغار التي تمنح الصابونة رائحة مميزة، ليست رائحة زهور ناعمة وإنما قوية وغير عادية للأنف الذي لم يألفها بعد. ومعظم السوريين يربطون بهذه الرائحة ذكريات الطفولة: الحمام الأسبوعي في غرفة صغيرة ساخنة، أمام بركة مليئة بالماء الساخن، وفي الخلف الأم بيدها قفاز اللوف الخام تفرك به صابونة زيت الزيتون الخضراء الزاهية حتى ترغي، ومن بعد تقوم بتنظيف ظهر طفلها حتى يحمر الجلد. ثم يأتي دور الشعر والأذنين والذراعين والساقين، ولا يبقى سنتيمتر واحد لاتصله رغوة الصابون، التي تحرق العيون بشكل رهيب. اليوم يبيع تجار الصابون الشامبو أيضاً إضافة إلى جميع أنواع الزيوت والخلاصات التي يزعمون أنها تفعل المعجزات ضد فقدان الشعر ومشاكل البشرة وأشياء أخرى.

في الزقاق الثاني بقيت واقفةً. هنا حبال معلقة، صنارات وبكرات من جميع الأحجام. يغفو التجار تحت الضوء الخافت، إذ لا أحد يشتري شيئا في النهار خلال شهر الصيام. فجأة سمعت صوتا خلفي «في العجلة الندامة» قال الرجل وسألني وكلي دهشة: «أنت من ألمانيا، أليس كذلك؟ هل تبحثين عن محلات لبيع التذكارات؟ هل أنت بحاجة إلى مساعدة؟». قلت له: «لا، أردت الاستمتاع بالضوء الخافت والراحة». ودعني بلطف وتابع سيره. بعد بضع خطوات استدار مرة أخرى وقال بالألمانية ضاحكاً: «إعمل إعمل، تبني بيتاً صغيراً». ضحكت أيضاً.

إستر صعوب

Verstörende Erinnerung

Es ist lange her, dass ich in Syrien gewesen bin. Nach einer Reise durch Jordanien, in einem Mercedes mit einem Englisch sprechenden palästinensischen Fahrer und nur vier Teilnehmern, flogen wir nach Damaskus. Und reisten dann in einem Kleinbus weiter, der – unterstützt durch einen örtlichen Reiseleiter – von einem Syrer gefahren wurde. Auch diese Gruppe bestand nur aus sieben Personen, aber im Vergleich zu unserem vorherigen, fast familiären Zusammensein glich sie mehr einer Reisegesellschaft.

Es muss Ende der 80er-Jahre gewesen sein. Assads sozusagen moderne Palastanlage lag unzugänglich und drohend auf einem Hügel über Damaskus. Als wir vorüberfuhren und Genaueres wissen wollten, kam eine ausweichende Antwort. Die Zitadelle in Aleppo hingegen löste Tage später sofort die Zungen unserer syrischen Freunde. Sie lag zwar nicht weniger dominant über der Stadt, aber diese Demonstration einer verblichenen Macht wirkte ästhetischer, raffinierter und, das lasse ich jetzt mit einigem Zögern stehen, menschlicher. Wenn man die überwältigend schöne Brücke vom Fuß des Hügels zum Eingangstor hochgeht, stellt man überrascht fest, dass das erwartete Eingangstor keineswegs in der Achse des Aufgangs liegt. Der seitlich abgehende, mehrfach abgewinkelte, verzwickte Zugang zur eigentlichen Burg lässt einen bewundernd schmunzeln: Die architektonische Lösung zur Abwehr der angreifenden Gegner springt sofort ins Auge, weil die Erfindung als Antwort auf den Stand der damaligen Waffentechnik schlicht genial wirkt. Das Innere der Burg entpuppt sich dann keineswegs als eine geschlossene Anlage, sondern wirkt wie eine kleine Stadt, mit den unterschiedlichsten Gebäuden für die unterschiedlichsten Zwecke. Zum persönlichen Wohnen, zur Repräsentanz, zum Gebet, zur Unterkunft der Krieger.

Meine nur mehr lückenhaften Erinnerungen sind allerdings unumstößlich mit dem vorangegangenen Besuch des Crac des Chevaliers verknüpft, einer Kreuzritterburg, die wir auf dem Weg von Damaskus nach Aleppo besichtigt hatten. Diese gewaltige Anlage liegt in freier Landschaft auf einem Hügel und wurde dafür geschaffen, das ganze Land rundherum zu beherrschen. Sie ist, auf der Basis einer älteren Verteidigungsanlage errichtet, verkürzt gesagt ein „christliches" Bauwerk. In dieser durchaus dem herkömmlichen Begriff entsprechenden befestigten Burg herrscht eine erst auf den zweiten Blick durchschaubare Ordnung. Die einzelnen Bauteile gehen kunstvoll ineinander über und zeugen nicht nur von ihrem jeweiligen Zweck, sondern auch auf überraschende Weise vom Stand des vervollkommneten Festungsbaus und der gotischen Baukunst, die selbst für die westliche Welt jener Zeit beispielhaft gewesen ist.

Die Zitadelle in Aleppo hingegen, die ursprünglich die Stadt sicherte, ist eine „muslimische" Architektur. Der Burghügel wurde durch mehrfaches Aufschichten einer natürlichen Erhebung völlig künstlich zu einem abgestumpften Kegel gestaltet, mit der Absicht, ihn nicht einnehmen zu können. Jede dieser überwältigenden Festungen, an denen ich mich fast nicht sattsehen konnte und deren Räume und Gänge, Durchblicke und Höfe stets mit neuen gestalterischen Überraschungen aufwarteten, erschienen mir damals plötzlich nicht mehr nur wie Gebäude, sondern, auch unter dem Eindruck ihrer wechselvollen Geschichte, wie Kampfmaschinen – den Flugzeugträgern und Raumstationen vergleichbar, die eben dem heutigen Stand der Kriegstechnik entsprechen.

Die herrlichen Burgen waren im Inneren den damaligen Bedürfnissen angepasste Unterkünfte, aber auch technisch zeitgemäße Verteidigungsanlagen, die nach außen als steinerne Drohgebärden für die jeweils anderen dienten: die in den wechselnden Zeitläufen als „Fremde" bezeichneten Eroberer und Eindringlinge oder die sich abwechselnden und gegenseitig metzelnden „eigenen" Herrscher und Befehlshaber. Beide Seiten stellten sich als Beschützer ihrer Kultur (und ich meine damit sowohl ihrer Religion als auch ihres Besitzes) dar – einmal des Morgenlandes und einmal des Abendlandes. Und ich, mit meinen Wurzeln im Abendland und meiner Neugierde für das Morgenland, stand wie zerrissen dazwischen, fast schuldbewusst und verzweifelt über die Spaltung meiner Wahrnehmungen, die geschichtlich, politisch und ästhetisch widersprüchlicher Natur waren.

Die Toten jener Zeiten sind vergraben, das Blut ist abgewaschen, jedenfalls bis auf Weiteres. An anderen Orten dieses als Naher oder Mittlerer Osten bezeichneten Gebietes, des Orients unserer Träume also, fließt es erneut, fallen die echten und die vermeintlichen Feinde reihenweise und erschreckend sinnlos wie vor tausend Jahren. Und wenn in weiteren tausend Jahren Touristen in den Ausstellungen der historisch gewordenen Kampfmaschinen unserer Zeit umherwandern, werden auch sie sich von den innovativen Erfindungen und ihrer Ästhetik hinreißen lassen. Und ziemlich sicher werden auch sie weiterhin dem Entsetzen und der Scham ausgesetzt sein, den Zwiespalt von Schönheit und kriegerischer Macht noch immer nicht verhindert zu haben.

Peter Schweiger

A Disturbing Memory

It has been a long time now since I was in Syria. After a trip through Jordan in a Mercedes with an English-speaking Palestinian driver and only four participants, we flew to Damascus and traveled on further in a small bus which – supported by a local tour guide – was driven by a Syrian. This group was also only made up of seven people, but, compared to our previous, almost family-like time together, it was more like a tour group.

It must have been at the end of the 1980s. Assad's so-called modern palace was inaccessibly and menacingly located on a hill above Damascus. As we drove by and wanted to know more, a evasive answer came. But, the Citadel in Aleppo a few days later immediately loosened the tongues of our Syrian friends. It was located in a less dominant way above the city, but this demonstration of a faded power had a more aesthetic, more refined and, I will just leave it now with some reservation, more personal feeling. When you ascend the immensely beautiful bridge from the foot of the hill to the entrance gate, you are surprised to discover that the expected gate does not lie at all in the axis of the staircase. The intricate access to the real fortress, which descends sideways and is angled several times, causes you to smile adoringly. The architectural solution for the defense against the attacking opponents jumps right out at you because the invention is simply an ingenious answer to the level of weapons technology back then. The interior of the fortress turns out to be no closed area at all, but appears as a small city with very different buildings for very different purposes, such as personal living quarters, areas for public receptions, prayer, and soldiers quarters.

My more sketchier memories are incontestably connected with the preceding visit of the Crac des Chevaliers, a Crusader fortress we had visited on the way from Damascus to Aleppo. This formidable complex is located in the open countryside on a hill and was built to rule the whole area surrounding it. It is, briefly stated, a "Christian" edifice, constructed on the foundation of an older defense structure. In this fortified castle, which certainly fits the traditional idea, there is an order that is not perceivable at first glance. The individual pieces of the construction are intricately interwoven and do not simply show their respective purpose, but also, in a surprising way, the condition of the perfected castle construction and the Gothic architecture, which itself was exemplary for the Western world of that time.

The Citadel in Aleppo, by contrast, that originally secured the city, is "Muslim" architecture. The mound was formed artificially by the stacking of several layers or a natural elevation into a blunted cone with the intention of being impregnable. Each of these awesome fortresses which I could hardly get enough of, and their rooms and passageways, views and courtyards that constantly came up with new creative surprises, suddenly seemed to me then not to be like mere buildings, but also, under the influence of their history full of changes, like engines of war – comparable to aircraft carriers and space stations that correspond to today's standard of military technology.

On the inside, the beautiful castles were fitting accommodations for the needs of the time, but also technically contemporary defensive fortifications that served on the outside as menacing gestures in stone for any others, namely for conquerors and invadors who were called "foreigners" in the changing flow of times or their "own" rulers and commanders who changed hands and massacred one another. Both sides presented themselves as protectors of their culture (and I mean with this their religions as well as their property) – the one of the Occident and the other of the Orient. And I, with my roots in the Occident and my curiosity about the Orient, stood torn in between, almost feeling guilty and puzzled about the division of my perceptions, which were of a contradictory nature regarding history, politics, and aesthetics.

The dead of those times are buried, the blood is washed away, at least, for now. In other places of this area called the Near or Middle East, the Orient of our dreams, it flows anew and the real and the perceived enemies fall row by row, terribly and meaninglessly like a thousand years ago. And when in another thousand years tourists walk through the exhibitions of the war machinery of our time that has become a part of history, they will also be fascinated by the innovative inventions and their aesthetics. Furthermore, it is rather certain that they will also be exposed to the horror and the shame of still not being able to have prevented the discrepancy of beauty and martial power.

Peter Schweiger

Fotos 2
Verschiedene Fotografen
Photos 2
Various Photographers
صور ٢
عدة مصورين

20

Narin und andere junge Frauen

Eigentlich beschäftigte ich mich mit der Vergangenheit der Stadt, mit der Geschichte des Handels im osmanischen Aleppo. Unser Umfeld eignete sich bestens dazu: Wir arbeiteten in der Altstadt, dem jahrhundertealten zentralen Marktbereich, in einem Khan – einem jener Gebäude mit großem Innenhof, die schon immer dem Handel gewidmet waren. Trotzdem blieben meine Kollegen und ich nicht nur dem Staub aus alten Zeiten verschrieben. Regelmäßig verließen wir unseren Khan und unser Archiv und verschafften uns vielfältige Eindrücke von der Stadt und ihren Bewohnern. Für mich stellte sich dabei immer wieder die Frage nach dem Alltag und der Selbstbestimmung junger Frauen im heutigen Syrien. Mit der Zeit fiel mir auf, dass es große Unterschiede gab zwischen dem Bild, das ich mir machte, und dem, was ich tatsächlich erlebte.
Eine Reihe von Frauen unterschiedlichen Alters und einige junge Männer kamen jeden Freitagnachmittag in der aleppinischen Filiale einer Wohltätigkeitsorganisation zusammen. Sie halfen mit, körperlich und geistig behinderte Kinder aus einfachen Verhältnissen durch spielerische Aktivitäten zu fördern. Ein wichtiges Ereignis war der alljährliche einwöchige Ausflug mit den Kindern ans Meer. Da das Ferienhaus auf Vordermann gebracht werden musste, fuhr ich an einem Wochenende im Juni mit einer Busladung voll Mitarbeitern zum Chalet hinaus. Während ich mich auf arbeitsintensive Tage vorbereitet hatte, waren manche Mitarbeiter auf ganz andere Dinge eingestellt. Narin, eine Kurdin in den Zwanzigern, hatte angekündigt, dass sie während dieses Wochenendes ihr Kopftuch ablegen würde. Sie erklärte mir, dass sie die Gemeinschaft von Mitarbeitern als eine Art Familie sähe und sie sich daher auch vor den Männern unverhüllt zeigen könne. Narin studierte Philosophie, hatte eine Assistentinnenstelle an der Universität und sprach gerne über deutsche Philosophen. Wenn es nach ihr ginge, trüge sie kein Kopftuch, doch ihrem Vater zuliebe tat sie es. Da ich nie bei Narin zu Hause gewesen war, kannte ich sie nur verhüllt, und als sie tatsächlich ihre volle Haarpracht zeigte, war ich verblüfft. Sie hatte nicht nur dichte, ungewöhnlich lange, glatte, braune Haare, sondern sah vor allem viel jünger aus – oder war es ihr leicht beschämtes Benehmen, das sie veränderte? Narin schaute mich erwartungsvoll an, und ich wiederum fühlte mich genötigt, ihr ein Kompliment zu ihren offenen Haaren zu machen. Auch wenn es ehrlich gemeint war, hätte ich es lieber vermieden, auf diese Art indirekt das Kopftuchtragen zu bewerten.
Die einprägendere Erfahrung dieses Wochenendes kam aber erst danach. Nicht nur Narin, sondern auch die anderen Mitarbeiterinnen hatte ich bisher als selbstsichere und reife Frauen erlebt. Daneben fühlte ich mich noch viel ungebundener, auch wenn ich älter war als manche von ihnen. Ich trug keine Schminke, geschweige denn viel Schmuck, Accessoires, schicke Kleidung oder Schuhe mit hohen Absätzen. Als wir uns nach einem ausgiebigen, unterhaltsamen Abendessen ins Schlafzimmer begaben, spielte sich jedoch etwas für mich völlig Unerwartetes ab. Nach langem Umziehen und Abschminken legten sich die anderen Damen nicht etwa schlafen wie ich, sondern setzten sich bequem im Dunkeln zusammen. Ihr Geplapper und Gekicher zog sich nun endlos hin und ich fühlte mich wie im Pfadfinderlager mit vierzehn Jahren. Erst als ich schon fast im Morgengrauen verärgert das Zimmer wechselte, kam ich zur Ruhe. Am nächsten Morgen war ich nachdenklich gestimmt. Hinter dem sehr reifen, femininen Aussehen dieser Mitarbeiterinnen befanden sich junge Frauen, die eine für mich sehr wichtige Erfahrung wie die, in einer Freundesgruppe fern der Familie zu übernachten, selten oder sogar noch nie gemacht hatten. Und irgendwie konnte ich ihr Verhalten auch verstehen. Hatten wir uns als Jugendliche nicht ebenfalls geweigert, nach stundenlangem Erzählen, Diskutieren und Lachen endlich still zu sein und einzuschlafen? Auch Narin brachte mich in diesem Zusammenhang zum Nachdenken. Sie hatte mir verraten, dass sie ein Stipendium für Deutschland beantragt hatte. Wie würde für Narin eine derartige Erfahrung in der Fremde wohl aussehen? Würde es ihr auch schwerfallen, das Zusammenspiel zwischen der äußeren Erscheinung junger deutscher Frauen und ihrer Lebensweise nachzuvollziehen?
Narin erhielt tatsächlich ein Stipendium für Deutschland. Sie lebt heute in Berlin, ist mit einem Deutsch-Syrer verheiratet und arbeitet an ihrer Doktorarbeit.

Mafalda Ade

نارين وسواها من الفتيات

في الواقع، أنا أهتم بماضي المدينة، بتاريخ التجارة في فترة حلب العثمانية. حولنا بيئة مثالية لذلك نعمل في المدينة القديمة، في منطقة السوق الرئيسية، في خان، وهو من تلك المباني ذات الفناء الواسع التي كانت دائماً مكرسة للتجارة ومع ذلك، لم نوظف أنا وزملائي كل وقتنا فقط لغبار العصور القديمة، بإنتظام كنا نترك الخان والأرشيف للحصول على إنطباعات عديدة عن المدينة وسكانها بالنسبة لي، كنت أتساءل دائماً كيف تكون الحياة اليومية للمرأة الشابة في سورية اليوم؟ بمرور الأيام لاحظت أن هناك إختلافات كبيرة بين الصورة التي كونتها من قبل وبين ما عايشته حقيقة.

كل يوم جمعة بعد الظهر يأتي عدد من النساء وبعض الشبان من مختلف الأعمار إلى الفرع الحلبي لجمعية خيرية. يُساعدون أطفال فقراء من ذوي الإحتياجات الخاصة لتحفيزهم عن طريق اللعب. ومن أهم نشاطاتهم القيام برحلة سنوية لمدة أسبوع مع الاطفال إلى شاطئ البحر.

كان لابد من ترتيب بيت الإصطياف، لذلك سافرت في عطلة نهاية الاسبوع من شهر حزيران بحافلة مليئة بالزملاء إلى الشاليه. بينما كنت أحضر نفسي لأيام قادمة مليئة بالعمل، كان بعض الموظفين مُهيئاً لأشياء أخرى. أعلنت نارين، وهي كردية في العشرينات من عمرها، أنها ستنزع غطاء رأسها. وشرحت لي ذلك، بالنسبة لها الزملاء مثل العائلة ولذلك قررت السفور أمام الرجال.

درست نارين الفلسفة، وتشغل وظيفة أستاذ مساعد في الجامعة، وكانت تحب الحديث عن الفلاسفة الألمان. لو كان الأمر بيدها، لما إرتدت الحجاب، لكنها تفعل ذلك من أجل والدها. وبما أنني لم أزر نارين في بيتها، ماعرفتها إلا وهي بغطاء الرأس. بيد أنه عندما بان رونق شعرها كاملاً، تملكتني الدهشة. لم يكن شعرها كثيفاً فحسب، بل هو طويل وأملس وبني وغير عادي. بانت أكثر شباباً. ترى هل تولّد لدي هذا الانطباع بسبب الخجل البسيط الذي إعتراها؟ نظرت إلى نارين بترقب وشعرت بنفسي مضطرة مرة أخرى لمدح شعرها السافر. وحتى لو كان موقفي صادقاً، كان من الأفضل تجنب تقييم مسألة ارتداء الحجاب ولو بشكل غير مباشر.

إستذكرت تجربة نهاية الإسبوع من بعد. لم تكن نارين حالة بمفردها. لقد عرفت الزميلات الأخريات أيضا وعايشتهن كنساء ناضجات واثقات الخطى.

شعرت أيضاً من بعد أنني أقل التزاماً بالتزين منهن رغم أني أكبرهن سناً. لا أستعمل الماكياج، ناهيك عن الحلي والإكسسوارات والملابس الأنيقة أو أحذية الكعب العالي.

عندما ذهبنا بعد عشاء فاخر إلى غرفة النوم، حدث شئ لم أكن أتوقعه قط. بعد إزالة الماكياج وتبديل الملابس، لم تذهب واحدة من السيدات إلى النوم مثلي، بل جلسنا سوية بشكل مُريح في العتمة. ضحكاتهن العالية وأحاديثهن إستمرت إلى ما لا نهاية، فشعرت وكأني في مخيم للكشافة لبنات الأربعة عشر ربيعاً. أزعجني الضجيج، لكن عندما بدلت غرفتي عند الفجر تقريباً، إستطعت الخلود للراحة. في اليوم التالي شغلتني الأفكار. ثمة شيء آخر خلف ذلك المظهر النسائي الناضج جداً لدي هذه الزميلات، يمثل في الواقع خبرة مهمة جداً بالنسبة لي، وهي نادرة وربما أعايشها لأول مرة. تلك الشابات أمضين الليلة معاً يتسامرن بسرور بالغ بعيداً عن الأسرة. هكذا يمكن أن أفهم تصرفهن. ألم نرفض كشباب في الماضي النوم والهدوء إلا بعد ساعات من النقاش والحكي والضحك؟ نارين أيضا جعلتني أفكر من جديد في هذا السياق. وقد أسرت لي بأنها تقدمت بطلب للحصول على منحة في ألمانيا. كيف ستكون تجربة نارين في الغربة؟ هل ستواجهها صعوبة في فهم التفاعل بين مظهر المرأة الألمانية الشابة وطريقتها في الحياة؟

نارين حصلت فعلاً على منحة دراسية في ألمانيا. وهي تعيش الآن في برلين، متزوجة من مواطن ألماني من أصل سوري، وتُحضر أطروحة الدكتوراه.

مافالدا آده

اللهم لا اسالك رد القضاء
ولكن اسالك اللطف فيه

Muhammara

Zutaten:
100 g Semmelbrösel
50 g rote Paprikapaste (süß)
10 g getrocknete, scharfe, rote Paprikaschoten, gestoßen
20 g Kreuzkümmel
40 g Granatapfel-Melasse
100 ml Olivenöl
100 g gestoßene Walnüsse
150 ml Wasser
20 ml Zitronensaft
15 g Zucker
Salz

Zubereitung:
Semmelbrösel und Kreuzkümmel in Wasser aufweichen. Paprikapaste, getrocknete Paprikaschoten, Zitronensaft, Salz, Zucker, Granatapfel-Melasse und Walnüsse hinzufügen. Zutaten gut miteinander vermischen und zur Dekoration mit Olivenöl beträufeln.

Aleppo, die Hauptstadt der Gastronomie

Historische Studien haben gezeigt, dass die älteste Kochkunst der Welt vor 3700 Jahren in Mesopotamien entstanden ist. Seitdem haben mehr als zwanzig verschiedene Zivilisationen in der Region und im Gebiet des heutigen Iraks und Syriens gelebt. Die Hauptressourcen Aleppos waren zunächst die Landwirtschaft und die Textilproduktion (Baumwolle und Seide). Seine einzigartige Lage auf dem Weg der Handelskarawanen und später an der Kreuzung der Seidenstraßen (Ost-West und Süd-Nord) sorgte jedoch dafür, dass die verschiedensten Waren, die auf den Rücken der Kamele getragen und in Fuhrwerken transportiert wurden, das Gebiet nicht nur passierten, sondern in Aleppo auch getauscht, ge- und verkauft wurden.

Der Umgang mit den Waren führte dazu, dass die Aleppiner, bekannt für ihre Neugier, diese probierten und versuchten, verschiedenartige Dinge miteinander zu vermischen. Auf diese Weise wurde die aleppinische Küche durch viele Zutaten und Gewürze bereichert, die zunächst aus den drei damals bekannten, später auch aus den neu entdeckten Kontinenten eingeführt wurden. Fügt man diesen Gewürzen die wunderbaren Produkte des fruchtbaren Landes hinzu und das himmlisch zarte Fleisch der Lämmer, die auf dem üppigen Weideland grasen, erhält man eine einzigartige Küche – wohlschmeckend, würzig und vielseitig in ihren endlosen Kombinationen von Getreide-Gemüse-Fleisch-Gerichten und sogar Früchten für süße und saure Speisen. Im 11. Jahrhundert schrieb der syrische Dichter Al-Ma'arri, dass die Küchenchefs des Himmels aus Aleppo kämen.

Die erste muslimische Dynastie, die der Omayyaden, war syrisch. Sie eroberte Nordafrika und den westlichsten Teil Europas. Der Handel blühte, und auch unter diesen Herrschern importierten die Syrer neue Lebensmittel und integrierten sie in ihre Küche. Ein paar Jahrhunderte später, so erzählt man sich, sandten die osmanischen Sultane ihre Köche unerkannt nach Aleppo, damit diese die neuesten Zutaten und Gerichte auskundschafteten und sie dann heimlich mit nach Topkapi brachten. Status und Stolz erlaubten es den Sultanen nicht, etwas zu übernehmen, was nicht ihre eigene Kreation war.

Heute ist Aleppo eine Stadt mit mehr als drei Millionen Einwohnern. Ist es da nicht seltsam, dass sich das einzige italienische, chinesische und indische Restaurant jeweils nicht länger als ein Jahr halten konnte? Im Grunde ist es leicht zu erklären: Die Aleppiner schätzen ihre eigene, reichhaltige Küche so sehr, dass sie für eine andere nicht zu begeistern sind. Auch geht man nicht gerne essen, denn das würde bedeuten, dass das Essen im Restaurant besser ist als zu Hause – was eine Beleidigung für jeden Aleppiner darstellt. Frauen konkurrieren miteinander und jede betrachtet einige ihrer Gerichte als die besten der Stadt. Die Ehemänner erzählen ihren Freunden voller Stolz, dass ihre Ehefrauen in der Zubereitung dieses und jenes Gerichts unübertroffen seien.

Die aleppinische Küche hat dieselben Wurzeln wie die ihrer Nachbarn (Damaskus, Beirut, Amman und sogar Istanbul). Aber das gleiche Gericht schmeckt in Aleppo viel besser als in jeder anderen Stadt. Das liegt an der feinen Abstimmung der Zutaten und Gewürze während der Zubereitung der Gerichte. Leider fehlte es Aleppo in der Vergangenheit an den Möglichkeiten, seine Küche bekannt zu machen. Aber heute, im Zeitalter der elektronischen Medien und mit der ansteigenden Zahl der Touristen in Syrien, hat sich die Stadt weiterentwickelt und zeigt stolz das Beste, was sie zu bieten hat. Journalisten können Aleppo nicht länger ignorieren. Im Arabischen Golf, in Europa und Amerika vergeht nicht ein Monat ohne einen Pressebericht, der das köstliche Essen der Stadt lobt. 2005 wurde Aleppo von der Internationalen Akademie für Gastronomie mit dem „Grand Prix de la Culture Gastronomique" ausgezeichnet – außer Paris ist Aleppo die einzige Stadt, die diese Auszeichnung erhalten hat.

Aleppo war schon immer die gastronomische Hauptstadt der Levante – die Welt ist jetzt dabei, das herauszufinden und anzuerkennen.

Pierre Antaki

حلب، عاصمة فن الطهو

أثبتت دراسات تاريخية أن أقدم فن للطهو في العالم ظهر قبل ٣٧٠٠ سنة في بلاد ما بين النهرين. منذ ذلك الوقت وحتى يومنا هذا، تعاقب ما يزيد على عشرين حضارة مختلفة في المنطقة المعروفة اليوم بالعراق وسوريا. بالنسبة إلى مدينة حلب، كانت الموارد الرئيسية في البداية تعتمد على الزراعة والنسيج (القطن والحرير).
إن موقع حلب المميز على طريق القوافل التجارية، وفي وقت لاحق عند تقاطع طرق الحرير (شرق / غرب وشمال / جنوب) لم يكن مجرد معبر لنقل البضائع المختلفة على ظهور الجمال وبالعربات، بل هو جعل المدينة مركزاً لمبادلة السلع وبيعها وشرائها.
أدى التعامل مع البضائع عند الحلبيين المعروفين بالفضولية إلى اختبار السلع ومحاولة مزج أشياء مختلفة. وبهذه الطريقة تأثر المطبخ الحلبي بالعديد من مواد الطعام والبهارات المستوردة من القارات الثلاث المعروفة آنذاك، ثم من الأخرى التي أكتشفت فيما بعد. وعندما نضيف هذه التوابل إلى المنتوجات الرائعة للأرض الخصبة، إلى لحم الضان الطري الذي يتغذى في المراعي الوافرة، نحصل على مطبخ فريد من نوعه، طيب المذاق، غني بالتوابل، متنوع في مكوناته التي لا نهاية لها من الحبوب وأطباق الخضار واللحوم، وحتى الفواكه التي تُستعمل لتحضير المأكولات الحلوة والحامضة. في القرن الحادي عشر كتب الشاعر السوري أبو العلاء المعري يقول إن طباخ السماء هو بلا شك من حلب.
نشأت الدولة الأموية، أول سلالة حكم إسلامية، في سوريا ثم فتحت شمال أفريقيا والجزء الغربي من أوروبا. وفي عهد هؤلاء الخلفاء إزدهرت التجارة وأستورد السوريون مواد غذائية جديدة ودمجوها في مطبخهم. ويُروى أنه بعد بضعة قرون كان السلاطين العثمانيون يرسلون طهاتهم إلى حلب خفية لإستكشاف أحدث الأطباق ووصفات الطهو ويجلبونها سراً إلى توبكابي في اسطنبول، ذلك أن عزة السلاطين لم تكن لتسمح لهم بأن يتبنوا شيئاً ليس من صنعهم.
حلب اليوم مدينة يقطنها ثلاثة ملايين نسمة. أليس من الغريب أن المطاعم الإيطالية والصينية والهندية لاتصمد فيها طويلاً؟ لا يستمر أحدها أكثر من سنة واحدة ويغلق بعدها أبوابه؟ في الواقع، من السهل توضيح ذلك: أهل حلب يقدرون مطبخهم الغني كثيراً، فلا يغريهم أي شئ لتذوق مأكولات أخرى. ولا توجد رغبة لدى الحلبي لتناول الطعام خارج المنزل، لأن ذلك يعني أن طعام المطعم أفضل من طبخ البيت، وهذا يشكل إهانة لكل حلبي. تتنافس النساء فيما بينهن، وكل إمرأة تعتبر أطباقها الأفضل في المدينة. وكل رجل يفخر أمام أصدقائه بأن زوجته قد أعدت أطباقاً لامثيل لها. للمطبخ الحلبي الجذور نفسها التي لجيرانه في دمشق أو بيروت أو عمان وحتى في اسطنبول. لكن الطبق ذاته له طعم خاص في حلب، أفضل بكثير عنه في المدن الأخرى. ويعود الفضل في ذلك إلى التناسق الدقيق بين المكونات والبهارات أثناء إعداد الأطباق. وللأسف لم يكن لحلب في الماضي إمكانية التعريف بمطبخها. أما اليوم، في عصرالإتصالات الإلكترونية، ومع إرتفاع عدد السياح في سوريا، فلقد تطورت المدينة وهي تعرض ما لديها بفخر. ولا يمكن للصحافيين أن يتجاهلوا حلب عندما يكتبون عن سوريا مستقبلاً، ولا يمكن لهم أن يكتفوا بزيارة دمشق.
في الخليج العربي وأوروبا وأمريكا لا يمر شهر من دون تقرير صحفي مشيد بلذة الطعام في المدينة. عام ٢٠٠٥ منحت حلب «الجائزة الكبرى لثقافة الطعام» من الأكاديمية العالمية لفن الطهو. لم يحصل على هذه الجائزة من قبل سوى باريس.
كانت حلب دائما عاصمة فن الطهو في بلاد الشام. والعالم اليوم يحاول إكتشاف هذه الخاصية والاعتراف بها.

بيير أنطاكي

محمرة

المقادير
١٠٠ غ كعك مطحون
٥٠ غ دبس فليفلة حمراء حلوة
١٠ غ فليفلة حمراء حارة مطحونة
٢٠ غ كمون
٤٠ غ دبس رمان
١٠٠ مل زيت زيتون
١٠٠ غ جوز مكسر
١٥٠ مل ماء
٢٠ مل ليمون
١٥ غ سكر
ملح

طريقة التحضير
إنقع الكعك المطحون مع الماء والكمون. أضف دبس الفليفلة، الفليفلة المطحونة، عصير الليمون، الملح، السكر، دبس رمان، الجوز المبشور. اخلطها بشكل جيد ثم أضف زيت الزيتون للتزيين.

Die Klingeln der Al-Beik-Gasse

Das Gässchen von Al-Beik ist Teil des Wohnviertels Qalat Asharief im westlichen Teil der Altstadt von Aleppo, in dem sich auch eines der berühmten Tore, das Bab Qinnasrin, befindet. Durch seine Nachbarschaft zu Talet Assouda, einem außerhalb liegenden und in vielerlei Hinsicht rückständigen Gebiet, ist das Quartier als ärmlich anzusehen.

Charakteristisch für die Al-Beik-Gasse, die aus etwas mehr als einer Handvoll Häusern besteht, ist ihre lange und enge Form, die als Sackgasse endet. Wenn man am Ende der Gasse an die Tür eines Hauses klopft, ist man immer willkommen. Es kann vorkommen, dass man das eigene Klingeln hinter der geschlossenen Tür hört, während sich die gegenüber liegende Tür öffnet. Kurz darauf stehen beide Türen offen und die Häuser sind über die Gasse und durch ein wundervolles Beziehungsgeflecht verbunden.

Auf der rechten Seite des Eingangs in die Gasse befindet sich das Serjieh-Haus. Es ist ein typisches großes arabisches Haus aus osmanischer Zeit mit einem weiten Innenhof, Bäumen und einem Brunnen, der von *Muqarnas*-Säulchen eingerahmt ist. Zusätzlich zu Empfangshalle, Keller und erstem Stock besitzt das Gebäude auch einen *Iwan*, einen offenen Raum, dessen Wände oben mit *Muqarnas* verziert sind. Vor langer Zeit wurden Teile des Hauses zerstört und sind zerfallen. Reparaturen waren durch einen Mangel an Baumaterial und die erwartete Teilung durch mehrere Erben unmöglich. Überraschend ist der Panoramablick vom ersten Stockwerk auf die Zitadelle, was jedoch durch die hügelige Lage des Quartiers für viele Gebäude von Qalat Asharief charakteristisch ist. Maysaa, ihr Mann und ihre drei Töchter bewohnen den „sicheren" Teil des Hauses.

Auf der linken Seite der Gasse liegt das kleine Haus Al-Omari's, wo Doha, ihr Mann, eine Tochter und zwei verheiratete Söhne mit ihren Frauen und Kindern leben. Da man die Bewohner beider Häuser der mittleren bis unteren Einkommensschicht zuordnen muss, ist es nur schwer möglich, von der unterschiedlichen architektonischen Qualität der Gebäude Schlüsse auf die wirtschaftliche Situation ihrer Bewohner zu ziehen.

Beide Frauen luden mich einmal zu einem Essen mit *Kibbeh* in Maysaas Haus ein. Mit ihren Mädchen verbrachten sie Stunden, um die Mahlzeit zuzubereiten, bevor sie begannen, im Hof zu grillen. Ich war überrascht von der Menge an *Kibbeh*, die man für alle Familienmitglieder brauchte, und darüber, wie die Familien das Essen für einen späteren Verbrauch unter sich aufteilten. Vor allem erstaunte mich die Großzügigkeit, mit der sie das Essen mit Besuchern teilten. Schon für eine wohlhabende Familie sind die Kosten für das Zubereiten von *Kibbeh* durch die benötigte große Fleischmenge ausgesprochen hoch. Allerdings ist es ein Gericht, das keine Aleppiner Familie missen will, da es als Minimum an Lebensqualität betrachtet wird. Die Frauen erzählten mir vom Geschick der Aleppiner Hausfrau, die ihren Haushalt so zu führen weiß, dass sie genügend Geld auf die Seite legen kann, um die reichen Gerichte der aleppinischen Küche genießen zu können.

Die Frauen kommen ständig zusammen, um verschiedene Gerichte zuzubereiten, ihre Angelegenheiten zu besprechen und gemeinsam einkaufen zu gehen – und sich in „kreativer" Weise, wie es der lokalen Kultur entspricht, zu unterhalten. Es ist eine Art Wettstreit der Sprichwörter zwischen den Mädchen und den Nachbarn. Eine fängt mit einem Sprichwort an, die nächste muss mit einem anderen fortfahren und so geht es immer weiter. Ihre Gemeinschaft findet erst ein Ende, wenn die Männer nach Hause kommen und sich eine Art kultivierte, feine Rücksichtnahme einstellt.

Doha ist sehr stolz auf ihre Altstadt und den Namen ihrer neugeborenen Enkelin, den sie ausgesucht hat: *Rouh el rouh* (die Seele der Seele). Der Name hat in Aleppo viele Bedeutungen und die Aleppiner sind bekannt für den Ausdruck *Abous rouh ak* (Ich küsse deine Seele). Als ich an jenem Tag das Haus verließ, fiel mein Blick auf die Klingel am oberen Ende des elektrischen Kabels, und ich begriff ihre Bedeutung, so wie sie mir die Frauen erklärt hatten. Die Klingel ist, ähnlich einer Schulklingel, ihr Kommunikationsmittel, da nur eine von ihnen einen Telefonanschluss hat. Maysaa läutet einmal und dann noch einmal, Doha antwortet mit ihrer Klingel und teilt ihrer Nachbarin mit, ob sie da ist oder nicht. Sie haben ihren eigenen Code entwickelt. Ohne Zweifel ist es für einen Fremden inspirierend, die Klingeltöne zu hören und dafür einen Spaziergang durch die lange und enge Al-Beik-Gasse in Qalat Asharief zu machen.

Rasha Arous

الرنين في زقاق البيك

زقاق البيك هو جزء من حي قلعة الشريف السكني في غرب المدينة القديمة في حلب، الذي يضم أيضاً واحدة من البوابات الشهيرة، باب قينسرين. نظراً لقرب الحي من طلعة السودة، وهي ناحية سكنية مُتخلفة على طرف المدينة، يُعتبر هذا الحي منطقة فقيرة. العديد من المباني مُهدمة وهي باقية كذلك حتى تم بناء حديقة باب قينسرين. على الرغم من إدراجه في مشروع إعادة تأهيل البنية التحتية لا يزال حي قلعة الشريف مهمشاً. بالمقارنة مع أحياء أخرى من المدينة القديمة يُشكل تجربة فريدة من نوعها لكل زائر بسب موقعه على هضبة وكثافة أبنيته وأزقته الضيقة المرصوفة، حيث يشعر فيها المرء بود وببساطة السكان، بغض النظر عن عدم وجود بيوت تقليدية فاخرة. على المرء ضبط خطواته في الصعود والهبوط وغالباً ما ينتهي إلى طريق مسدود، إلى زقاق ضيق له حياته الكاملة على ما يبدو، أو يصل إلى درجات الباطون نازلاً إلى خارج المدينة. بعض البيوت قديمة وبعضها الآخر جديدة، مبنية عن طريق الصدفة بجانب بعضها البعض. للحي طابع «شعبي» ويختلف كثيراً عن الأحياء المجاورة مثل الجلوم الذي سعة ثراه ساطع للعيان.
سمة زقاق البيك، المؤلف من حفنة من المنازل هو طوله وشكله الضيق و ينتهي إلى طريق مسدود. عندما تقرع على باب منزل في آخر الزقاق، تكون دائماً موضع ترحيب. أحياناً يسمع الإنسان الرنين خلف الباب المغلق، فيفتح الباب المقابل. بعد قليل يكون البابان مفتوحان. والمنازل متصلة مع بعض على طول الزقاق من خلال شبكة من العلاقات.
على الجانب الأيمن من مدخل الزقاق يوجد بيت سرجية. إنه بيت عربي نموذجي كبير من الفترة العثمانية مع باحة دار مربعة كبيرة، فيها أشجار ونافورة تحيط بها أعمدة بالمقرنصات. بالإضافة إلى بهو الإستقبال والقبو وطابق أول يحتوي البناء على إيوان وغرفة مفتوحة، جدرانها العلوية مُزينة بالمقرنصات. قبل فترة طويلة، أجزاء من المنزل مُنهار. لم يكن ممكن إجراء ترميمه بسبب نقص مواد البناء وتقسيمه المتوقع على عدة ورثة. ما يثير الدهشة هو المنظر الكلي للقلعة من الطابق الأول، هذا هو سمة المنطقة المرتفعة للحي وللعديد من الأبنية في قلعة الشريف. تعيش ميساء وزوجها وبناتها الثلاثة في الجزء «الآمن» من المنزل.
على الجانب الأيسر من الزقاق يقع بيت العمري الصغير، حيث تعيش دوهة وزوجها وأبنتها وكذلك إبنان متزوجان مع زوجاتهم وأطفالهم. رغم أن سكان البيتين ينتمون إلى الطبقة الوسطى وإلى ذوي الدخل المحدود فمن الصعب معرفة الوضع الإقتصادي لهم من خلال جودة البناء وهندسته المعمارية.
دُعيت مرة من قبل النسوة لتناول أكلة الكبة في منزل ميساء. أمضين مع بناتهن ساعات لإعداد الوجبة قبل بدء الشواء في باحة الدار. فوجئت بكمية الكبة التي أعدت لجميع أفراد الأسرة، وكيف تُقسم العائلتين الكبة بينهن للإستهلاك في وقت لاحق. أعجبني كرمهم ومشاركتهم بالطعام مع الزوار. إن تكلفة إعداد الكبة كبيرة حتى بالنسبة لعائلة ثرية، لأن صنعها يتطلب كمية من اللحوم. ومع ذلك فالكبة طبق لايمكن لأي عائلة حلبية تفويته، لإعتباره مؤشرا للحد الأدنى لجودة الحياة.
أخبرتني النساء عن مهارة ربة البيت في حلب التي تعرف كيفية تدير المنزل بحيث يمكنها توفير بعض النقود لتتمكن من إعداد أطباق حلبية مُكلفة.
يجتمعن النساء مع بعض باستمرار لإعداد أطباق مختلفة، لمناقشة شؤونهن وللتسوق سوية والتسلية بطريقة تتوافق مع الثقافة المحلية. أنه نوع من المسابقة في الأمثال بين الفتيات والجيران. تبدأ إحداهن بمثل والثانية يجب أن تتابع بمثل آخر وهكذا تباعاً. ينتهي لقائهن عندما يعود الرجال إلى المنزل.
دوهة فخورة جداً بمدينتها القديمة وبإسم حفيدتها المولودة حديثاً الذي إنتقته لها: «روح الروح». إسم له في حلب معاني كثيرة، والحلبيون معروفين بتعبير «أبوس روحك». عندما غادرت المنزل في ذلك اليوم، وقع نظري على الجرس في نهاية الكابلات الكهربائية العالية، وفهمت معناه تماماً كما أوضحت لي النساء.
رنين الجرس يُشبه جرس المدرسة، وهو وسيلة إتصال، لأنه واحدة منهن فقط لديها هاتف. ميساء ترن مرة واحدة ثم مرة أخرى، دوهة تجاوب برنة لتخبر جارتها أنها موجودة. لقد طورن كود خاص بهن. من دون شك هذا شئ ملهم لشخص غريب لسماع الرنين أثناء السير في زقاق البيك الطويل والضيق في حي قلعة الشريف.

رشا عروس

Gedanken zu Melancholie und Erinnerung

Die „ewige" Stadt Aleppo lebt jenseits der Artefakte, der Reiseführer und der Geschichte. Sie verwandelt ihre Einwohner und verleiht allem, von der Küche bis zum Dialekt, einen eindeutigen Touch „Halabi". Die Stadt des Steins, der Kuppeln und der Minarette formt unsere Identität und lässt uns an unseren Traditionen festhalten. Wir sind „Kartografen der Erinnerung", die es wagen, der Stadt ihre Existenz einzuschreiben. Eine Existenz, die jedoch eine dünne Staubschicht bleibt, die leicht auf Aleppos städtischem Geschichtsboden ruht. Auf diese Weise verweben sich unsere Erinnerungen mit der Geschichte Aleppos, während wir kontinuierlich unseren Platz auf der Karte der Stadt suchen.

„Mein Aleppo" beginnt mit dem Haus meiner Großmutter im Quartier Sabil. Das viergeschossige Steingebäude mit Aufzug und einem von Jasmin gesäumten Hof war damals das modernste Gebäude der engen Straße. Als Mikrokosmos der Stadt hat es unsere Familiengeschichte aufgezeichnet, in dem jeder Raum von uns erzählt. Im Wohnzimmer für Besucher mit der Couch aus blauem Samt, der Vitrine, gefüllt mit den Antiquitäten meines Urgroßvaters, dem kristallenen *Araghil* und dem gerahmten Druck von Renoir, fanden sich zweimal im Jahr, am ersten Tag des Eid-Festes, alle Enkelkinder ein. Sie stellten sich der Reihe nach auf, vom jüngsten bis zum ältesten Kind, um Geld in Empfang zu nehmen und die dürre Hand meiner Großmutter zu küssen. Auf dem Balkon, der einst so hoch erschien, steht noch der alte Korbwagen meines Vaters, vollgestellt mit den heiß geliebten grünen Farnen meiner Großmutter. Im Wohnzimmer der Familie mit dem kratzigen, kastanienbraunen Sofa verbrachten wir einen Sommer damit, *The Sound of Music* anzusehen. Im Schlafzimmer, das ich mit meiner Großmutter teilte, hängt der Kronleuchter, der jeden Nachmittag, ausgelöst durch die täglichen Mini-Erdbeben, sanft hin und her schwang und uns daran erinnerte, dass wir in einer seismischen Störungszone leben. Es gibt die weiße Küche, in der über fünfzig Jahre lang Tausende von arabischen und türkischen Gerichten zubereitet wurden. Und den schmale Balkon zur Straße, auf dem ich mit meiner Großmutter an frühen, noch kühlen Morgenden saß und mich erwachsen fühlte, während ich Teegebäck in dampfenden türkischen Kaffee eintauchte. Das Esszimmer schließlich war der Ort, an dem wir uns um den Tisch versammelten, während das Porträt meines Großvaters über uns wachte und uns beschützte.

Die Geheimnisse einer Stadt leben in den steinernen Wänden genauso wie die Geheimnisse eines häuslichen Lebens in Stücken von Lorbeerseife oder in geknackten Getreide- und Pistazienschalen. In jedem Raum steckt eine Erinnerung, in jeder Straße eine Geschichte, während unsere Karten der Stadt zu einem Labyrinth aus verworrenen Geschichten mit endlosen Abzweigungen und ohne Entrinnen werden.

Heute scheint das Haus meiner Großmutter jedes Mal kleiner zu werden, wenn ich es besuche. Die Balkone schweben nicht mehr hoch im Himmel, die schmale, einst so ruhige Straße ist auf beiden Seiten mit Autos überfüllt. Wie *Alice im Wunderland* sehne ich mich nach einem Zaubertrank, der meinen Körper schrumpfen lässt, damit das Haus wieder überlebensgroß wird, die Straße breit und die Stadt meine unmöglichen Erwartungen erfüllt.

Wenn wir unsere Städte kartografieren, versuchen wir eigentlich, uns selbst zu kartografieren – denn was ist eine Stadt anderes als unsere Erinnerungen und wie wir uns durch sie bewegen? Von Prousts Paris und Benjamins Neapel bis nach Pamuks Istanbul und Mahfuzs Kairo: Ihre Geschichten sind erfüllt von Nostalgie und Melancholie, während sie danach streben, sich selbst an diesen Orten der Erinnerung zu finden. Wir sehnen uns danach, dass unsere Städte so bleiben, wie sie in unseren Erinnerungen sind, suchen nach der Vergangenheit, nach der verlorenen Zeit, beinahe so, als ob wir nach Sandkörnern greifen, die durch zusammengepresste Hände rinnen. Städte verändern und bewegen sich, wie auch wir es tun sollten, immer nach vorne, aber ohne zu vergessen.

Auf der Höhe der Melancholie, mit dem Gesicht nach Westen, der Brise entgegen: Fühle die uralten Mauern der Zitadelle und nimm den majestätischen Blick über die Stadt in dich auf. Auf der Seidenstraße, durch die labyrinthischen Suqs und über die seismischen Störungszonen laufen wir durch unsere Stadt, ewig lebend. In jedem Steingebäude lebt eine Familie, hinter dem Fenster eine Großmutter, die ihre Kinder um sich versammelt, um ihnen Geschichten zu erzählen, die dann zu ihrer eigenen Geschichte werden. So werden wir niemals vergessen.

Lina Sergie Attar

On Melancholy And Memory

The eternal city Aleppo lives beyond artifacts, beyond guidebooks, beyond history. The city transforms its people, bestowing a distinct "Halabi" touch to everything from cuisine to dialect. The city of stone, domes, and minarets shapes our identity and guides our unwavering dedication to tradition. We are cartographers of memory, daring to etch our existence onto the city, but that existence remains a thin layer of dust resting lightly upon Aleppo's deep geological history. In this way, our memories mesh with Aleppo's history as we continually search for our place on the map.

"My Aleppo" begins in my grandmother's house in the Sabil Quarter. The four-story stone building, with its jasmine-laced courtyard and elevator, was the most modern one on the narrow street. A microcosm of the city, my grandmother's home mapped our history, as every room told our stories. Here in the formal living room with the blue velvet settee, with the glass cabinet displaying my great-grandfather's antiques and crystal *araghil*, and the framed Renoir print hanging on the wall, twice a year on the first day of the Eid, all the grandchildren would line up from oldest to youngest to receive money and to kiss my grandmother's thin hand. Here on the balcony that once seemed so high, my father's old bassinet still stands, filled with her precious green ferns; here in the family room is the couch upholstered in scratchy maroon velvet, where we spent a summer watching *The Sound of Music*, here in the bedroom that I shared with her hangs the chandelier that gently swayed every afternoon, registering the daily mini-tremors, reminding us that we live on a seismic fault line; here is the white kitchen where thousands of Arabic and Turkish dishes were prepared for more than fifty years; here is the narrow balcony facing the street where I sat with her on early, cool summer mornings, feeling very grown-up as I dunked tea biscuits in steaming-hot Turkish coffee; and here in the dining room, we all gathered around the table with my grandfather's portrait watching over us, blessing us.

The secrets of a city live within the stone walls, and the secrets of a home live within the blocks of laurel soap, within the cracked wheat and pistachio shells. In every room there is a memory, on every street a story, as our city maps become a labyrinth of tangled stories, with endless turns and no escape.

Today, my grandmother's building seems smaller every time I visit. The balconies no longer soar into the sky, the narrow street once so quiet is now overcrowded with cars on both sides. Like *Alice in Wonderland*, I long for a magic potion to shrink my body and make my grandmother's building seem larger than life again, make the streets seem wide again, and make the city rise to my impossible expectations again.

When we map our cities, we are essentially trying to map ourselves, for what is a city but our memories of moving through it? From Proust's Paris and Benjamin's Naples, to Pamuk's Istanbul and Mahfouz's Cairo: their stories are filled with nostalgia and melancholy as they strive to find themselves within these palaces of memory. We long for our cities to stay as they were in our memories, but searching for time lost is like grasping grains of sand through clutching hands. Cities change and move, as should we, always forward but not forgetting.

On a melancholy hill, face west towards the breeze, feel the ancient walls of the Citadel, and absorb the majestic view of the city. On the Silk Road, through labyrinthine souqs, over the fault lines, we walk through our city, thus living forever. In every stone building there is a family, behind the window a grandmother, gathering her grandchildren to tell the stories that will become their history. So we never forget.

Lina Sergie Attar

Réf. PMU 021 - 16 portées - in 4° raisin
Collection I.D. MUSIC

Der sufitische Philosoph Suhrawardi von Aleppo (1155–1191) hat bedeutende Texte hinterlassen, deren Einfluss bis auf den heutigen Tag wirksam ist. Henry Corbin, der französische Orientalist, widmete den größten Teil seines Lebens dem Studium von Suhrawardis Werk, indem er zahlreiche Texte ins Französische übersetzte.

Shiabuddin al Suhrawardi, der Begründer der sogenannten „Ishraq-Schule", wurde in Suhraward im Iran geboren. Seine orientalische Weisheit nannte er selbst „die Weisheit des Lichts". In seiner frühen Jugend näherte er sich berühmten Sufis an, auf der Suche nach einer Verbindung ihres spirituellen Wissens mit philosophischen Erkenntnissen. Er besuchte häufig ihre Zusammenkünfte, wo man tanzte und Musik spielte, als *al-sama'a* bekannt, um in einen Zustand vollkommener Ekstase zu fallen, eine Erfahrung, die Suhrawardi empfahl und auch schätzte.

Das Eigenständige der „Weisheit Ishraqis", die Suhrawardi begründete, ist die Synthese der Philosophie Zarathustras und platonischer Weisheit mit muslimischen Religionsstudien. Nach Suhrawardis Weltsicht entstehen alle Kreaturen durch Ausströmung einer Abfolge von stufenweise gesteigertem Licht, dessen Quelle das ursprüngliche „Licht allen Lichts" darstellt. Über Themen der Mystik und der Philosophie hinaus hat Suhrawardi auch über Logik und Physik geschrieben. Für die Hüter des dogmatischen Islam waren seine Werke von der muslimischen Orthodoxie zu weit entfernt. Er stellte in ihren Augen eine Gefahr dar und wurde auf Befehl Saladins in der Zitadelle von Aleppo hingerichtet. Suhrawardi selbst hatte die Bezeichnung „Ketzer" immer zurückgewiesen. Seine Anhänger machten ihn zum Märtyrer und er wurde unter dem Namen „Sheik maqtoul" (der hingerichtete Meister) oder auch „Sheik al-Ishraq" (der Meister der Erleuchtung) berühmt.

Ich habe zu einem der wenigen überlieferten Texte Suhrawardis, *Sehnsucht*, ein Lied in Arabisch geschrieben und gesungen. Es ist auf dem Album *Mystik* zu hören, das 2007 erschienen ist. Ich habe den Text auch vom Arabischen ins Französische übersetzt.

Abed Azrié

Nostalgie

Ewig sehnt sich die Seele nach Euch.
Die Vereinigung mit Euch
sind ihr Duft und ihr Wein.
Die Herzen, die Euch lieben,
sehnen sich nach Euch und freuen sich,
wenn sie Euch begegnen.

Habt Mitleid mit den Liebenden,
die sich zwingen,
ihre Leidenschaft zu verbergen –
denn die Liebe enthüllt alles.
Wenn sie ihr Geheimnis lüftet,
werden die Liebenden vogelfrei.

(Übersetzung: Suleman Taufiq)

Suhrawardi of Aleppo (1155–1191), the Sufi philosopher, left us important texts that are still influential even today. Henry Corbin, the French Orientalist, devoted the greater part of his life to the study of Suhrawardi's works, translating a number of his texts into French.
Shahab ad-Din Suhrawardi, the founder of the "School of al Ishraq", was born in Suhraward, Iran. He named his Oriental wisdom "the science of light". In his early youth, he approached prominent Sufis in search of a combined knowledge of Sufi spirituality and philosophy. He was diligent in attending Sufi circles where dance and music, known as *al sama'a*, were instrumental for reaching a state of absolute ecstasy. Suhrawardi adopted and recommended this experience.
The uniqueness of the Ishraqi wisdom that Suhrawardi founded is a synthesis between Zoroaster's philosophy and Platonic wisdom in addition to Muslim religious studies. According to Suhrawardi's view of the universe, all creatures come into being through the emanation of a succession of gradually increasing light, the source of which is the original "light of all lights". In addition to topics on mysticism and philosophy, Suhrawardi also wrote works on logic and physics. Defenders of dogmatic Islam considered his works as alien to Muslim orthodoxy. They viewed him as dangerous and he was condemned by Saladin to die in the Citadel of Aleppo. Suhrawardi always rejected the charges of heresy. His followers hailed him as a martyr and he was made famous as the "Sheik maqtoul" (the executed Sheik) or the "Sheik al-Ishraq" (the Sheik of enlightenment).
I composed and sang in Arabic *Longing*, one of Suhrawadi's few existant texts. You can listen to the title from the album *Mystic*, which was released in 2007. Also, I translated this text from Arabic to French.

Abed Azrié

Nostalgia

My soul is besieged endlessly
With longing for love.
To be one with thee is
Like the perfume of bliss,
My heart is aflame
And knows no peace
Until I meet thy delights.

Have pity on those lovers who force themselves
To hide their passion, for love reveals all.
If they divulge their secret, their blood is made lawful,
And that's how the blood of those who love is shed.

(Translation: Mechthild Borries-Knopp)

السهروردي الحلبي

السهروردي الحلبي (١١٥٥-١١٩١): فيلسوف وصوفي، ترك لنا مؤلفات مهمة مازال تأثيرها فاعلاً إلى يومنا هذا. كرس هنري كوربان، المستشرق الفرنسي، قسماً كبيراً من حياته لدراسة نصوصه وترجم العديد منها إلى الفرنسية.
ولد شهاب الدين السهروردي، مؤسس «مدرسة الإشراق»، في مدينة سهرورد في إيران. وكان يسمي حكمته الإشراقية: «علم الأنوار». أقترب في مطلع شبابه من بعض المتصوفة بحثاً عن تجربة تمزج بين المعرفة الروحية الصّوفية والمعرفة الفلسفية. كما واظب على حضور حلقات الصوفيين الذين كانوا يمارسون خلالها الرقص والموسيقى المعروفة بالسماع بغية الوصول إلى حالة النشوة المطلقة، وقد تبنّى السهروردي هذه التجربة وأوصى بها.
إن حكمة الإشراق المُبتَكرة التي وضعها السهروردي هي توليف بين الفلسفة الزرادشتية والحكمة الأفلاطونية بالإضافة إلى علوم الدين الإسلامية. وحسب رؤية السهروردي للكون، فإنّ جميع المخلوقات تنشأ من خلال تدفق الضوء المتسارع تدريجياً، مصدرها النور العالي، نور الأنوار. وإضافة إلى موضوعات التصوف والفلسفة للسهروردي مؤلفات في المنطق والفيزياء.
كانت أعماله المتجذرة في التيارات الفكرية القديمة بالنسبة لرجال الدين، حماة العقيدة الإسلامية المتزمتة، خارجة عن الإسلام الحنيف. لذلك كان السهروردي يُشكل في نظرهم خطراً إلى أن أعدم بأمر من صلاح الدين في قلعة حلب. ورفض السهروردي دائماً تهمة الهرطقة الموجهة إليه. إعتبره أتباعه شهيداً وإشتهر بلقب «الشيخ المقتول» أو «شيخ الإشراق».
«حنين»، أحد النصوص القليلة الباقية للسهروردي ترجمته من العربية إلى الفرنسية وقمت بتلحينه و يمكن الاستماع للأغنية على اسطوانة «صوفية» التي صدرت عام ٢٠٠٧.

عابد عازرية

حنين

أبداً تحنّ إليكم الأرواح
ووصالكم ريحانها والرّاح
وقلوب أهل ودادكم تشتاقكم
وإلى لذيذ لقائكم ترتاح
وارحمتا للعاشقين تكلّفوا
ستر المحبّة والهوى فضّاح
بالسرّ إن باحوا تُباح دماؤهم
وكذا دماء العُاشقين تُباح

السهروردي

Cities Are Personal

Cities are personal and Aleppo was not my idea of love at first sight! Arriving by bus at dusk on a winter Thursday, I was snatched by an over-eager young taxi driver and driven to a hotel where the room felt like the inside of a coffin. A frantic search ensued through the evening hours for other accommodations and I remember the next day only as a dreary, lonely and very empty Friday. It took me until Saturday to finally fall in love with Aleppo.

Aleppo is not its famous Citadel, soaps and sweets, though those are compelling too. My Aleppo distills its charisma in the interplay of light and shadow inside its old houses: peeling paint, rotting wood, and chipped corners; droopy cloth of faded blue; the oddity of a wooden awning fastened to a stone wall.

Aleppo is a gentle city. I keep asking myself how tenderness becomes a city. People are the obvious usual suspects and Aleppines are singularly gentle and kind. The young man who was a friend of friends in Damascus and spoke little English met me at Sahat al-Hatab Square in the Jdeydeh Quarter. He had brought his little girl along in her puffy skirt and shiny white shoes and matching little bag. We walked fast and in silence to the old Bazaar, passing by the Friday Mosque and the Khan al-Wazir to reach an alley where he showed me the exterior plaque on the Salahiyye Madrasa, a 14th century theological college later reused during the Ottoman period as the Shafi'i court and as the Madrasa of Baha al-Din Efendi al-Qudsy, hence the Madrasa's other name, el-Bahaiyye. He and his girl then walked me through the brightly lit Bazaar, showed me the cloth sellers alley, the jewelers alley and the sellers of sweets. He bought us a bag of candies and then walked me back to my place in as fast a pace and quiet a demeanor as we had started a few hours earlier. I never saw him again.

Aleppo makes me think of the softness of light in the gently twisting alleyways of the old quarters, the sweetness of smells wafting out of the houses, the doors that opened and the unpretentious invitations to the stranger to come in and roam around and look up and down through living, sleeping, cooking, storing spaces of homes, and all the candies, nuts and dried fruits, cups of tea and morsels of food offered for a taste. Aleppo is big enough to be disorderly, unclean or impolite. But it is orderly, clean and polite in its own special way, with humility, tenderness and warmth. That is how the old houses fire the imagination. They were built for, and many are still occupied by the gentle souls of Aleppo; those Armenians, Greeks, Maronites, Sunnis, Shiites, Alawis, Kurds, Turks, Persians, and Arabs who are, after all, Syrians of Aleppo.

Mosques and churches may look different; they may display icons of Christ and Mary, or be ornamented with large and elegant lettering in Arabic. Yet, the peoples of Aleppo, as varied as they are in their ethnicities and religions, seem to share a desire, a taste for the inner sanctum of the house to be both bright and private, to have inner views onto its own courtyard, to feel welcoming, and never ostentatious in even the most complexly organized rooms that are decorated in painted and gilded wood panels and are topped by the intensity of the carved stone bands along the window frames and edges of the walls. And that magic of Aleppo, you feel it even when a simple row of white washed rooms flank an *iwan* (or *liwan*) and occupy one side of a small courtyard. You can feel the magic even in the intimacy of a cluster of alleys converging on a crossing with a single shop or two. Aleppo is a very smart city.

Sussan Babaie

المدن شيء شخصي

تجربة المدن شيء شخصي جداً. وحلب لم تكن تطابق تماماً تصوري للحب من أول نظرة. في يوم خميس ذات شتاء وصلت المدينة عند المساء في حافلة، وتلقفني سائق سيارة أجرة شاب متحمس جداً وأوصلني إلى الفندق حيث وجدت غرفتي وكأنها تابوت. قضيت ساعات المساء في البحث المحموم عن سكن بديل. وبقي اليوم الثاني، الجمعة، في ذاكرتي كئيبا وموحشا وخاويا، بيد أني، يوم السبت، وقعت في حب حلب.
بالنسبة إلي إذا ذكرت حلب فلا يكتفي الخيال باستحضار صور القلعة الشهيرة والصابون والحلويات، على الرغم من أن كل هذه الأشياء ذات إغراء لا يُقاوَم. مدينتي حلب تُظهر تجليها الخلاب في لعبة الضوء والظل في المنازل القديمة، في تقشر الطلاء وتعفن الخشب والزوايا المهشمة، في قطعة قماش عتيقة ذات لون أزرق باهت.
حلب مدينة «وادعة». ساءلت نفسي دائماً: أي تأثير ممكن لرقة المدينة؟ المرء بحد ذاته مطبوع على الظن، بيد أن الحلبيين غاية في اللطف والود. الشاب - الذي هو صديق لصديقي الدمشقي و يتكلم القليل من الانكليزية - التقاني في ساحة الحطب في حي الجديدة. رافقته ابنته الصغيرة التي كانت ترتدي فستاناً واسعاً وحذاء أبيض لامعا وتحمل حقيبة صغيرة منسجمة مع ملبسها. سرنا بسرعة وبصمت إلى السوق القديمة. مررنا بمسجد الجمعة وخان الوزير حتى وصلنا إلى أحد الأزقة فأراني هناك لوحة تذكارية «مدرسة الصلاحية»،مدرسة فقهية من القرن الرابع عشر، تم تحويلها في الفترة العثمانية إلى محكمة الشافعي ثم اصبحت مدرسة بهاء الدين أفندي القدسي ولذلك تعرف باسم آخر أيضا هو «البهائية». رافقني الشاب وإبنته خلال السوق المنيرة. أطلعني على أزقة تجار الأقمشة وبائعي الحلوى. اشترى لنا كيساً مملوءً بالحلوى ثم رافقني إلى مكان إقامتي - بهدوء لكن بخطوات سريعة - تماما كما بدأ لقاؤنا قبل ساعات قليلة. لم أر هذا الرجل مرة ثانية أبداً.
في حلب أفكر بروعة الروائح التي تنبعث من المنازل، بالأبواب التي تُفتح وتدعو الغريب للدخول ليتفرج على غرف الإستقبال والنوم والمطبخ. أفكر في غرف المؤونة في المنازل وفي جميع الحلويات والمكسرات والفواكه المجففة وأكواب الشاي والوجبات الخفيفة التي قُدمت لي لكي أتذوقها.
كان من الممكن أن تكون حلب، بوصفها مدينة كبيرة، مرتعاً للفوضى والقذارة والفظاظة. لكنها، بطريقتها الخاصة، أنيقة ونظيفة وودية ورقيقة ومتواضعة ودافئة. هذا ما تشي به المنازل وقد شيدت لأهل المدينة الوديعين وأكثرها ما زال مساكن الحلبيين من الأرمن واليونانيين والموارنة والسنة والشيعة والعلويين والأكراد والأتراك والفرس والعرب، الذين هم في نهاية المطاف جميعهم سوريون حلبيون.
الناس في حلب رغم إختلافهم العرقي والديني، لديهم قاسم مشترك في تصورهم للمقدس المخفي في بيوتهم والذي هو في الوقت نفسه شخصي ومحبب. منظر الفناء الداخلي للبيت، يجعل المرء يشعر بأنه مدعو وبدون تكلف. كذلك الغرف الخارجية المفروشة ببذخ والمزينة بألواح خشبية ملونة ومطلية بالذهب، وتتصاعد كثافة هذه الألفة من خلال ألواح الحجر المنحوتة على أطر النوافذ وحواف الجدران.
سحر حلب هذا نستشفه حين نرى صف الغرف البيضاء حول الإيوان، أو الليوان، حتى لو كان مجرد فناء صغير. يشعر المرء بهذا السحر أيضاً في حميمية مجموعة الأزقة التي تلتقي عند التقاطع مع متجر أو اثنين من المتاجر. حلب مدينة بُنيت بذكاء كبير.

سوسن بابائي

19

Im großen Suq

„Also ich würde den roten nehmen", sagt Merva. „Den roten BH. In dem machst du eine gute Figur."
Eine gute Figur machen sie beide, Merva und ihre Freundin Samira. Auch wenn man das nicht auf den ersten Blick sieht. Beide tragen einen *Hijab*. Das ist ein großes Tuch, sie haben es um Kopf und Oberkörper gewunden. Das Gesicht bleibt frei, und damit ist es ein *Hijab*.
Kein *Niqab*.
Es ist die erste Lektion, die ich lerne.
„Ein *Niqab* bedeckt das ganze Gesicht und lässt nur die Augen frei", sagt Merva.
„Ich dachte, dann ist es eine Burka", sage ich.
„Nein, nein", sagt Merva. „Burkas stammen aus Afghanistan und Pakistan. Davon sind wir in Syrien so weit weg wie ihr."
Dabei lächelt sie mich an. Ihr Lächeln sagt: Viel weißt du aber nicht. Ihr Lächeln sagt: Doch wenn du willst, können wir das ändern.
Bisher weiß ich nur, dass bei uns Schleiergewänder immer Burka heißen. In Holland wird arbeitslosen Burka-Trägerinnen die Sozialhilfe verwehrt. In Belgien sind Burkas verboten und in Frankreich ist es auch bald so weit. In Bonn warf die Schulbehörde zwei Mädchen von der Schule, weil sie in Burkas zum Unterricht kamen.
Dabei waren ihre Burkas gar keine.
Sondern *Niqabs*.
Oder vielleicht *Hijabs*?
Jetzt bin ich in Syrien, und ich merke, dass ich nur wenig weiß.
Und das Wenige ist auch noch falsch.
Was ich überhaupt nicht weiß, ist, was Mädchen wie Merva unterm Gewand tragen.
Unter dem *Hijab*.
Merva lächelt und sagt: „Da würdest du staunen."
Seit Stunden laufen wir durch den Suq von Aleppo, der ältesten Stadt der Welt. Zwölf Kilometer Gässchen rauf, Gässchen runter. Ohne Merva bin ich verloren. Ohne sie finde ich nie wieder raus. Wir kommen an Tausenden Geschäften vorbei. Überall wimmelt es von Menschen. Überall steigt mir der Duft von Gewürzen in die Nase: Muskat, Kardamom, Pfeffer. Der Duft von Kaffee. Der Duft von Mandel.
Der ist leicht süß, leicht bitter. Es ist Mervas Duft.
Wäschekaufen im Suq ist wie bei H&M und doch anders: Wäschekaufen im Suq ist öffentlich.
Samira dreht sich zu mir und fragt: „Was meinst denn du?"
Mein Gesicht glüht. Sicher ist es so rot wie der BH in ihrer Hand.
„Auch", flüstere ich. „Auch den roten."
Die Mädchen lachen. Ein paar Tausend Menschen drängeln sich durch den Suq und Samira hält sich den roten BH vor den *Hijab*. Niemand schaut her.
Sie schüttelt den Kopf.
„Nein", sagt sie. „Viel zu bieder. Ich weiß einen Laden, wo's aufregendere Sachen gibt."
Merva lächelt mich an. Wie schön ihr Mund doch ist.
„Kannst du noch?", fragt sie.
Ich sehe den Mund, die Nase, die Augen. Ich sehe dieses Gesicht, in dem sich ein ganzes Leben spiegelt.
Umrahmt von einem *Hijab*.
Da wird mir klar: Merva weiß, was sie will. Wenn ich staunen möchte, muss ich es ihr sagen. Vor dem Laden halte ich sie zurück.
„Merva", sage ich.
„Vielleicht weiß ich wirklich nichts", sage ich. „Aber ich will es ändern."
Sie lächelt mich an und ruft etwas in den Laden. Sie ruft auf Arabisch, ich verstehe es nicht. Samiras fröhliches Lachen dagegen verstehe ich gut.
Merva nimmt mich an der Hand.
„Dann komm", sagt sie. „Komm mit und staune."

Daniel Bachmann

In The Big Souq

"Alright, I will take the red one, please," Merva says. "The red bra. You look great in it."
They both look great, Merva and her friend Samira, even when you cannot see it at first, as both are wearing a *hijab*. This is a large towel wound around the head and upper body. Their faces are uncovered and this is what makes it a *hijab*, and not a *niqab*.
It is the first lesson I learn.
"A *niqab* covers the entire face and is only open for the eyes," Merva explains.
"I thought that was a burqa," I inquired.
"No, no," Merva continues. "Burqas are from Afghanistan and Pakistan. In Syria, we are just as far away from them as you are."
She smiles at me and her smile tells me: You do not know much at all, but if you want to, we can change that.
To this point I only know that veiled dress is always called a burqa. In the Netherlands unemployed women wearing burqas were denied welfare payments. Burqas are prohibited in Belgium and they are about to be such in France as well. In Bonn the school administration kicked two girls out of school because they came to class in burqas.
But, their burqas were not that at all, but *niqabs* instead.
Or, maybe they were *hijabs*?
At any rate, I am in Syria now and I notice that I only know a little bit.
And even that little bit is still wrong.
What I do not know at all is what girls like Merva wear under their garment.
Under the *hijab*.
Merva smiles and says: "You would be amazed."
We have been walking for hours through the Souq of Aleppo, the world's oldest city, twelve kilometers up and down narrow streets and alleys. I am lost here without Merva. Without her I will never find my way out again. We pass by thousands of shops and the place is teeming with people. The aroma of spices fills my nose everywhere: nutmeg, cardamon, pepper, the aromas of coffee and almonds.
It is slightly sweet, slightly bitter, that is Merva's aroma.
Buying ladies underwear in the Souq is just like buying it at a department store, yet, it is a bit different. Buying lingerie in the Souq is buying it out in public.
Samira turns to me and asks: "So, what do you think?"
My face blushes, turning about as red as the bra in her hand.
"I think so too," I whisper. "I think the red one is good too."
The girls laugh. A few thousand people are pushing their way through the Souq and Samira is holding the red bra in front of her *hijab*. Nobody seems to notice.
She shakes her head.
"No," she decides. "That is much too respectable. I know a store where they have got more exciting things."
Merva smiles at me. Her mouth is so beautiful.
"Can you still do it?", she asks.
I see the mouth, the nose, the eyes. I see this face that reflects all of life – framed by a *hijab*.
One thing becomes clear to me: Merva knows what she wants. When I am amazed, I must tell her. I stop her in front of the store.
"Merva," I announce.
"Maybe I really do not know anything. But I want to change that."
She smiles at me and calls out something into the shop. She calls out in Arabic and I do not understand it. But, I understand well Samira's happy laughter.
Merva takes me by the hand.
"Come on, now!", she urges. "Come on and be amazed."

Daniel Bachmann

Wie im Actionfilm

Ich wartete an jenem Nachmittag etwas verloren an einer Telefonzelle auf dem „Flyover" vor der staatlichen Behörde für Passangelegenheiten und Immigration. Ich war bei einer syrischen Familie im Wohngebiet unterhalb des „Flyover" eingeladen und sollte hier abgeholt werden. Die Telefonzelle hatte ich nicht benutzt, aber das Display meines Handys, das ich aufgeklappt in der Hand hielt, zeigte noch die Nummer meiner syrischen Freunde. Ich hatte das Gespräch kaum beendet, da stand schon meine Abholung vor mir. Das war ein wenig zu schnell gegangen, und der junge Mann, der sich breitschultrig vor mir aufbaute, war nicht der, den ich erwartet hatte.

Er begann in irritierend strengem Ton in Arabisch auf mich einzureden. Ich verstehe kein Arabisch. Im nächsten Moment hatte er mir mit einem Griff mein Handy aus der Hand genommen, es zugeklappt und in seiner Westentasche verschwinden lassen. Er trug eine karierte Weste zu einer dunklen, sehr hoch sitzenden Bundfaltenhose, einem Hemd und glatten Lederschuhen. Ich begann, die Straße in die Richtung hinabzugehen, aus der ich meine eigentliche Abholung erhoffte. Der Mann mit meinem Handy in der Tasche wich nicht von meiner Seite und redete auch auf einige Passanten ein, die sich interessiert und besorgt zeigten. Ein Wort, das sich in seiner Rede wiederholte, erkannte ich doch: „Mukhabarat". Geheimdienst!? Es schien Eindruck auf die Passanten zu machen, die alle weitergingen. Vor allem aber machte es wohl auf mich Eindruck, und wie um jeden Zweifel zu zerschlagen, deutete mein Begleiter auf das Gerät an seinem linken Ohr. Ein kleines, glänzendes Glasauge schien mich von dort zu verfolgen. „Kamira". Ein weiteres unmissverständliches arabisches Wort.

Meine unbehagliche Verwirrung schlug nun in Panik um. Ich riss die Tür eines gelben Taxis auf, das im dichten Verkehr neben uns fuhr, und sprang auf den Rücksitz. Leider übertrug sich die Verwirrung augenblicklich auf den Taxifahrer, da ich „Go, go, go ..." vom Rücksitz schrie und der junge Mann durch das offene Fenster vom Bürgersteig aus auf ihn einredete. Durch das Zögern des Fahrers schaffte es der Mann, auf den Beifahrersitz zu springen. Mein Handy und mein Entführer waren nun auch an Bord.

Gleich zu Anfang der Fahrt entdeckte ich auf dem Bürgersteig Vater und Sohn der Familie, die ich hatte besuchen wollen, und schrie aus dem Fenster: „I am here! Help!" Verwirrung nun auch in ihren Gesichtern, aber schon waren wir in rasanter Fahrt an ihnen vorbeigefahren. Der Fahrer folgte den Anweisungen des Geheimdienstlers, zur Zitadelle zu fahren. Warum zur Zitadelle? Und hörte ich den Namen des ungeliebten Nachbarstaates im Süden in der Rede meines Entführers richtig?

Während der Fahrt wurden die Blicke des Fahrers zu seinem Beifahrer zunehmend skeptisch. Bei der Rundfahrt um die Zitadelle zeigte der Fahrer, soweit ich das im Rückspiegel beurteilen konnte, eine entschlossene Miene, während die Strenge aus dem Gesicht des Geheimdienstlers gewichen zu sein schien. Vor einem Touristencafé brachte der Fahrer das Taxi abrupt zum Stehen, und da beide Männer aus dem Auto sprangen, tat ich es ihnen nach. Im selben Augenblick lief der Taxifahrer um die Motorhaube herum, krempelte sich die Hemdsärmel hoch, überwältigte den Handydieb und sperrte ihn ins Taxi.

Der Nachmittag endete für uns drei sowie für Vater und Sohn meiner Gastgeberfamilie auf dem Polizeiamt. Dort klärte sich der Vorfall – für mich in verzögerter Übersetzung. Der junge Mann hatte sich als Geheimdienstler ausgegeben und allen erklärt, dass ich eine israelische Spionin sei und einen Anschlag plane. Sein effektvolles Gehabe hatte der Taxifahrer zum Glück durchschaut, als er die Kamera am Ohr als einen an ein Handy-Headset geklebten Laserpointer erkannte.

Der Junge war neunzehn Jahre alt. Während es für ihn noch vor unseren Augen Schläge setzte, entschuldigte man sich bei mir.

Eva M. Battis

Just Like An Action Movie

I waited that afternoon, a bit lost, at a public phone in front of the government immigration and passport office at the "flyover". I had been invited over to visit a Syrian family in the residential area below the "flyover" and was supposed to be picked up here. I did not use the pay phone, but the display of my cell phone that I held open in my hand still showed the number of my Syrian friends. I had barely ended the conversation with them that my pickup was already there in front of me. It all went a little too quickly and the young, broad-shouldered man flexed in front of me was not the one I had expected.

He began speaking to me in an irritatingly harsh tone in Arabic. I do not understand Arabic and the next moment, in one quick move, he grapped my cell phone out of my hand, closed it, and made it disappear in his vest pocket. He was wearing a plaid vest with dark pleated pants pulled up high, a shirt and smooth leather shoes.

I began to walk down the street in the direction I was hoping my real pick up would come from. The man with my cell phone in his pocket did not leave my side and even approached a few people on the street who also showed their interest and concern. A word he kept repeating each time was one I recognized: "Mukhabarat". Secret service? It seemed to make an impression on the people walking by, who all kept on walking. But, most of all, it made quite an impression on me and, in an attempt to drive away all doubt, my companion pointed to the device in his left ear. A small, shiney glass eye seemed to follow me from there. "Kamira". It was another unmistakeable Arabic word.

My awkward confusion quickly turned into panic. I ripped open the door of a yellow taxi driving alongside us in the heavy traffic and jumped into the back seat. Unfortunately, the confusion moved over momentarily to the taxi driver as I screamed "Go, go, go ..." from the back seat and the young man spoke to him from the side-walk through the open door. The momentary hesitation of the driver allowed the young man to jump into the passenger seat in the front. My cell phone and my kidnapper were now also on board with us.

Right at the beginning of the trip I discovered the father and son of the family I wanted to visit on the sidewalk and I screamed out the window of the taxi: "I am here! Help!" With confused looks on their faces, we raced on past them. The driver followed the instructions of the secret service agent to drive us to the Citadel. Why was he driving us to the Citadel? Did I just hear the name of the unpopular neighboring state to the south in the words of my kidnapper?

As he drove on, the taxidriver began to look more and more skeptically at his passenger in the front seat. As he drove around the Citadel, the driver had, as far as I could tell from the rearview mirror, a determined look on his face, while the harshness appeared to have left the face of the secret service agent. In front of a tourist cafe, the driver stopped abruptly and, because both men suddenly jumped out of the car, I followed them. At the same instant, the taxidriver ran around the hood to the other side of the car, rolled up his sleeves, overwhelmed the phone thief and locked him up in the taxi.

The afternoon ended for the three of us, as well as for the father and son of my host family, at the police station. There the incident was investigated – for me all with a delay in translation. The young man presumed to be a secret agent had told everybody that I was an Israeli spy and planned a bombing attack. Fortunately, the taxidriver saw through his passionate pretense when he realized that the camera on the ear was only a laserpointer glued to a cellphone headset.

The young man was only nineteen years old. While he was given a few blows right before our eyes, apologies were made to me.

Eva M. Battis

021-264 35 35
Tel : 033 - 310003

عمر مشلح
مصوغات
ابو احمد

Der Kamelschmuck

Die Freude ist groß, wenn unser langjähriger syrisch-deutscher Freund mich und seine Freunde zum Essen einlädt. Seine selbst zubereiteten, typischen Gerichte Aleppos sind einfach köstlich. Im Frühjahr 2009 konnten wir endlich in seine Heimatstadt reisen und Aleppo unter seiner kompetenten Führung erleben. Meine Vorstellung vom Orient hing den wunderschönen Bildern von Wüste und Kamelen aus dem Filmepos *Lawrence von Arabien* nach. Tatsächlich stießen wir in Aleppo auf Spuren dieses Lawrence. Meine erste Begegnung mit einem stolzen Kamel verlief allerdings anders als gedacht: Ein kompletter Kamelkopf hing an einem Fleischerhaken in einem der Basarläden zum Kauf.

Unser Freund machte uns „sein Aleppo" zu Fuß oder mithilfe der vielen gelben Taxis erfahrbar. Aleppo, als frühe Handelsmetropole an der alten Seidenstraße berühmt, zeigt sich heute als rasant wachsende, pulsierende Großstadt. Neuere Stadtviertel bieten Luxuswaren von internationalen Designern an und vor Kurzem entstand ein mehrgeschossiges Kaufhaus. Kontrastierend dazu finden wir in der Altstadt und den angrenzenden Vierteln unzählige Geschäfte, Büros, Magazine, Läden und Lädchen. In den schmalen Straßen herrscht munteres Treiben, tosender Auto- und dichter Fußgängerverkehr. In dem von Abgasen getrübten Verkehr entdeckt man zuweilen ein Eselgefährt, das sich holpernd zwischen den Autos hindurchquält. Hier mischen sich Krämerläden mit fein spezialisierten Geschäften für jeden nur denkbar möglichen Gebrauchsgegenstand. So gibt es zum Beispiel nur auf Handys spezialisierte Geschäfte, die kleinste Ersatzteile von fast allen alten und neuen Marken in jeder Farbe und Ausführung anbieten. Andere Geschäfte widmen sich dem leiblichen Wohl mit orientalischen Köstlichkeiten. Ein Schuhputzer führt direkt auf der Straße seinen Job aus und widmet sich mit ausgefeilten Putz- und Poliermethoden den Schuhen seines Kunden. Wir entdecken sogar einen Schuhputzladen, spärlich bestückt mit einem kleinen Tresen und Holzsitzen, auf denen die männliche Kundschaft unter fahlem Licht auf Bedienung wartet. In dieser Gegend besuchten wir das altehrwürdige Hotel Baron. Der Salon hat den Charme der Jahrhunderte – und hier begegnet uns Lawrence von Arabien wieder, der wie andere illustre Berühmtheiten jener Zeit in den alten Ledersesseln, in denen wir uns gerade ausruhen, seinen arabischen Mokka trank. An den alten Stadtmauern und Toreingängen sind ganze Handwerkergassen entstanden. Die kleinen Werkstätten und Läden sind offen einsehbar, die schmalen Bürgersteige werden ebenfalls als Arbeitsplatz genutzt. Zwei kräftige Männer schlagen abwechselnd auf ein glühendes Eisen ein. Im Nachbarladen stellen traditionelle Tischler Haushaltsutensilien und Holzformen her. Eine andere Werkstatt recycelt riesige Lastwagenreifen, die von Männern mühsam zerschnitten werden, um daraus große Transportkörbe herzustellen. In der Kupfergasse werden viele Varianten von Kochgeschirr, Kessel und Wannen angefertigt.

Der Besuch des Basars ist ein Erlebnis. Wir befinden uns in einem Labyrinth aus überdachten Gängen von circa sieben Kilometern Länge. In den Vormittagsstunden wird es eng in den schmalen Suqs. Hauptsächlich die Landbevölkerung aus der Umgebung nutzt diesen Markt, darunter viele Frauen in traditioneller Verschleierung. Von orientalischen Gewürzen über von Hand geschöpfte Seifen aus Olivenöl bis zu langen Reihen voller dramatisch bunter, langer Damenroben, Stoffballen, Gold- und Silberschmuck gibt es einfach alles. Wir hatten längst die Orientierung verloren, als unser Freund uns hinaus ins helle Sonnenlicht führte und wir urplötzlich vor der gewaltigen Zitadelle standen.

Ein weiterer Basarbesuch sollte mit konkreten Einkäufen enden. An einer unauffälligen Stelle hatte ein Beduine einige Teppiche ausgebreitet. Mir fiel ein kleines gewebtes Teil von etwa 90 x 100 cm auf. Des Arabischen nicht mächtig, bat ich unseren Freund, den Preis zu erfragen. Es entwickelten sich offensichtlich schwierige Verkaufsverhandlungen. Schließlich war das Geschäft perfekt und die Ware bezahlt. Begeistert von dem ebenbürtigen Verhandlungspartner wandte sich der Beduine mir zu mit den Worten „He is good". Dramatischer verliefen die Verhandlungen bei einem anderen Händler, der Orientteppiche und andere Antiquitäten zu bieten hatte. Vor meiner Reise hatte mein Bruder gewitzelt: „Wenn dich der Orientale in den Orient entführt, kostet ihn das ein Kamel!" Nun hing bei dem Antiquar ein gewebter Kamelschmuck an der Wand. Ich musste das Stück haben! Wieder begannen zähe Verhandlungen, denn unser Freund konnte nicht verstehen, dass überhaupt jemand etwas Derartiges kaufen wollte, und der Antiquar war von der Einzigartigkeit seiner Ware und dem entsprechenden Preis überzeugt. Die verbale Auseinandersetzung der beiden Männer war hart, beide gingen aufgebracht auseinander und der Kamelschmuck zurück an die Wand. Mit Engelszungen überzeugte ich unseren Freund, dass diese zwei circa 30 x 30 cm kleinen Webstücke mit dem edlen Muster aus kleinen Dreiecken, ringsum mit Troddeln bestückt, wunderschön und zumal in doppelter Ausführung (ein Kamel hat eine linke und eine rechte Seite) ein ideales Mitbringsel für meinen Bruder seien. Der Händler war versöhnt über die einsichtige Wertschätzung seiner Ware, unser Freund mit dem Preis einverstanden und mein Bruder und ich über den Schmuck glücklich. Denn nur der eine Teil hängt bei ihm an der Wand, der andere bei mir.

Nicht weit vom Suq entfernt liegt die kleinere Adilijeh-Moschee aus osmanischer Zeit. Ein freundlicher junger Mann bot uns an, auf das Moscheedach zu steigen. Wir folgten einer ganz schmalen Marmortreppe nach oben und standen zwischen den Kuppeln in luftiger Höhe. Es bot sich uns ein überwältigender Blick auf Aleppo, hier das Minarett der Omayyaden-Moschee und dort die Umrisse der Zitadelle am Horizont in rosagraues Abendlicht getaucht. Die Lichter der Stadt gingen langsam an – ein unvergesslich schöner Augenblick.

Ilka Beling

Camel Attire

The joy is great when our long-time Syrian-German friend invites me and his friends to dinner. His homemade local dishes from Aleppo are simply exquisite.

In the spring of 2009 we were finally able to journey to his hometown and experience Aleppo under his competent guidance. My idea of the Orient was stuck on the beautiful images of desert and camels from the epic movie *Lawrence of Arabia*. In fact, we came across traces of this Lawrence in Aleppo. But, my first encounter with a proud camel turned out to be much different than I would thought: the whole head of a camel was hanging down from a meathook for sale at one of the shops in the Bazaar.

Our friend helped us to experience "his Aleppo" on foot or with the help of the many yellow taxis. Aleppo, famous in the past as an early trade city on the ancient Silk Road, appears today as a fast-paced, growing, and vibrant big city. Newer parts of the city offer luxury goods from international designers and, just recently, a department store with several floors was built. By contrast, we find innumerable shops, offices, stands, kiosks, and smaller shops. There is a bustle of activity in the narrow streets besides the roar of cars and heavy pedestrian traffic. In this exhaust-filled traffic, you sometimes discover a donkey-cart torturously making its way through the cars. There are Mom-and-Pop shops mixed here with finely-specialized shops for every article of daily use. For example, there are stores specializing only in cell phones that offer the smallest replacement parts of almost all old and new brands in every color. Other shops are devoted to physical well-being with Oriental delicacies. A shoe-shiner is rendering his services right out on the street and is working hard on his custormer's shoes with filed down brushing and polishing techniques. We even discover a shoe-shine shop scantily furnished with only a small counter and wooden seats where male customers sit and wait in the faint light for service. In this area we visited the time-honored Baron Hotel. The parlor has the charm of centuries of history – and Lawrence of Arabia meets us here again. Like the other illustrious celebrities of that age, we drink Arab mocca while we relax in the old leather armchairs. Entire streets of artisans have arisen along the old city walls and gate entrances. You can see into the small workshops and shops from the outside and the narrow sidewalks are also used as work areas. Two strong men pound away in tandem at a glowing piece of iron. In the adjacent shop traditional woodworkers produce household utensils and wooden moulds. Another workshop recycles giant truck tires painstakingly cut into pieces manually in order to make large transport baskets out of them. On the street of coppersmiths many varieties of cutlery, kettles, and basins are produced.

Visiting the Bazaar is a really exciting experience. We find ourselves in a labyrinth of covered passages round about seven kilometers long. It is really tough going through the narrow souqs in the mornings. This market is mainly visited by the inhabitants from the countryside around Aleppo, and you will see many women here wearing traditional veils. From Oriental spices to homemade olive oil soaps to the long rows of dramatically colorful, long women's robes, balls of material, gold and silver jewelry – you will find it all here. We would almost lost our bearings when our friend led us out into the bright sunlight and we suddenly stood right in front of the enormous Citadel.

A further visit to the Bazaar needed to end with some concrete purchases. At an inconspicuous spot a Bedouin had spread out some rugs. A small woven part about the size of 90 x 100 cm caught my eye. Unable to speak Arabic, I ask our friend to inquire about the price. Some difficult haggling apparently arose over it. In the end, it was a perfect deal and the goods were paid for. Excited about the skills of his partner on par with him, the Bedouin turned to me and commented simply: "He is good." The negotiations got more dramatic with another salesman who was selling Oriental rugs and other antiques. My brother jokingly remarked before our trip: "When an Oriental man whisks you away to the Orient, that will cost him a camel!" as a matter of fact, there was a woven ornament hanging on the wall in the antique store. I just had to have that ornament! Tough bartering broke out again as our friend could not understand why anybody would want to buy something like that and the antiques seller was so convinced of the uniqueness of his wares and the corresponding high price. The argument between the two grew so heated that they both walked away frustrated leaving the camel ornament on the wall. With the voice of angels I convinced our friend that these two 30 x 30 cm woven pieces with the elegant pattern of small triangles, well-endowed all around with silly men, would be a wonderfully ideal gift, particularly in duplicate (a camel has a left and a right side), for my brother. The seller was pacified by the understood appreciation of his goods, our friend agreed to the price, and my brother and I were happy about the ornament. Only one part of it hangs at his house, the other hangs at mine.

Not far from the Souq is the smaller Adilijeh Mosque from the Ottoman age. A friendly young man asked us if we wanted to climb up onto the roof of the mosque. We followed a very narrow marble staircase upwards and then stood between the domes at a windy height. We had an overwhelming view of Aleppo, with the minarette of the Umayyad Mosque here and the outline of the Citadel there on the horizon bathed in the rose gray light of the sunset. The city lights slowly came on – what an unforgettably beautiful moment!

Ilka Beling

Die Khane, ihre Handwerker und Händler

Wer bei Karawansereien, den Khanen, an Kamele und Handelsreisende denkt, wird enttäuscht sein, wenn er hofft, ihnen in Aleppo zu begegnen. Die langen Züge mit den begehrten Waren aus dem Nahen und Fernen Osten ziehen heute nicht mehr in die Stadt. Nur die hohen Tordurchgänge erinnern noch an diese Zeit. Aus den Lager- und Umschlagsräumen in den unteren und den Schlafräumen in den oberen Etagen, selbst aus den Gebetsräumen sind längst Ladengeschäfte und Werkstätten geworden. Die einst beeindruckenden, nach innen gerichteten Fassaden sind überwuchert von Kabeln, Rohren und Plastikplanen, die Kamele wurden durch Sackkarren und asiatische Kleintransporter ersetzt. Auf dem Weg durch das Labyrinth der Altstadt zu den vielen Khanen stehen sie in Schlangen vor den Toren und warten darauf, dass sich das Chaos aus einkaufenden Menschen und eilenden Transporteuren auflöst.

Nachts und frühmorgens jedoch herrscht in denselben, nun scheinbar unbewohnten Gassen des zentralen Suq eine Stille, der man sich nicht entziehen kann. Minutenlang steht man vor den geschlossenen Holztoren der mittelalterlichen Kathedralen des Handels, hält inne und entdeckt immer mehr Details, die einem vorher verborgen geblieben waren. Man wartet auf den Torwächter, um einen Blick nach innen zu erhaschen, solange noch niemand da ist. Jetzt fallen einem die fein aus Stein gearbeiteten Fenster auf, die *Muqarnas* an den Ecken und in den Nischen, das aus schwarzem und weißem Stein gebänderte Gemäuer und die hölzernen *Mashrabiyahs*. Vor dem inneren Auge sieht man die Karawanen einziehen und die Händler sich den Staub des Weges von der Kleidung klopfen. Man hört sie fast feilschen mit den Abnehmern und Zwischenhändlern und wird sich nur langsam der Geräusche bewusst, die aus der realen Welt zu einem vordringen. Plötzlich spürt man, dass der Ort seine historische Identität nicht verloren hat, sondern sich seine Geschichte bewahrt und mit der Zeit gewandelt hat – und man ist dankbar, dass Hotels hier noch keinen Einzug gehalten haben.

Ein ganz besonderer Ort des Handels ist der Khan Shouneh, auch wenn er eigentlich keine Karawanserei ist. Als Stiftung der benachbarten Khusruwiyah-Moschee war er zunächst jahrhundertelang eine Quaisariyah. Dieses an einem kleinen Platz gelegene und zu drei Seiten geschlossene Gebäude diente dem Kleinhandel und der Handwerkskunst. Nachdem es Anfang des letzten Jahrhunderts zu einer reinen Lagerstätte verfallen war, begann mit der Enteignung seiner Besitzer, den Marcopolis, seine neue Geschichte. Das Tourismusministerium stellte Meistern des traditionellen Kunsthandwerks diesen Ort zur Verfügung, der gegenüber dem Aufgang zur Zitadelle liegt. Früher konnte man den Khan ebenerdig betreten, heute steigt man aus dem gleißenden Sonnenlicht des Zitadellenvorplatzes einige Stufen herab, bis man von der Stille und erfrischenden Kühle der hohen Gewölbe empfangen wird.

Sofort wird dem Besucher ein freundliches Willkommen entgegengebracht und die Einladung zum Tee lässt auch nicht lange auf sich warten. Dankend nimmt man im Schatten Platz und beobachtet das Erwachen des Marktes. Morgens sind nicht viele Touristen hier, und so hat man die Möglichkeit, mehr über die Meister und Künstler zu erfahren. Auch sie mussten sich an die veränderten Gegebenheiten mit der Zeit anpassen, genauso wie die Händler in den traditionellen Khanen. Der Handtuchweber produziert schon lange keine frottierten Waren mehr und die Zahl der seidenen Tücher ist in seinem Angebot geringer geworden. Der Kürschner verkauft nun vor allem Bettvorleger aus Schaffell und Mäntel aus Webpelz, früher war er für seine maßgeschneiderten und handbestickten, gefütterten Westen und Umhänge berühmt. Der Teppichrestaurator muss Kunden immer öfter dazu raten, sich einen neuen Teppich zu kaufen – die zur Mode gewordenen, maschinell gefertigten Teppiche sind in ihrer Reparatur teurer als in ihrer Neuanschaffung. Auch der Kupferschmied verziert seine Ornamente nur noch selten mit echtem Silber.

Trotzdem gibt es im Khan Shouneh vieles zu entdecken: Nimmt man sich die Zeit für eine Unterhaltung mit den Meistern ihres Faches, so treten ihr Wissen und ihre Leidenschaft schon bald zutage. Der Polsterer stellt auf Anfrage Rohseide für die Füllung von Winterdecken zur Verfügung, der Weber holt lieb gewonnene *Ikat*-Textilien hervor. Der Teppichrestaurator erzählt, wie er die Wolle zum Knüpfen von Schadstellen an alten Teppichen selbst färbt und in den Häusern der Konsuln Teppiche restauriert, welche die Besitzer keinem anderen anvertrauen würden. Und der Zelttuchweber holt stolz seine Fotos hervor, die ihn auf Ausstellungen in der gesamten arabischen Welt zeigen. Es gibt ihn noch, den berühmten Orient, mit seiner Gastfreundschaft und seinen Waren – man muss ihn nur suchen.

Ulrich Bormann

The Khans And Their Artisans And Traders

If you are thinking of camels and traveling traders when you hear the words caravansaries or khans, you will be disappointed if you hope to meet them in Aleppo. The long caravans with their coveted wares from the Near and Far East are not what attract people to the city today. Only the high gate passages are reminiscent of this age. The storage rooms on the lower floors and the bedrooms on the upper floors and even the prayer rooms have long since become stores and workshops. The once impressive and inwardly-turned façades are overgrown with cables, pipes, and plastic tarps, the camels have been replaced by pushcarts and small Asian pick-up drivers. They stand in long lines in front of the gates on the way through the labyrinth of the old-town to the many khans and wait until the traffic jam of shoppers and hurrying truckers flows freely again.

But, at night and in the early morning, a calm rests in the same, now seemingly uninhabited alleys of the Central Souq that you can hardly get away from. You stand for minutes in front of the closed wooden gates of the Medieval cathedrals of trade, pause for a moment and discover more and more details that were hidden from you before. You wait for the gatekeeper to catch a glimpse inside, as long as no one is there. Now you notice the finely-carved stone windows, the *muqarnas* at the corners and in the niches, the barred masonry of black and white stones and the wooden *mashrabiyahs*. In your inner eye you still see the caravans entering and the traders beating the dust out of their clothing. You almost hear them haggling with their customers and the middlemen and you only gradually become aware of the noises that surge forth to you from the real world. Suddenly, you feel that this place has not lost its historic identity, but, rather, has preserved its history and changed with time – and you are thankful that hotels still have not found their way here.

A very special trading place is the Shouneh Khan, even if it is actually not a caravansary at all. As an endowment of the neighboring Khusruwiyah Mosque, it was first used as a Qaisariyah for centuries. Located in a small square enclosed on three sides, this building served petty trade and artisanry. After it was relegated to being a purely storage area at the beginning of the last century a new chapter in its history began, with the expropriation of its owners, the Marcopoli family. The tourism ministry made this place available to the masters of the traditional decorative arts, located across from the way up to the Citadel. In the past, you could enter the Khan on the ground level, today you go down a few steps out of the glistening sunlight of the forecourt of the Citadel until you are received by the tranquility and the refreshing coolness of the high arches.

A warm welcome is given to the visitor immediately and you also do not have to wait long before you are invited to tea. Grateful, you take a seat in the shade and watch the market liven up. There are not many tourists here in the morning, and so you have got the chance to find out more about the masters and the artists. Even they have had to adapt to the changing situations with time, just like the traders in the traditional khans. The towel weaver has not produced any terry cloth for a long time and the number of silk cloths has gotten much smaller in selection. The cloakmaker now sells mostly bedside carpets made of sheepskin and coats made of faux fur. In the past he was famous for his tailor-made and embroidered, lined vests and capes. The carpet repairman often has to advise customers simply to buy a new one – the carpets now produced by machines that have become fashionable are more expensive to repair than purchasing a new one. Even the coppersmith only rarely decorates his ornaments with real silver.

Nevertheless, there is still a lot to discover in the Shouneh Khan. If you take the time to chat with the masters of their trades, their knowledge and passion soon come to light. The upholsterer brings out upon request pure silk for the padding of winter blankets, the weaver pulls out favorite *ikat* textiles. The carpet restorer tells how he first dyes the wool to reknot or reweave the damaged areas onto the old carpet and restores carpets in consulate buildings that the owners would not trust any one else with. And the canvas weaver proudly gets his pictures that show him at exhibitions all over the Arab world. The famous Orient – with its hospitality and its wares – still exists. You only have to look for it.

Ulrich Bormann

جامع القيقان
AL-QIQAN MOSQUE

Chubz

Als ich zum ersten Mal nach Aleppo kam, war es Abend und es wurde schon dunkel. Ich spürte die Anstrengung der langen, beschwerlichen Reise, die ich mit einer Gruppe Franzosen, Libanesen, Syrer und Spanier, die an einem Studienprojekt in traditioneller syrischer und libanesischer Architektur teilnahmen, in Damaskus begonnen hatte. Wir gingen durch stille, dunkle, enge Gassen, um zum Beit Wakil zu gelangen. Eine bescheidene Tür erlaubte uns schließlich den Zugang zum Hotel, das sich in einem einst stattlichen osmanischen und unlängst sanierten Haus im Viertel Jdeideh befand. Nachdem wir die Schwelle überschritten hatten, waren wir überwältigt von der Pracht des Gebäudes, von seiner Großzügigkeit und seinen kunstvollen Verzierungen. Die Räume des Hauses waren um einen großen und zentralen Innenhof angeordnet, von dem aus wir auch unsere in Form und Größe sehr unterschiedlichen Zimmer betraten. Mich hatte man in einem riesigen, sehr lang gestreckten Raum untergebracht, dessen schlichte Ausstattung Tradition und Moderne verband und dessen Badezimmer orientalisch inspiriert war. Fernab des Straßenlärms lag mein Zimmer sehr ruhig, nur der singende Ton eines Brunnens unterbrach die Stille. Mit einer respektvollen Modernisierung hatte man versucht, die originalen Räume zu bewahren und gleichzeitig allen Gästen den größtmöglichen Komfort zu bieten. Was alles in allem gelungen war.

Doch nicht nur das Gebäude beeindruckte mich. Ich war zum ersten Mal in Aleppo und auch in Syrien und hatte noch keine Gelegenheit gehabt, das wundervolle Essen zu genießen. Das Restaurant Beit Wakil befand sich im Innenhof und stellte einen unvergleichlichen Rahmen für eine exotische Mahlzeit dar. Wir begannen mit kleinen Vorspeisen *(Mezze)*, die man sich üblicherweise teilt, aßen *Hummus* (Kichererbsenmus), *Baba Ghanouge* (Püree aus Auberginen und Sesampaste), *Mutabbal* (Auberginenkaviar), *Fatousch* (Salat aus Tomaten, Gurken und Fladenbrot), *Kesheké*, *Taboulé* und *Warak Ineb* (gefüllte Weinblätter). Nach einer Weile wurde der Tisch zu klein, um alle Köstlichkeiten aufzunehmen. Wir waren alle hungrig und müde, trotzdem mussten wir uns beeilen, damit es genug Platz für neue, nun warme Speisen gab, die aufgetragen wurden. Und so ging es weiter mit *Borak* (frittierten Teigtaschen), *Sambusak* (gefüllten Halbmondtaschen) und *Kibbeh*-Bällchen. Als das Hauptgericht aufgetragen wurde, waren wir schon satt, aber die Lamm- und Hühnchenspieße, das gegrillte Fleisch *Kebab* und die Hackfleischspieße *Kafta* probierten wir trotzdem. Dank unserer Entscheidung für frische Früchte und unserem Verzicht auf eine appetitliche *Baklava* konnten wir eine geruhsame Nacht an diesem friedlichen Ort verbringen.

Am nächsten Morgen stand ich früh auf, um einen Spaziergang zu machen. Ein tiefblauer, wolkenloser Himmel überspannte Aleppo und die Sonne verstärkte die ockerfarbenen und roten Farbtöne der Stadt. Es war ein sehr kalter Wintertag, meine Hände froren ein, sobald ich sie aus den Taschen nahm. Auf dem zentralen Sahat-al-Hatab-Platz sah ich eine Menschentraube, die sich schreiend und wild gestikulierend vor einer Tür zusammendrängte. Ein junger Mann entschlüpfte der Menge, den Arm voller flacher, runder und hellbrauner Backwaren, die er schnell auf dem Boden, auf einer Bank, einfach überall verteilte. Es war *Chubz*. Ganz frisches, noch heißes und dampfendes Brot, das der Mann ausbreitete, damit es abkühlen konnte. Bald traten weitere Männer vor, die geschäftig nach einem Platz suchten, an dem sie ihr *Chubz* ausbreiten konnten, und immer mehr folgten, die das gleiche Schauspiel hastig wiederholten. Sobald die Brote abgekühlt waren, sammelten die Männer sie etwas gemächlicher wieder ein, packten sie in eine Plastiktüte und trugen sie mit sich davon.

Ich habe immer Brot geliebt und hier ist es die Grundlage jeder Mahlzeit. Als ich dieses Brot am Abend zuvor gegessen hatte, wusste ich nicht, dass es *Chubz* war, ohne das man gar nicht essen kann. Es dient sowohl als Löffel als auch dazu, das heiße, gegrillte Fleisch einzuwickeln und warm zu halten. Es ist das bevorzugte Lebensmittel der bescheidensten und der wohlhabendsten Familien. Im ganzen Mittelmeerraum gibt es unendlich viele Geschichten, Märchen und Volksweisheiten voller Symbolkraft, die an dieses bescheidene, altüberlieferte, als heilig, ja göttlich verehrte Nahrungsmittel geknüpft sind. Fasziniert von der Kultiviertheit einer scheinbar einfachen Kultur, begann ich, mich in Aleppo zu verlieben, in eine Stadt, die alle Sinne anregt.

Xavier Casanovas Boixereu

خبز

عندما وصلت لأول مرة إلى حلب كان مساءً وقد حل بالفعل الظلام. شعرت بجهد الرحلة الطويلة الشاقة، التي بدأت مع مجموعة من الفرنسيين والسوريين واللبنانيين والإسبان في دمشق، الذين شاركوا في مشروع دراسي للعمارة التقليدية السورية واللبنانية. مشينا في السكون في أزقة ضيقة مظلمة لنصل إلى „بيت الوكيل". دخلنا من باب متواضع إلى الفندق الذي شُيد في بيت وجيه من العصر العثماني، تم تجديده مؤخراً ويقع في حي الجديدة. بعدما عبرنا العتبة، بهرتنا روعة البناء وكرمه والزخرفة الفنية. كانت الغرف مصفوفة حول فناء مركزي مُقبب، والذي من خلاله نصل إلى غرفنا المختلفة كثيراً في الشكل والحجم. حصلت على غرفة كبيرة وطويلة جداً، كانت مفروشة بأثاث بسيط يجمع بين التقليد والحداثة. و كان الحمام مستوحىً من التقليد الشرقي. كانت غرفتي هادئة جداً، بعيدة عن ضجيج الشارع. وحده صوت خرير نافورة بركة مياه كان يكسر السكون. بهذا التحديث الجلي بالإحترام تمت محاولة الحفاظ على الغرف الأصلية، وبنفس الوقت تقديم خدمات الراحة القصوى لكل الضيوف. وهذا ما كان ناجحاً.

لم يكن البناء وحده الذي أثار إعجابي. هذه أول زيارة لي إلى سوريا، لذلك لم يكن لدي فرصة من قبل للتمتع بالطعام الرائع. مطعم „بيت الوكيل" يقع في الفناء ويوفر أجواء فريدة تمهد للحصول على وجبة مدهشة. بدأنا بالمقبلات (المازة)، التي في العادة نتقاسمها سوية، أكلنا حمص وبابا غنوج ومتبل، وسلطة فتوش وكشك وتبولة وورق عنب. بعد حين أصبحت الطاولة أصغر من أن تتسع لكل هذه الأطباق اللذيذة. وعلى رغم جوعنا، كنا على عجل لتأتي الأطباق الأخرى الساخنة. فجلبوا لنا البرك والسمبوسك والكبه. وعندما قُدم الطبق الرئيسي كنا قد شبعنا. ولكن يجب أن نجرب أسياخ لحم الغنم والكباب والكفتة المشوية. في نهاية الأمر تنازلنا عن البقلاوة مثيرة الشهية وأنهينا وجبتنا بالفواكه الطازجة، والتي سمحت لنا قضاء ليلة هادئة في هذا المكان الوادع.

في صباح اليوم التالي إستيقظت مبكراً للتجوال سيراً. سماء زرقاء صافية تمتد فوق حلب. تحجب الشمس لون المدينة المزيج من الأصفر والأحمر. كان يوماً شتائياً بارداً للغاية. تتجمد يداي من البرد حين أخرجها من جيوبي. في ساحة الحطب شاهدت حشداً من الناس ازدحموا أمام باب. وسمعت بعض الصراخ ورأيت إشارات باليد. ابتعد أحد الشبان عن الحشد، وهو يحمل كميات من الخبز المدور، ونشره سريعاً على حافة مقعد خشبي.

كان خبزاً طازجاً وساخناً للغاية يتصاعد منه البخار. كان الرجل ينشر الخبز ليبرد. المزيد من الرجال يقومون بالعمل نفسه على عجل. بمجرد أن يبرد الخبز يجمعه الرجال ببطء يضعونه في أكياس من البلاستيك ويحملونها معهم.

وأنا منذ البداية أحببت هذا الخبز فهو أساس جميع الوجبات. عندما تناولت الخبز عند وصولنا مساء البارحة لم أعرف أنه خبز وبدونه لايمكن تناول الطعام. كما أنه يُستعمل كملعقة ومن أجل لف اللحوم المشوية الساخنة حتى لاتبرد، وهو الطعام المفضل للأسر البسيطة وللأغنياء. في منطقة البحر الأبيض المتوسط توجد قصص وحكايات وأمثال شعبية لا حصر لها عن هذا الغذاء المقدس السماوي، وهي مليئة بالرموز. بسبب إعجابي برقي هذه الثقافة التي تبدو لأول وهلة بسيطة، بدأت أعشق حلب ذات الثقافة التي تحفز جميع الحواس.

خافيير كازانوفاس بويخيرو

The Malek Al-Zaher Palace In The Citadel: The Entry Corridor

What is the purpose of the corridor? The vestibule in houses and palaces in Aleppo of the Ottoman era took up little space. Yet, before this period, in the 12th and 13th centuries, there were palaces of the Zengids and Ayyubids in which the areas taken up by the corridors were considerable. The palaces of the Parthians and the Sassanians had access corridors, those around the *iwans*, which lead around the throne rooms and other official rooms. The idea or "concept" of corridors seems to be the separation of access rooms and parlors. This is an important difference in the Oriental cultures without furniture: in the West, in a living room or another living area, the togetherness and the exchange are between those who sit on a chair or an armchair and those who stand or walk around normally. But, for someone who stands and someone sitting on the floor, it is much more difficult, almost impossible, to communicate with one another; exchange is always an unusual situation and only of short duration.

Consequently, "Oriental" architecture makes a difference between the rooms of both of these behaviors. The corridors correspond to movement and to an upright position or this makes up the so called *'ataba* (*durqa'a* in Cairo), which represent a kind of hallway in the center of a room and are bordered by a threshold that is about fifty centimeters high. The tiled floor of the *'ataba* is laid level to the ground while the floor with rolled out mats and rugs in the sitting room is raised fifty centimeters. The difference in elevation eases conversation between those who are standing and those who are sitting and, at the same time, marks the border and the difference between the two postures: standing is a temporary waiting status or the posture of a subordinate, a servant.

The corridor is the place of movement in a complex architectural whole. Visitors have to make their way from the entry way to the room in the middle of the house: from the *qa'a*, *durqa'a* or *'ataba* they reach a small laid out courtyard that can be covered or can be open air, which forms the "heart" of the palace. This is the functional center where all hallways of the house meet and the point of departure to reach all the other rooms.

The entry corridors of some well-preserved Ayyubid palaces of Syria follow one fundamental principle: they lead the visitor to the center of the house, where he introduces himself in a standing position to the owner of the house, who is seated in the *iwan*. In most cases, the corridor opens up in the left rear corner, as a rule in the northwest part of the central room adjacent to the *iwan*, which is in the south. This is the case in the Ayyubid palace of the Citadel of Aleppo, which was built up again at the beginning of the 13th century. Before the restorations in the 1980s, the tiles of the corridors had collapsed and visitors came directly into the center of the royal *iwan* through a breach in the wall from the front vestibule – in the eyes of the experts, who were aware of the logic of places, a very inappropriate path.

The restoration recreated the proper openings, closed the wrong ones and made it possible for every visitor to cover about fifty meters in a winding corridor 2.5 meters wide to get to the heart of the palace, which is only twenty meters away from the entrance if you measure the shortest distance right through the walls. On this long path through a rather narrow corridor, the magnificent processions in the giant Abbasid palaces from Baghdad or Samarra that passed by from room to room sound only like they are far away. Each of the four sides of the central room in the Aleppine palace is furnished with several *iwans*: the large *iwan* is located in the south and the smaller *iwans* are the remaining three sides. Six doors in the corners lead into the other rooms of the palace: the entry corridor, the long access corridor to the hammam, two small *qa'a-s*, service rooms and a staircase up to the first (or second) floor. To decide which door and which corridor is the right one, you really had to know your way around or be led the right way!

Jean-Claude David

قصر الملك الظاهر في القلعة: ممر المدخل

ما الغرض من الممر؟ ردهة المدخل في منازل وقصور حلب في العصر العثماني لا تشغل سوى مساحة صغيرة. لكننا نجد في القرنين الثاني عشر والثالث عشر في القصور الأيوبية والزنكية أن الممرات تأخذ مساحة كبيرة من البناء. للقصور البارثية والساسانية ممرات تؤدي إلى الإيوان حيث قاعة إقامة الملك وغرف الاجتماعات الرسمية الأخرى. فكرة الممرات، ويمكن القول تقريباً «المشروع»، تقوم على الفصل بين فضاء الممر ومكان الإقامة. في الحضارات الشرقية القديمة حيث لا وجود للأثاث، يكون هذا التميز ضرورياً. في الغرب، من المألوف أن ترتبط غرفة الضيوف أوغرف الإقامة إحداها بالأخرى. وهناك تبادل بين من يجلس على كرسي أو أريكة وبين الواقف والذي يتحرك أمر بديهي. أما في حالة الشخص الواقف والشخص الجالس على الأرض فتوجد صعوبة أكثر، إن لم يكن التواصل فيما بينهم مستحيلا؛ ودائما التبادل هو حالة غيرعادية وقصيرة المدة.
بناء على ذلك، تميز الهندسة المعمارية «الشرقية» الغرف على حسب هذه السلوكيات. الممرات مصممة لتناسب الحركات والوقفات فيها. الأمر نفسه بالنسبة إلى العتبة التي هي أشبه بالممر في قلب الغرفة والتي يجب أن تحدد بمصطبة علوها ٥٠ سم تقريباً. العتبة مبلطة ومنخفضة، أما بقية الغرفة، الأعلى منها، فمفروش بالسجاد و الحصير. الفارق في الإرتفاع يُسهل عملية المحادثة بين الواقفين والجالسين، وبنفس الوقت يرسم الحدود بين الطرفين انطلاقا من الفارق بين الوضعيتين: الوقوف وضع آني للإنتظار أو هو سلوك المرؤوس الخادم.
الممر هو مكان الحركة في تركيبة معمارية معقدة. على الزوار أن يقطعوا المسافة من المدخل إلى الغرفة في وسط البيت: من القاعة، أو العتبة يصلون إلى باحة صغيرة الحجم، يمكن أن تكون مسقوفة أو مفتوحة على الهواء الطلق، وتشكل «قلب» القصر. هناك يوجد المركز الوظيفي، الذي تلتقي فيه كل طرق البيت ومنه يمكن الوصول إلى كل الغرف كما في البيت العثماني القديم.
أروقة المدخل في بعض القصور الأيوبية الباقية في سوريا تتبع مبدأ جوهرياً: تقود الزائر إلى وسط المنزل حيث يُقدم نفسه واقفاً لسيد البيت، الذي يكون آخذاً مكانه في الإيوان. في معظم الحالات، يتم فتح الممر في الزاوية اليسرى الخلفية، وحسب النظام في الشمال الغربي من الغرفة الوسطى مقابل الإيوان الموجود في جهة الجنوب. هذه الحالة تراها في القصر الأيوبي في قلعة حلب، الذي تمت إعادة بناؤه أوائل القرن الثالث عشر.
قبل الترميم في ثمانيات القرن الماضي كان بلاط الرواق مُكسراً وكان الزوار يدخلونه من خلال ثقب في الجدار، مباشرة من رواق المدخل إلى داخل الإيوان الملكي. وفي نظر الخبراء الذين كانوا على وعي بمنطق الموقع، يعتبر ذلك الطريق غير لائق البتة.
أعادت عملية الترميم إنشاء الفتحات المناسبة وإغلاق المغلوطة منها، وأتاحت الفرصة لكل زائر لإجتياز حوالي ٥٠ متراً في ممر ضيق عرضه متران ونصف للوصول إلى قلب القصر، البعيد بنحو ٢٠ متراً فقط عن المدخل إذا قسنا أقصر مسافة بين الجدران. في هذا الطريق الطويل خلال ممر ضيق يعلو صوت المواكب الرائعة من بعيد جداً، تلك التي سارت من قاعة إلى قاعة في القصور العباسية الكبيرة في بغداد أو سامراء.
تم تجهيز الجوانب الأربعة للغرفة الوسطى في القصر الحلبي بإيوانات عديدة: يقع الإيوان الكبير في الجنوب والإيوانات الصغيرة على الأطراف الثلاثة الأخرى. ستة أبواب في الزوايا تؤدي إلى غرف أخرى في القصر: مدخل الممر، الممر الطويل المؤدي إلى الحمام، قاعتان صغيرتان، غرف الخدمة، ودرج يقود إلى الطابق الأول. لأجل الوصول إلى الباب والممر الصحيح يجب أن يكون المرء على معرفة بذلك أو أن يُساعده دليل.

جان كلود دافيد

Ist es ein Vergehen, dass ich sie beneide?

Schon immer wollte ich Aleppo besichtigen, die Stadt, von der ich so viel gehört hatte. Ich wusste von ihrer majestätischen Zitadelle, ihren alten Basaren mit dem wunderschönen Kunsthandwerk, dem faszinierenden Schmuck ihrer geschickten Goldschmiede und den Kochkünsten ihrer Einwohner. Auch von ihrem Tonfall hatte ich gehört, an dem man die Aleppiner erkennt, ganz gleich, wohin sie reisen und wie lange sie fort bleiben. Ich wollte diese Stadt sehen, die neben Istanbul und Kairo als einer der Orte mit den meisten Minaretten gilt.

Während meiner Kindheit war ich mit meinen Eltern einmal in Aleppo. Nur ein Foto, das in der Nähe der Zitadelle aufgenommen wurde, erinnert mich heute an diesen Besuch, der in meiner Erinnerung nur noch ein ferner Traum ist. 2002 reiste ich zum ersten Mal als Erwachsene, im Rahmen meines Architekturstudiums, nach Aleppo. Schon vor diesem Besuch bewunderte ich zwei Aleppiner Künstler, deren Werke mich faszinierten: Louay Kayyali und Fateh Moudarres. Ich erinnere mich sehr gut daran, dass ich jedes Mal, wenn ich in Damaskus war, eine Eintrittskarte für das Nationalmuseum kaufte – nur, um in fieberhafter Eile die Stufen zum Raum der modernen Kunst Syriens hinaufzusteigen, wo ich Kayyalis großes Bild mit den Fischern der Insel Aruad bewundern konnte. Auf der anderen Seite Moudarres, in seinen Texten und Bildern verborgener Kummer – die Zitadelle von Aleppo spiegelte sich diskret in den Gesichtern, die dem Betrachter auf unterschiedliche Weise entgegenblicken.

Als ständig wachsende Metropole hat mich Damaskus mit seinen Galerien, Bibliotheken und Veranstaltungsorten immer in einen kulturellen Sinnestaumel versetzt. Aleppo hingegen hat seine Authentizität bewahrt, die man in den Straßen der Stadt und in der Lebensweise seiner Bewohner sehen, riechen, hören, schmecken und berühren kann.

Am Ende stelle ich mir immer wieder dieselbe Frage: Ist es ein Vergehen, dass ich die Einwohner Aleppos um die Vorsehung beneide, die über sie wacht und ihnen diesen vornehmen Ort überlassen hat? Möge Gott mir vergeben.

Zeina M. El-Cheikh

Is It A Crime To Envy Them?

I had always wanted to visit Aleppo, the city I would heard so much about. I knew about her majestic Citadel, her old Bazaars with their beautiful handicrafts, the fascinating ornaments of her skillful goldsmiths and the culinary artistry of her inhabitants. I had also heard about the accent the Aleppines are known for, regardless of where they travel to and how long they stay away from home. I wanted to see this city that, next to Istanbul and Cairo, has the most minarets.

In my childhood I was once in Aleppo with my parents. The only thing that reminds me of this visit then is a picture taken near the Citadel, a memory that is only a distant dream. Finally, in 2002, I traveled to Aleppo for the first time as an adult as part of my study of architecture. Even before this visit I had admired two Aleppine artists whose works fascinated me: Louay Kayyali and Fateh Moudarres. I remember vividly how, every time I was in Damascus, I always bought a ticket for the National Museum – only to climb up the stairs in fevered haste to the room of Modern Syrian Art, where I could admire Kayyali's big painting with the fishermen of Ruad Island. Despite the hidden grief in Moudarres' writings and paintings, – the Citadel of Aleppo was shown discreetly in the faces that watch the observer in different ways.

As a constantly growing metropolis, Damascus always sent me into a cultural orgy of the senses with its galleries, libraries, and venues. But, Aleppo kept her authenticity, which you can see, smell, hear, taste, and touch on the city streets and in the lifestyle of her inhabitants.

In the end, I always ask myself the same question: Should I feel guilty about envying the inhabitants of Aleppo for the providence that watches over them and has left them this distinguished place? May God forgive me!

Zeina M. El-Cheikh

CHANCELLERIE
DU
CONSULAT
DE
PAYS-BAS
ALEP

The Dutch Consulate In Aleppo

What is the relationship between the Netherlands, located on the North Sea, and the city of Aleppo, not far situated from the Mediterranean? That is a question the escutcheon on the Dutch consulate certainly raises. It is there to remind us of the long history of this institution that celebrated its 400 year anniversary in 2007 and to make us aware of the economic and cultural relations that tie the two places.

Around the year 1390, Pierre Pot, a merchant from Utrecht, came to Aleppo, settled down there and became wealthy. At the end of the 16th century, several Dutch merchants made trade expeditions to Syria. At that time, Aleppo was a flourishing economic center, through which goods from India, Persia, and Arabia were transported just as much as products from Europe. The Venetians, who had long been present in Syria, had a privileged status – but they were soon overtaken by the French and the British who signed treaties with the Ottoman Empire (called "capitulations") supporting their trade in the Levant. The young Republic of the Seven United Provinces, the forerunner of the Netherlands of today, was, at that time, about to fight for independence from Spain in the Eighty Years' war (1568–1648). The Netherlands used the truce (1609–1621) to further their trade in the Mediterranean Basin and signed capitulations in 1612 which gave their own traders the same advantages as the French and the British. Dutch Trade in Aleppo experienced an incredible boom during this time: around the year 1610, the Dutch were in second place behind France and far ahead of England, whose trade was only half as important. The products coveted the most by the Dutch were silk and other raw materials that were needed for the textile industry in Leiden and Haarlem. These cities export home textile products and *lakens* (clothing of fine, flexleveled wool) to Aleppo. The Dutch East-India Company founded in 1602 quickly took over a near monopoly in the spice trade and transported spices from India directly to the ports all over the Mediterranean. Silver currencies, lacking in the Ottoman Empire, gradually became the main export product: the *Rijksdaalder* and the *Leeuwendaalders*. The later, which became the most used currency in the Ottoman Empire, took the Arabic name "abu kalb" (literally "dog's father"), because the lion inscribed on the coins looked like a dog.

Still, international relations were of a cultural nature as well: Jacobus Golius (1596–1667) took advantage of his stay in Aleppo as the chancellor and interpreter of the Consulate (1625–1628) to collect Arabic, Turkish, and Persian manuscripts that came back with his return to the university library in Leiden, where he was professor of Arabic and Mathematics. His *Lexicon Arabico-Latinum* dictionary, published in 1653, remained a standard work for Oriental studies even into the 19th century.

Dutch artists also traveled to the East, either alone, like Cornelis de Bruijn (1652–1726/1727) or also in the service of ambassadors, such as the anonymous artist who accompanied the Marquis de Nointel in the 1670s. Cornelis de Bruijn illustrated his travelogue with his wonderful engravings, among them a panorama of Aleppo which gives us today an impression of the appearance of the Old City Center at that time.

The 17th century was the high point of the relationship between Aleppo and the Netherlands. Trade continued at a slower pace in the centuries that followed. From the year 1827 onward, the consuls of the Netherlands were selected from great families of European origin, Picciotto, then Poche, several members of which held this office. The reputation of Dutch tolerance was evident once more in the year 1982 when the office fell to my father, Ismet El-Mudarris: he was the first Muslim consul represententing a European country in Aleppo. I had the honor of succeeding him in this office from 1997 to 2009 and so the consulate continues as a reminder and symbol of the relationship and common history between Aleppo and the Netherlands.

Hussein I. El-Mudarris

القنصلية الهولندية في حلب

ماهي العلاقة بين هولندا المطلة على بحر الشمال، ومدينة حلب التي تقع على مقربة من البحر الأبيض المتوسط؟ هذا هو السؤال الذي تطرحه لوحة القنصلية الهولندية بدون شك. وهي تجعلنا نستعيد ذكريات التاريخ الطويل لهذه المؤسسة، التي احتفلت عام ٢٠٠٧ بمرور ٤٠٠ سنة على قيامها، وتساعدنا في إستحضار العلاقات الاقتصادية والثقافية التي تربط بين المكانين.

عام ١٣٩٠ أتى التاجر بيير بوتإلى من أوتريخت إلى حلب واستقر بها وأصبح من الأثرياء. وفي نهاية القرن السادس عشر قام العديد من التجار الهولنديين برحلات تجارية إلى سوريا. كانت حلب في ذلك الوقت مركزاً تجارياً مزدهراً تأتيها البضائع من الهند وبلاد فارس والأمصار العربية كما تصلها منتجات من أوروبا. وكان أهل البندقية، المقيمون منذ زمن طويل في سوريا، يتمتعون بمكانة مميزة. لكن ما لبث أن تفوق عليهم الفرنسيون والإنكليز، فأصبحت الأولوية لتجارتهم. وكانت الجمهورية الفتية المؤلفة من إتحاد سبع محافظات، قبل قيام دولة هولندا اليوم، تُحاول الظفر بإستقلالها من اسبانيا خلال حرب الثمانين سنة (١٥٦٨ - ١٦٤٨).

إستغلت هولندا الهدنة (١٦٠٩ - ١٦٢١) لتنمية تجارتها في منطقة البحر الأبيض المتوسط، ووقعّت عام ١٦١٢ عدة اتفاقيات تجارية، تُعطي لتجارها الميزات الخاصة كما الفرنسيين والإنكليز. وقد عرفت التجارة الهولندية في حلب خلال هذه الفترة نهضة مُذهلة: حوالي عام ١٦١٠ إحتلت هولندا المركز الثاني بعد فرنسا في التجارة، متقدمة بفارق كبير عن انكلترا، التي لم يكن لمعاملاتها التجارية نصف أهمية هولندا. وكان الهولنديون شديدي الرغبة في شراء الحرير وغيرها من السلع اللازمة لصناعة النسيج في ليدن وهارلم. وكانت هذه المدن تُصدر المنسوجات المحلية والملابس المصنوعة من الصوف الناعم المدكوك إلى حلب. وتمكنت شركة الهند الشرقية الهولندية، التي تأسست في عام ١٦٠٢ بسرعة من احتكار تجارة التوابل، تنقلها من الهند مباشرة إلى موانئ البحر الأبيض المتوسط. وتدريجياً شكلت العملات الفضية (التي كانت شحيحة في الإمبراطورية العثمانية) وحدة النقد الرئيسية المستخدمة في التعامل التجاري: الرييكس دالر واليوفند دالر. وهذا النقد الأخير أصبح العملة الأكثر شيوعاً في الإمبراطورية العثمانية، وقد سُمي باللغة العربية „أبو كلب"، لأن الأسد المصور على النقود يُشبه الكلب.

وقد تميزت العلاقات الدولية بطابع ثقافي أيضاً: يعقوب غوليوس (١٥٩٦ - ١٦٦٧) إستفاد من وظيفته في حلب كمستشار ومترجم في القنصلية (١٦٢٥ - ١٦٢٨) لجمع المخطوطات العربية والتركية والفارسية، وقد ضمها بعد عودته إلى مكتبة جامعة ليدن، حيث أصبح أستاذ كرسي في اللغة العربية والرياضيات.

بقي مُعجمه «قاموس لاتيني - عربي»، الذي صدر عام ١٦٥٣، المرجع الأساسي لدارسي علم الإستشراق حتى القرن التاسع عشر.

وثمة فنانون هولنديون سافروا إلى الشرق أيضاً مثل كورنيليس دي بروين (من عام ١٦٥٢ حتى ١٧٢٧ تقريباً) أو من عمل في خدمة السفراء مثل الفنان المجهول الذي رافق الماركيز دي نوينتل. وقد زين الماركيز تقارير رحلته بنقوش رائعة. و «بانوراما حلب» تعطينا اليوم انطباعا عن شكل المدينة القديم.

مثّل القرن السابع عشر ذروة العلاقات بين حلب وهولندا. وفي القرون التالية تطورت التجارة بوتيرة أبطأ. إعتباراً من عام ١٨٢٧ تم إختيار قناصل هولندا في حلب من عائلات كبيرة ذات أصول أوروبية كعائلة بيسيوتّو أو بوخه، وقد تقلد العديد من هاتين العائلتين منصب القنصل. إن سمعة هولندا كدولة تسامح أثبتت حقيقتها عام ١٩٨٢، عندما اختير والدي عصمت المدرس لهذا المنصب. كان أول قنصل مّسلم يُمثل بلدا أوروبيا في حلب. وكان لي الشرف أن أخلفه في هذا المنصب من عام ١٩٩٧ إلى عام ٢٠٠٩. وهكذا دامت القنصلية كرمز للعلاقة بين حلب وهولندا.

حسين عصمت المدرس

Schwamm drüber

Auf den Spuren des Mimar Sinan (um 1490 bis 1588) kam ich vor vielen Jahren wieder einmal nach Istanbul. Das Studium seiner Bauwerke führte mich unter anderem in ein Hammam aus dem späteren 16. Jahrhundert, eine wunderbare Kuppelarchitektur mit vielen kleinen, wundersamen Tageslichtöffnungen. Als „ausgewiesener Sinan-Forscher" hatte ich es natürlich aufrecht und selbstsicher betreten, es aber stark gebückt und rot gehäutet wieder verlassen. Unvergesslich schmerzliche Erinnerungen blieben mir seither: an den „Wadengriff" der großen, kräftigen Masseure, der mich anschließend mehr als einen Tag lang in gebückter Haltung durch die Gassen streifen ließ, und an die Behandlung mit den Schwammhandschuhen, die so sanft aussahen, mir aber zu einem wundroten Hautanzug verhalfen. Meine Bewunderung für die Architektur des Mimar Sinan haben diese Erinnerungen nie getrübt. Bei einem Besuch in Aleppo wurden sie Jahre später allerdings wieder geweckt.

Schwüle, heiße Nächte begleiteten meinen Aufenthalt dort, verbunden mit einem überaus präzisen, millimetergenauen Absaugen meiner entblößten Gliedmaßen durch vampirhafte Insektenschwärme. Diese mir bis heute unbekannte Fliegenart stach nicht nur Tattoos in Körpergröße, sondern war auch noch gegenüber jeglichen orts- und marktüblichen Sprays, Salben und Kräutern immun, sodass ich manche Nacht damit verbrachte, in einer hektischen Abfolge aus verzweifeltem Schlagen, Wälzen, Sitzen, Laufen und Kratzen ungeduldig den nächsten Morgen zu erwarten.

Ein deutschsprachiger Begleiter, ehemals in Aleppo ansässig, lud mich eines Tages dazu ein, ihn zusammen mit seinen Cousins in ein beliebtes, traditionsreiches und tief in den Schichten der Stadt verborgenes Hammam zu begleiten. Höflich, aber ängstlich nahm ich seine Einladung an.

Während wir die vielen Treppen in die Tiefe stiegen, wurde ich einen Gedanken nicht los: In Istanbul hatte ich es nach der foltergleichen Massage kaum aus dem ebenerdig gelegenen Hammam geschafft. Dies hier musste mein Mausoleum werden, diese Treppen würde ich nie mehr zurück steigen können.

Unten angekommen, erhielten meine Begleiter Schottenmustertücher – mir reichte man ein seltsames, seidengolden glänzendes Tuch. Alle schmunzelten, aber ich beachtete es kaum, dachte ich doch nur an die bevorstehenden schmerzensreichen Hautabzüge.

Trotz des dämmrigen Lichts gelang es mir nicht, meine Gliedmaßen völlig zu bedecken. In den wenigen nebelfreien Zonen erhaschte ich mitleidige Blicke auf meinen geschundenen Körper – aber auch wissendes Lächeln beim Anblick meines edel schimmernden Badetuchs.

Ich schleppte mich, in Erwartung der kommenden Behandlung schon jetzt leicht gebückt, auf meinen geliehenen gräulich-weißen Plastikbadeschlappen die Gänge mit ihren seitlichen Wassergassen hinunter, immer weiter in die Tiefe. Inzwischen war mir bewusst geworden, dass ich wirklich der einzige Besucher mit diesem seidenen Tuch war. Vielleicht war mein goldglänzendes Tuch ja als wertvolle Grabbeigabe gedacht?

Endlich, in einem größeren Zentralraum, der zähe, wasserdampfgetränkte Nebel lichtete sich, erahnte ich – vermutlich mit weit aufgerissenen Augen – eine Hand in einem mir nur allzu bekannten, sehr großen und noch ganz sanft aussehenden Schwammhandschuh, der sich jedoch in Sekundenschnelle in eine waffenartige Raspel verwandeln würde. Erschaudernd suchte ich mir leise eine verborgene Ecke und hoffte, dass die Nebelschwaden zunehmen und mich verschlingen würden. Doch der Nebel lichtete sich erbarmungslos, und man gab mir zu verstehen, dass ich der Nächste sei.

Ich stand gebückt auf, um mich der befürchteten Tortur im Sinne eines höflichen Gastes zu ergeben. Zu dem großen Schwammhandschuh gesellte sich nun die erwartete kräftige Statur des Masseurs, der grinsend auf mein glänzendes Tuch zeigte. Dann schüttelte er jedoch entsetzt den Kopf und hielt mir sein Folterwerkzeug in einer ablehnenden Geste entgegen. Jetzt verstand ich: Er verwies auf meine offenen Wunden aus dem Reich der Insekten, die ihm wohl eher eine ärztliche Versorgung empfahlen. Ich war mehr als froh, glaubte wieder an eine Überlebenschance und setzte mich mit einem erleichterten Stoßseufzer zurück auf mein Sünderbänkchen – nun ausgegrenzt als schwerer Krankheitsfall.

Nachdem meine Begleiter alle Badegenüsse im Hammam abgearbeitet hatten, ließen wir uns in einer wohl ausgestatteten Kabine auf Tüchern und Kissen nieder. Frische Früchte und Tee wurden gereicht und die Cousins schienen sich lauter lustige Geschichten zu erzählen. Wie mein Begleiter mir mitteilte, waren es Witze, die ich leider gar nicht verstand, aber ich lachte durchweg erleichtert mit, war ich doch allen Folterungen entgangen und würde auch nicht in diesem unterirdischen Grab allein zurückgelassen werden. So genoss ich die großartige Stimmung, auch wenn die Humoreinlagen offensichtlich etwas mit meinem goldglänzenden Seidentuch zu tun hatten.

Leicht beflügelt, fast übermütig, trat ich den Rückweg über die vielen, vielen Treppen an. Und endlich erklärte mir mein deutschsprachiger Begleiter schmunzelnd, dass man mir das Tuch für einen „Hochzeiter" verpasst hätte. Ich lachte zwar weiter mit, ganz verstanden habe ich das aber nicht. Männer- und Frauentrakt waren schließlich strengstens voneinander getrennt, sodass eine Kuppelei doch gar nicht möglich gewesen wäre. Oder trug ein „Hochzeiter" dieses Seidentuch am Tage vor seiner Hochzeit, wenn er mit Freunden und Verwandten eine Art Junggesellenabschied im Hammam feierte?

Übrigens: Wenn auch nicht im Hammam, so finden sich wohl in Aleppo – wie auch in anderen Städten Syriens – ebenfalls wunderbare Architekturen des Mimar Sinan. Es wird berichtet, dass die Moschee Al-Khosrofiye aus den Jahren 1546/47 in irgendeiner Weise mit diesem Kuppelgenie zu tun hat. Aber das ist wieder eine andere Geschichte.

Jörg Esefeld

على خطى معمار سنان (١٤٩٠ - ١٥٨٨). أتيت قبل سنوات عديدة مرة أخرى إلى اسطنبول. قادني موضوع دراسة المباني التي شيدها، من بين أمور أخرى، إلى حمام من آواخر القرن السادس عشر: هندسة معمارية بالقبب وبالعديد من فتحات الضوء الصغيرة، رائعة وآية في العجب. «وكباحث مُتخصص بأعمال سنان»، دخلت طبعاً مزهواً وواثق الخطى وخرجت مُقوس الظهر وببشرة حمراء. ذكريات مؤلمة لا تنسى بقيت لديّ منذ ذلك الحين: قبضة المدلك ذي العضلات على بطن ساقي جعلتني من بعد أسير في الأزقة طول النهار بظهر مُقوس. أما المعالجة بقفازات من الإسفنج التي بدت ناعمة جداً لأول وهلة، فقد سببت لي بشرة حمراء مؤلمة. لم تُعكر هذه الذكريات إعجابي الكبير بفن عمارة سنان. في إحدى زياراتي لحلب، عاودتني الذكريات.
ليالي رطبة ساخنة رافقت إقامتي في حلب، إلى جانب مص دم بشكل دقيق للغاية تعرضت له أعضاء جسمي المكشوفة، وأمست أطرافي ضحية هجوم نفذته أسراب حشرات من فصيلة مصاصي الدماء. هذا النوع من البعوض غير المعروف بالنسبة لي حتى الآن، لم يكفّ عن نهشي وظلت كل قرصة مثل الوشم في عموم جسمي، أضف إلى أنه كانت لديه مناعة ضد أي نوع من المراهم والأعشاب. هكذا قضيت بعض الليالي وقد سيطر عليّ اليأس بشكل محموم: أضرب، أتقلب، أجلس من جديد، أمشي، أحك جسمي، أنتظر صباح اليوم التالي بفارغ صبر، إلى أن تختفي أخيراً مصاصات الدم الهائلة. ذات يوم دعاني أحد المرافقين، وهو يتقن الألمانية، لنذهب مع أبناء عمومته إلى حمام تقليدي يحبه رواده ويقع في وسط أحياء حلب الشعبية. قبلت دعوته بلطف، وعادت إلي بسرعة البرق ذكريات ما عشته في حمام اسطنبول.
بينما كنا نهبط درجات السلالم الكثيرة إلى الأسفل، داهمتني هذه المخاوف: في اسطنبول بعد التدليك الذي يشبه التعذيب لم أستطع الخروج من الحمام إلا بصعوبة، مع أنه في الطابق الأرضي. قلت هذا المكان سيكون ضريحي، حيث لا أملك القدرة على صعود الدرج مرة أخرى. عندما وصلنا إلى الاسفل، تسلم الذين رافقوني مناشف من طراز القماش الإسكتلندي أما أنا فأعطوني إزاراً غريباً من الحرير الذهبي اللامع. ضحك الجميع، لكنني لم ألحظ شيئاً. كنت أفكر بما ينتظرني من آلام كشط الظهر.
على الرغم من الضوء الخافت تمكنت من تغطية كل أطرافي. في الأماكن القليلة الخالية من الضباب كانت نظرات كلها شفقة تنظر إلى جسدي المنهك، لكن ترافقها إبتسامة مدرك السبب التي تظهر عندما ينظرون إلى منشفة الحمام الغالية.
أجرّ نفسي مُنحني الظهر قليلاً، تحسباً لما سيأتي، مُنتعلاً حذاءً للحمام من البلاستيك الأبيض الرمادي الخفيف، وأعبر ممرات على جوانبها قنوات مياه، منحدرة دائماً إلى الأسفل.
في هذه الأثناء إنتبهت إلى أنني الوحيد الذي يرتدي هذا الإزار الحريري. ربما كان المقصود من الإزار الذهبي اللامع تقدمة ثمينة للقبر؟
أخيراً وصلت إلى الغرفة الرئيسية الكبيرة. من خلال الضباب الخافت المُشبع بالبخار إكتشفت، بعيون مفتوحة على مصراعيها، يدا تلبس قفازاً من الإسفنج الكبير أعرف نظيره، ماتزال تبدو لينة، ولكن في غضون ثوان تحولت إلى سلاح، إلى مبرد. مع الارتعاش التام بَحثت بهدوء عن زاوية خفية آملاً أن يتكاثف الضباب ويبتلعني. ولكن انقشع الضباب أكثر بلا رحمة، وفهمت أن دوري حان الآن.
وقفت مُقوس الظهر - كضيف مُهذب - مستسلماً لا إراديا للتعذيب المخيف. إلى القفاز الإسفنجي انضمت قامة كبيرة كنت أتوقعها، قامة المدلك الذي أشار مبتسما إلى إزاري اللامع القماش: ربما بدأ هذا الجلاد البحث عن حل خبيث مؤذ. ثم هز رأسه مرتاعاً ولوح لي بآلة التعذيب بإشارة سلبية.
الآن فهمت: لقد أشار إلى جروحي الآتية من عالم الحشرات، ونصح لي أن أعالجها عند طبيب. كنت أكثر من سعيد، وآمنت مجددا بأنه لدي فرصة البقاء على قيد الحياة، وجلست مرة أخرى وأنا أتنهد بارتياح على مقعد الخطايا معزولا وكأنني مصاب بمرض خطير.
بعد أن حصل أكثر أبناء عمومة مُرافقي على ملذات الاستحمام، سُمح لي بالإستراحة على وسائد ومناشف في مقصورة مجهزة تجهيزاً جيداً. وقدموا لي الفواكه الطازجة والشاي، فيما أبناء العمومة يتبادلون بالصوت العالي القصص المضحكة. روى لي رفيقي هناك نكات لم أفهمها للأسف. لكني كنت طول الوقت أضحك لأنني كنت مرتاحاً لخلاصي من التعذيب وليقيني من أنهم لن يتركوني في هذا القبر تحت الأرض. هكذا استمتعت بالأجواء الرائعة، حتى لو كانت النكات لها علاقة بإزاري الحريري.
عدت بشيء من الزهو والبهجة متسلقاً الدرج. أخيراً أخبرني رفيقي الذي يتقن الألمانية مبتسماً إنهم أعطوني إزار «العريس». تابعت الضحك مع أنني لم أفهم ذلك تماماً. في نهاية المطاف كان الحمام منقسماً: انفصال تام بين الرجال والنساء، بحيث لامجال للتعارف تحت هذه القباب. أوتراه العريس يرتدي هذا الإزار قبل يوم زفافه عندما يحتفل مع بعض الإصدقاء والأقارب في الحمام بليلة وداع حياة العزوبية؟ حتى أنا تركت في سراديب هذه المدينة لغزاً: عريس بأوشام غريبة على الذراعين والساقين، حتماً لم يسبق له مثيل. ولعلهم مازالوا يتكهنون بشأنه إلى يومنا هذا.
بالمناسبة، إن لم يكن في الحمام، فهناك في مدينة حلب - كما في مدن سوريا أخرى- روائع من الهندسة المعمارية لمعمار سنان. ويُقال إن جامع الخسرفية المبني عام (١٥٤٦ - ١٥٤٧) له علاقة بطريقة ما بعبقري القباب. لكن تلك قصة أخرى.

يورغ اسيفيلد

Der Bezirksbürgermeister von
Al Djaloum, Mustafa Hadad
Hypothek, Verkauf, Vermietung
von Läden, Wohnungen,
Werkstätten
Telefon 3620623

The districht mayor of
Al Djaloum, Mustafa Hadad
Mortgage, Sale, Rent of
Shops, Apartments, Workshops
Phone 3620623

Verbindungen und ein Schild

Schaut man sich das Gewirr von Kabeln und Drähten auf dem Foto an, fragt man sich, wie Kommunikation in Aleppo wohl funktionieren kann. Improvisierte, frei verknüpfte Leitungen, Verbindungen, die nur erahnt werden können, Verständigungsschwierigkeiten, Wortfetzen, Sprachprobleme ...
Wir schauen uns an und fragen uns, wie Kommunikation auch im übertragenen Sinne funktionieren soll. Wir – das ist eine Gruppe von Studierenden der Hochschule in Nürtingen, die hier mit Studierenden aus Damaskus und Aleppo zusammentreffen und gemeinsam arbeiten soll. Wir suchen nach einer gemeinsamen Sprache, verknoten unsere Muttersprachen mit Englisch – wie die Leitungen in der Stadt.
Wir lernen, miteinander zu arbeiten, überspannen Sprachbarrieren und kulturelle Unterschiede, feiern zusammen, verständigen uns und lernen dabei die jeweils andere Kultur kennen. Neugier, Offenheit und Gastfreundschaft prägen die Begegnungen, und indem wir das Fremde sehen, schärfen wir den Blick auf das Eigene. Wir nehmen Neues wahr und stellen Bekanntes infrage. Der Blick auf unsere Heimat verändert sich plötzlich genauso wie unser Blick auf Aleppo und die überall sichtbaren Leitungen. Wo wir hinschauen, hängen diese Kabel im Hintergrund, spannen sich aber auf jedem Foto in den Vordergrund. Schwarze, frei hängende Linien vor gelbem Aleppiner Stein, jedes feinsinnige architektonische Muster von Gebäuden und Denkmälern mit kühnem Strich überzeichnend, durchschneiden sie die Stadt. Anfangs als störend empfunden, Fremdkörper im mit vorgefasster Meinung besetzten Raum, werden sie von Tag zu Tag mehr zu Linien der Verknüpfung – und damit für uns zum Sinnbild der eigenen besseren Verständigung mit den Menschen Aleppos und unserer Vernetzung mit der Stadt. Das geht so weit, dass wir uns schließlich beinahe wie zu Hause fühlen und uns vorstellen können, dass Mustafa Hadad, der Bürgermeister von Gallum, uns tatsächlich bei der Vermittlung eines Hauses, Geschäfts oder Betriebs helfen wird, wie er auf dem Schild schreibt.
Wir kamen als Fremde, fühlen uns als willkommene Gäste und wer weiß, vielleicht sind die manchmal noch improvisierten Verknüpfungen ja doch dauerhaft wie die Kabel über der Stadt und es entstehen Freundschaften zwischen den deutschen und den syrischen Studierenden.
Die Voraussetzungen sind jedenfalls geschaffen, im übertragenen Sinn wie ganz real in all den Kommunikationsleitungen, die über Grenzen hinweg Menschen miteinander verbinden. Linien und Kurven, Knoten und Schleifen, die berichten von neuen Bedürfnissen in der historischen Stadt, von Menschen, die im Alten das Neue leben, Menschen an der Schnittstelle zwischen Vergangenheit und vernetzter Zukunft.

Siegfried Gaß

Connections And A Sign

If you look at the snarl of cables and wires in the picture, you ask yourself how there can be any communication in Aleppo at all. Gerryrigged, openly connected lines, connections that can only be imagined, difficulties in communication, snippets of the conversation, language difficulties, ...
We look at ourselves and ask how communication can even work in a figurative sense. We – that is, a group of college students from the college in Nürtingen are supposed to meet and work together here with students from Damascus and Aleppo. We look for a common language, tie our mother tongues with English – like the cable lines in the city.
We learn to work together, bridge language barriers and cultural differences, party together, make ourselves understood, and all the while get to know one another's cultures. Curiosity, openness, and hospitality characterize the meetings and, by looking at what is strange, we sharpen the focus on our own. We become aware of new things and call into question what is familiar.
The view of our own country suddenly changes just as our view of Aleppo and the cables visible everywhere. Wherever we look, these cables hang in the background, but they are drawn across the front of every photo. Black, loose lines in front of yellow Aleppine stone, drawn over every subtle architectural model of buildings and monuments with a bold line, transect the city. At first, we think they irritate us like foreign objects in the room of our preconceived opinion, but, day by day they become more lines of contact – and thereby an illustration of our own better understanding with the people of Aleppo and our connection to the city. In the end, we almost feel at home here and we can imagine that Mustafa Hadad, the mayor of Gallum, will really help us in contacting a house, business or company, as he writes on the sign.
We came as foreigners, we now feel like welcome guests and, who knows, perhaps the sometimes still gerryrigged connections are as permanent as the cables across the city and friendships develop between German and Syrian students.
The conditions have at least been created, in a figurative sense as well as literally, in the lines of communication that tie people together beyond borders. Lines and curves, knots and loops that tell about new needs in the historic city, of people who live the new in the old, people who are at the interface between the past and a networked future.

Siegfried Gaß

Mein Aleppo

Erste Bekanntschaft

1964 brach ich zu einer Anhalter-Tour auf, die mich bis nach Pakistan brachte. Ich hatte zehn Jahre als Optiker gearbeitet, gerade mein Abendabitur bestanden und beschlossen, mit einer einjährigen Reise einen klaren Schnitt zwischen meinem Leben bis vierundzwanzig und dem Leben danach zu machen. Meine Zukunft sollte die Welt des Theaters sein, aber als ich nach langer, anstrengender Reise in Aleppo ankam, änderte sich alles.

Fast eine Woche verbrachte ich in der Stadt, war beeindruckt von der fremden, aber doch vertraut wirkenden Formenwelt ihrer Bauten, dem einzigartigen Basar mit seinen endlos wirkenden, überwölbten Gassen und dem Blick aus den Cafés unterhalb der Zitadelle auf ihren Eingangsbau, die dorthin führende Brücke und die verschiedengestaltigen Türme ihrer Mauer. Das alles gab mir Grund zum Nachdenken und zum Vergleichen, zum Fragen, was unsere europäische Architektur von der islamischen unterscheidet – und was sie mit ihr verbindet. Auf der Weiterreise von Aleppo über Damaskus und Bosra nach Jerusalem wurde ich immer nachdenklicher und fasste nach wenigen Tagen des Erkundens und Sehens den Entschluss, meine Reise zu verkürzen und in Deutschland das Studium der Orientalistik zu beginnen. Ich sollte das bis heute nicht bereuen.

Es folgten Studienjahre in unterschiedlichen Ländern, bis ich im Winter 1968/1969 im Orient-Institut der Deutschen Morgenländischen Gesellschaft als studentische Hilfskraft „überwinterte“ und an der Université Saint-Joseph und der American University studierte. Freundschaften entstanden und nach meiner Promotion konnte ich 1970 als wissenschaftlicher Referent am Orient-Institut beginnen. Neben der ländlichen Architektur des Libanon beschäftigte ich mich mit der frühislamischen Architektur in Syrien und Jordanien.

Vom Staunen zum Verstehen: Das Inschriften- und das Aleppo-Buch

Als Epigrafiker begleitete ich ein Team des Deutschen Archäologischen Instituts Kairo, das sich mit der mameluckischen Architektur Syriens befasste. Das gab mir die Gelegenheit, ja zwang mich dazu, die Altstadt von Aleppo systematisch Gasse für Gasse abzulaufen und nach noch nicht bekannten arabischen Inschriften zu suchen. Dies gewährte mir einen völlig neuen Blick auf die Stadt, die Architektur und die Geschichte. Ein gemeinsames Projekt mit Eugen Wirth über die Altstadt von Aleppo und ihre mittelalterlichen Erweiterungen war die Folge und dieses Buch sollte mir in der Altstadt von Aleppo wieder begegnen.

Inzwischen war ich auf eine Professur an der Universität Tübingen berufen worden und mit dem Aufbau eines neuen Studienfachs, Forschungsaufenthalten im Iran und in Afghanistan und intensiver Mitarbeit am *Tübinger Atlas des Vorderen Orients* (TAVO) ausgelastet. Das änderte sich 1986 mit der Entscheidung, Aleppo tiefer zu erforschen.

Ins Innere: Bab al-Hadid

Während Eugen Wirth und ich den öffentlichen Bereich der Stadt gründlich erforscht hatten, wollten wir nun im Rahmen eines Dissertationsprojektes über die Mauern – oder hinter die Türen – sehen. Ziel der Arbeit war es, ein ganzes Wohnviertel systematisch zu erforschen. Ein Viertel im Nordosten der Altstadt innerhalb und außerhalb des Nordosttores Bab al-Hadid, das einen relativ intakten Eindruck machte, wurde als Untersuchungsgebiet gewählt. Mehr in die Tiefe einer Stadt, in den Privatbereich der Familien vorzustoßen bedeutete aber, dass wir das Vertrauen oder zumindest die Duldung der Einwohner gewinnen mussten. Wir waren hoffnungsvoll, als wir eine gewisse distanzierte Duldung erfuhren, und am letzten Tag unseres „Probelaufs“ öffnete ein junger Mann die Tür seines Elternhauses, tief am Ende eines Sackgassensystems. Er sprach uns in gutem Französisch an, sagte, dass es sich im Viertel herumgesprochen hätte, dass wir Häuser von innen sehen wollten, und lud uns in das bescheidene Haus seiner Familie ein. Er führte uns in ein kleines Zimmer voll mit französischen Büchern. Er zog eine Fotokopie eines Buches mit dem Titel *Aleppo* aus dem Regal und zeigte uns im Gegensatz zu unseren abgegriffenen Kartenkopien viel bessere Karten aus dem Buch. Ich sagte: „Das Buch habe ich mitverfasst!“ Unser Gastgeber war beeindruckt. Shukri Dabbagh al-Jemal, heute Professor an der Universität von Aleppo, wurde unser Schlüssel zum Quartier.

So gerüstet begannen wir im darauf folgenden Jahr eine systematische Aufnahme des Quartiers. Trotz der Unterstützung durch die Breuninger-Stiftung brauchten wir eine Unterkunft, die uns von Wahid Khayyata, dem damaligen Direktor der Antikenverwaltung von Aleppo, gewährt wurde. Es war ein alter osmanischer Polizeiposten, direkt innerhalb des Bab al-Hadid, des mittelalterlichen nordöstlichen Stadttores, bei dem zunächst Schutt ausgeräumt, das Glas in den Fenstern ersetzt und die Elektrizität auf einen benutzbaren Stand gebracht werden musste. Anette Gangler und Mathias Bückle, der für die Befragungen vor Ort zuständig war, konnte ich überraschen: Wir lebten in einer Art orientalischem Hofhaus aus dem 19. Jahrhundert mit einem großen Hof und einem kleineren Gartenhof mit Brunnen und einem wunderschönen Maulbeerbaum sowie drei großen Räumen zum Arbeiten und Schlafen. Die Lage des Hauses machte uns bald zu akzeptierten „Bewohnern“ des Quartiers.

Über Shukri lernten wir seinen Kindheitsfreund Mohammad Abu Amsheh kennen, Sohn des traditionellen Führers *(Zaim)* des Quartiers. Mohammad war ein echter „Ibn al-Hara“ (Sohn des Quartiers). Seine Kenntnis des Quartiers und seiner Menschen, ihrer Sitten und Bräuche, ihres (Aber-)Glaubens, ihrer religiösen Praktiken und ihrer Küche, um nur einiges zu nennen, lehrten uns vieles. Mohammad klopfte an eine Tür und die Tür öffnete sich, und so unterstützt gelang es uns, in wenigen Monaten das gesamte Quartier sowohl zeichnerisch wie durch Befragungen aufzunehmen.

Seif ed-Daule

Von unserer Arbeit offenbar begeistert, führte Wahid Khayyata mich eines Tages in das Quartier Al-Farafra nördlich der Großen Moschee. In diesem ehemaligen Notablen-Viertel stand ein heruntergekommener, leer stehender ehemaliger Altstadtpalast, der unter dem Namen Madrasa Seif ed-Daule bekannt war und als Schule gedient hatte. Der Hof war von hüfthohem Gras und Buschwerk überwachsen, die Dächer waren eingestürzt, die großen Räume durch hässliche Zwischenwände aufgeteilt und der große Hof-*Iwan* zugemauert. Es war ein schmerzlicher Anblick. Ein glücklicher Umstand brachte es mit sich, dass wir, Anette Gangler und ich, zusammen mit einigen Aleppiner Notablen und dem Deutschen Botschafter zu einem Abendessen im Haus des damaligen deutschen Honorarkonsuls eingeladen waren. Dank dieser Kontakte war es möglich, Kulturhilfemittel zu beantragen, und der Gebäudekomplex konnte instandgesetzt werden. Sonst würde vielleicht noch heute Gras im Hof der Madrasa Seif ed-Daule wachsen. Das Gebäude ist jetzt Sitz der Verwaltung des Altstadt-Sanierungsprojekts.

Das Aleppo-Projekt und der Aleppo-Verein

Über die Zeit hatten sich unsere Verbindungen und Freundschaften in Aleppo erweitert und gefestigt. Adli Qudsi war zu einem engen Freund geworden. Mit ihm nahmen wir uns etwas vor, was zum „Aleppo-Projekt" werden sollte. Adli arbeitete und kämpfte auf der syrischen Seite und ich mühte mich auf der deutschen Seite. Es war ein langer Weg, geprägt von Rückschlägen und Glück, bis die Idee der Erhaltung der Altstadt von Aleppo zu einem deutsch-syrischen Kooperationsprojekt zur Erhaltung der Altstadt von Aleppo wurde.
Um unserem Bemühen in Deutschland etwas mehr Gewicht zu geben, gründeten wir den Verein „Freunde der Altstadt von Aleppo". Ziel war es, Werbung für die Altstadt von Aleppo zu machen und über Mitgliedsbeiträge und Spenden Kapital anzusammeln. Mit nur kleinen Beiträgen konnten wir uns gezielt für Teilprojekte einsetzen, da unsere Hoffnungen auf reiche Spenden durch die deutsche Wiedervereinigung durchkreuzt wurden. Die GTZ hingegen und ihre später als Projektleiter von der GTZ entsandten Experten bauten in Zusammenarbeit mit der Stadt Aleppo ein Altstadtbüro auf und führten beispielhafte Maßnahmen zur Erneuerung der Altstadt von Aleppo durch.

Khan al-Burghul und das Dokumentenprojekt

1987 traf ich Marion und Peter Sluglett. Sie hatten damals den Plan, sich auf die Sozial- und Wirtschaftsgeschichte Aleppos zu konzentrieren, und hatten zu den Familien Antaki und Marrache Kontakt aufgenommen. Im Besitz der Antakis befand sich das Archiv der alten Aleppiner Kaufmannsfamilie Marcopoli. Eigentum der Familie Marrache war das Poche-Archiv. Manche Dokumente gingen bis in das 16. Jahrhundert zurück. Beide Archive waren ungeordnet, teils in Säcken und Kisten verstreute Bündel von Korrespondenzen und einzelnen Schriftstücken, teils gebundene Korrespondenzbücher, Kontobücher und anderes mehr. Ziel war es, die in den Familienarchiven enthaltenen Dokumente physisch zu bewahren, zu ordnen, zu katalogisieren und ansatzweise auszuwerten und im Khan al-Nahasin, einem frühosmanischen Khan mitten im Suq von Aleppo, in einigen Räumen der ehemaligen Konsulwohnung der Familie Poche ein modernen Anforderungen entsprechendes Archiv aufzubauen.
Was fehlte, war eine finanzielle Förderung. Dank Mitteln der Volkswagen-Stiftung konnte dieses Archiv, dessen Leiter Dr. Rüdiger Klein war, eingerichtet werden. Die Dokumente waren somit zugänglich für Studenten und Doktoranden, die damit die Geschichte Aleppos weiterschreiben und das Wissen um diese faszinierende Stadt an nächste Generationen weitergeben können.

Das ist kurz „mein" Aleppo. Inzwischen bin ich wissenschaftlich nach Oman und Ostafrika „abgewandert".

Heinz Gaube

My Aleppo

First Acquaintance

In 1964 I began a hitch-hiking tour that took me all the way to Pakistan. I had worked already ten years as an optometrist, had just finished my university entrance exam, and decided to make a clean break between my life until age twenty-four and life afterwards by taking a one-year trip. My future was to be the world of theater, but when I arrived in Aleppo after a long, strenuous journey, everything changed.
I spent almost a week in the city, was impressed by the strange, yet somehow familiar appearance of the form world of its buildings, the unique Bazaar with its seemingly endless, arched over alleys and the view from the cafes below the Citadel onto its entry building, the bridges that lead to it, and the differently shaped towers of its wall. All of this gave me pause for reflection and for comparison, for asking myself what makes our European architecture different from Islamic architecture – and what bonds the two. Traveling on from Aleppo via Damascus and Bosra to Jerusalem, I became more reflective and, after a few days of finding out and seeing more, I decided to cut short my journey and begin Oriental studies in Germany. I have not regretted that ever since.
What succeeded were years of study in different countries until I spent the winter of 1968/1969 in the Orient Institute of the German Oriental Society (Deutsche Morgenländische Gesellschaft) as a student assistant and studied at the Saint Joseph University and at the American University. Friendships developed and after my doctorate I was able to begin in 1970 as an academic instructor at the Orient Institute. Besides the rural architecture of Lebanon, my interests lay in early Islamic architecture in Syria and Jordan.

From Amazement to Understanding: The Book of Inscriptions and the Aleppo Book

As an epigrapher, I accompanied a team of the German Archaeological Institute of Cairo that was dealing with the Mameluke architecture of Syria. This gave me the opportunity, even compelled me to systematically walk through the Old City of Aleppo, alley for alley and to look for not yet discovered Arabic inscriptions. This granted me a completely new way of looking at the city, the architecture, and the history. A joint project with Eugen Wirth on the Old City of Aleppo and its Medieval expansions was the result and this book was bound to meet me again in the Old City of Aleppo.
In the meantime, I had been called to a position as professor at the University of Tübingen and so I had my hands full with the job of building a new department, spending research stays in Iran and Afghanistan as well as involvement in intense cooperation on the *Tübinger Atlas des Vorderen Orients* (TAVO). All of this changed in 1986 with the decision of researching Aleppo more deeply.

Into the Interior: Bab al-Hadid

As Eugen Wirth and I had already thoroughly researched the public area of the city, we then wanted to see, in the context of a dissertation project, over the walls or behind closed doors. The goal of the work was to systematically research an entire neighborhood. One neighborhood (quarter) in the northeast part of the Old City inside and outside the Northeast gate Bab al-Hadid, which made a relatively intact impression, was selected as the area for investigation. But, to advance more into the interior of a city, into the private sphere of families, meant that we had to win the trust or, at least, the tolerance of the residents. We were optimistic when we experienced a certain distant tolerance and, on the last day of our "test run", a young man opened the door of his parents' house, at the far end of a cul-de-sac. He spoke to us in good French and said that word had spread in that neighborhood that we wanted to see the homes from the inside and so he invited us in to the modest house of his parents. He led us into a small room full of French books, pulled off a photocopy of a book with the title *Aleppo* from the shelf and showed us, in contrast to our poor copies of maps, much better maps from the book. I exclaimed: "I co-authored that book!" Our host was impressed. Shukri Dabbagh al-Jemal, today professor at the University of Aleppo, was our key to unlock the neighborhood.
Equipped in this way, we began in the year that followed a systematic survey of this quarter. Despite the support given by the Breuninger Foundation, we still needed an accommodation, which was afforded us by Wahid Khayyata, then director of the artifact administration of Aleppo. It was an old Ottoman police station, directly inside the Bab al-Hadid, the Medieval northeast gate of the city from which at first debris had to be removed, glass replaced in the windows, and electricity had to be brought to a useable condition. I was able to surprise Anette Gangler and Mathias Bueckle, who was responsible for the local arrangements: we stayed in a kind of Oriental *villa rustica* (courtyard house) from the 19th century with a big courtyard and a smaller garden courtyard with fountains and a wonderful mulberry tree as well as three big rooms for work and sleep. The location of the house soon made us accepted "residents" of the quarter.
Through Shukri we got acquainted with his childhood friend Mohammad Abu Amsheh, son of the tradtional leader *(zaim)* of the neighborhood. Muhammad was a real "Ibn al-hara" (son of the quarter, or native son). His knowledge of the neighborhood and of his people, their habits and customs, their faith (or superstitions), their religious practices, and their cuisine, just to name some, taught us much. Mohammed knocked on a door and the door opened and with this support, we succeeded in surveying the entire quarter in only a few months both with drawings as well as through questions.

Seif ed-Daule

Obviously excited by our work, Wahid Khayyata led me one day into the Al-Farafra Quarter north of the Grand Mosque. In this former neighborhood of notables stood a decrepit, empty former Old City palace, which was known by the name Madrasa Seif ed-Daule and had served once as a school. The courtyard was overgrown by waist-high grass and bushes, the roofs were caved in, the large rooms were separated by ugly-looking partitions and the large courtyard *iwan* was walled in. It was a painful sight. A fortunate circumstance occurred that we, Anette Gangler and I, were invited with some Aleppine notables and the German ambassador to dinner in the house of the then German honorary consul. Thanks to these contacts it was possible to apply for cultural aid support and the building complex could be repaired. Otherwise grass would perhaps still be growing in the courtyard of the Madrasa Seif ed-Daule. The building is now the seat of the administration of the Old City Renovation Project.

The Aleppo Project and the Aleppo Association

Over time our connections and friendships in Aleppo were expanded and deepened. Adli Qudsi had become a close friend. With him we undertook something that would become the "Aleppo Project". Adli worked and fought on the Syrian side and I made efforts on the German side. It was a long road, shaped by setbacks and good fortune, until the idea of the preservation of the Old City of Aleppo became a German-Syrian cooperation project for the Preservation of the Old City of Aleppo.
To give our efforts in Germany a bit more weight, we founded the association "Friends of the Old City of Aleppo". Our goal was to advertise for the Old City of Aleppo and collect money from membership fees and donations. With only a few contributions we were able to give focus support for partial projects as our hopes for larger donations were dashed by German Reunification. However, the GTZ and their experts, sent later as the project leaders by the GTZ, built an Old City office together with the City of Aleppo and took exemplary actions for the renewal of the Old City of Aleppo.

Khan al-Burghul and The Documents Project

I met Marion and Peter Sluglett in 1987, who then had the plan to concentrate on the social and economic history of Aleppo and had made contact with the Antaki and Marrache families. The archive of the old Aleppine merchant family Marcopoli was in the possession of the Antakis and the Poche Archive was the property of the Marrache family. Some documents went back to the 16th century. Both archives were disorganized, though, in part scattered bundles of correspondence and individual pieces of writing in sacks and boxes, in part correspondence notebooks, accounting ledgers, and more other things. The goal was to physically preserve the documents contained in the family archives, to organize, catalogue and to begin to evaluate them and, finally, to build up an archive to serve modern needs in the al-Nahasin Khan, an early Ottoman Khan in the middle of the Souq of Aleppo, in some rooms of the former consular dwelling of the Poche family.
What was lacking was financial sponsorship. Thanks to the support of the Volkswagen foundation, this archive, led by Dr. Rüdiger Klein, could be set up. The documents were thereby made accessible for students and doctoral students furthering writing on the history of Aleppo and passing on the knowledge about this fascinating city to future generations.

In brief, that is "my" Aleppo. In the meantime, I have "migrated on" to Oman and East Africa in my scholarly work.

Heinz Gaube

Aleppo lieben

Wenn man Aleppo liebt, liebt man jeden einzelnen Teil davon. Zuerst natürlich die Ansicht dieser so alten und reichen Stadt, die Bilder der Zitadelle, des Suq, der Moschee zum Beispiel. Dann taucht man in die verschiedenen Quartiere ein, nimmt weitere vielfältige Details war. Doch diese Stadt lebt gerade nicht nur durch ihre schönen Bilder, so sehr sich diese fast aufdrängen. Denn nach und nach schleichen sich immer mehr Geräusche, Töne und Klänge ins Bewusstsein ein, werden intensiver und prägen plötzlich genauso das Gesicht der Stadt. Man hört die vielen Vögel, fliegt gleichsam mit ihnen, lauscht Sabah Fakhris Liedern und tanzt zu ihnen, bemerkt den Klang der eigenen Schritte, die an den Wänden der engen Gassen harmonisch widerhallen. Dazu fallen Regentropfen, manchmal leicht, manchmal schwer, und lassen uns am Ende zurück in einer Luft, welche alle Sinne erfrischt. Man nimmt die beglückt gurrenden Tauben wahr, die vom Wasser trinken, das sich auf den Hausdächern gesammelt hat. Dann beginnt noch der Muezzin mit schöner Stimme zum Gebet zu rufen. Es ist eine einzigartige Sinfonie, die den Geist und die Sinne anspricht, eine bezaubernde Kombination von Klängen, die unwirklich scheint und doch Realität ist. Dann beginnt die Zeit der Stille. Die Natur schläft, bis mit jedem nächsten Sonnenaufgang eine neue Sinfonie dieser Lebensfreude Aleppos erklingt.

M. Ammar Ghazal

Loving Aleppo

If you love Aleppo, you love every single part of it. First, of course, you love the look of this so old and wealthy city, the images of the Citadel, the Souq, and the Mosque, for example. Then, you dive into the different quarters and appreciate further diverse details. Yet, this city does not just live from its pretty images, as much as these almost press themselves upon you. Gradually, more and more noises, tones, and sounds creep into your consciousness, become more intense and suddenly they define the face of the city just as much. You hear the many birds, you fly together with them, listen to Sabah Fakhris' songs and dance to them, you notice the sound of your own steps that echo in harmony on the walls of the narrow streets. Raindrops fall as well, sometimes lightly, sometimes heavily, and in the end, they leave us behind an air that refreshes all the senses. You hear the happy cooing pigeons that drink the water that has collected on the rooftops of houses. Then, the muezzin begins the call to prayer with a beautiful voice. It is a unique symphony that speaks to the spirit and to the senses, a charming combination of sounds that seems surreal and yet is reality. Then, the time of tranquility begins. Nature sleeps until, with every next sunrise, a new symphony of this zest for life of Aleppo sounds.

M. Ammar Ghazal

Neujahrsempfang, Aleppo, 1.1.2011 (v. r. n. l.):
Erzbischof Jean-Clément Jeanbart (katholisch),
S. E. Sheikh Dr. Hassoun (Großmufti Syriens),
Bischof Antoine Audo (chaldäisch), Bischof
Mgr. Boutros Marayati (armenisch-katholisch),
Dr. Maan Chibli (Bürgermeister Aleppo),
Bischof Anis Abi Ad (maronitisch, nicht im Bild)

إستقبال العام الجديد, حلب, ٢٠١١/١/١ (من اليمين إلى اليسار):
رئيس الأساقفة جان كليمون جان بارت (كاثوليك) / معالي الشيخ الدكتور حسون (مفتي سوريا), المطران انطوان عودو (الكلدان), المطران بطرس المراياتي (الأرمن - الكاثوليك), الدكتور معن شبلي (رئيس بلدية حلب), المطران أنيس أبي (المارونية, ليس في الصورة).

Begegnungen am Neujahrstag

In Syrien gibt es elf christliche Konfessionen, die seit jeher ihren Ritus frei und uneingeschränkt ausüben. Man hört Kirchengeläut, und zu Ostern drängen sich Schaulustige in den engen Gassen der Altstadt von Jdeideh, um einen Blick auf die feierlichen Prozessionen mit Pauken und Fanfaren und mittelalterlich prunkvoll anmutenden bischöflichen Gewändern zu erhaschen.
Es gibt keinen Dialog der Kulturen in Syrien, kein angestrengtes Integrationsgerangel. Als ich meinen Nachbarn am Nebentisch im Teehaus dazu befrage, sagt er: „Wozu? Das brauchen wir hier nicht. Wir sind doch alle Syrer. Der Rest ist Privatsache – und das war schon immer so." Eine ältere Dame mischt sich in das Gespräch ein: „Ich war vielleicht acht Jahre alt, als ich meine Mutter fragte, warum es bei unserer Nachbarin – der Mutter meiner besten Freundin – ein bestimmtes, köstliches Gericht gab, das wir selbst nie zubereiteten. Sie sind Christen, und das ist eine Weihnachtsspeise, die es bei uns nicht gibt, antwortete meine Mutter, und so begriff ich erstmals, dass meine Freundin nicht Muslima, sondern Christin war."
Neujahrstag, 18 Uhr. Der Platz Tawhid liegt mitten im Stadtzentrum, unweit des von gediegenen Restaurants gesäumten Flusses Queiq. „Tawhid" bedeutet Einheit, und so teilen sich die Moschee – ein stattlicher Kuppelbau mit vier weithin sichtbaren Minaretten – und die nicht weniger stattliche chaldäische Kirche, die gleichzeitig Bischofssitz ist, einträchtig den Standort.
Die Kirche ist voll, überfüllte Bänke, dichtes Gedränge in den Gängen, in den ersten Reihen unter den Honoratioren zahlreiche Bischöfe. „Ich freue mich sehr, den Großmufti der Syrisch-Arabischen Republik, S. E. Sheikh Dr. Ahmad Badr al-Din Hassoun, seine Freunde und seine Delegation heute am Neujahrstag in unserer Kirche begrüßen zu dürfen", beginnt der chaldäische Bischof Antoine Audo seine Ansprache. „In Syrien ist es Brauch, dass die Christen den Muslimen an hohen Festtagen gratulieren. Und heute gratulieren uns die Muslime hier in unserer Kirche, denn Religionen sind wichtige Bausteine zum Aufbau des Friedens. In einer Welt, in der die Sprache der Gewalttätigkeit herrscht, reicht der Großmufti seine Hand zum Frieden und hat einen religiösen Dialog begonnen, der auf Vernunft und Verstand basiert, auf dem Gespräch der Nationen miteinander und nicht auf der Gewalt gegeneinander. Hören wir nun die hochwillkommene Ansprache von S. E. Sheikh Dr. Hassoun."
„Im Namen Gottes, der uns schuf, zu dem wir alle zurückkehren, im Namen Gottes, der uns den Weg des Friedens aufgezeigt hat, im Namen Gottes, der den Menschen die Liebe lehrte, im Namen Gottes begrüße ich Sie, liebe Brüder Bischöfe, hier in Gottes Haus."
Der Großmufti beginnt seine Rede mit der Schilderung der Tagesereignisse – den Anschlägen auf die beiden Kirchen in Bagdad und Alexandria. Diese Kirchen seien für den Frieden erbaut worden, den Tätern aber ginge es um Terror. Unmittelbar neben der Kirche in Alexandria stehe eine Moschee, die ebenfalls beschädigt sei, und auch Muslime seien verletzt worden. Es sei Blut geflossen, von Christen und Muslimen gleichermaßen.
Sheikh Dr. Hassoun ist nicht nur der höchste islamische Rechtsgelehrte Syriens, sondern auch oberster Vorsitzender des Welt-Fatwa-Rates, als der er sich für Reformen einsetzt. So gab er unlängst das Mufti-Amt für Frauen frei und sorgte für entsprechende Ausbildungsplätze. Er hat einen römisch-katholischen Berater und einen armenischen Übersetzer. Im Westen ist er ein hochwillkommener Gesprächspartner und bekannt als herausragender Verfechter des religiösen Dialogs. Vor dem Europäischen Parlament konstatierte er: „Es gibt nur eine einzige Religion, und die stammt von Gott." Aber diese eine Religion gebe es in großer Vielfalt, und so stünden die zahlreichen Propheten nicht für den Aufbau von Splittergruppen und Feindschaft, sondern für den Aufbau von Liebe und Frieden. „Ich glaube nicht an den Heiligen Krieg – Friede ist das einzige, was heilig ist, und niemand darf die Religion missbrauchen, um zu töten. Vielmehr muss jeder das Leben unterstützen", sagte er in seiner Rede, für die er mehrere Doktorwürden erhielt.
„Die Region von Sham ist die Wiege der drei Religionen", sagt der Großmufti heute am Neujahrstag, „und in Syrien gehören Christen, Muslime und Juden zusammen. Unser Land ist das Land der Propheten, sie alle wirkten hier im heiligen Tal Tur, in der Stadt Ur, in Jerusalem, Mekka: Moses, Abraham, Mohammad – und Jesus. Jesus war Gottes Wort, und dieses Wort war Frieden. Friede besteht aber nicht aus Buchstaben, sondern impliziert Geist, Verstand, Körper und Herz. Wir alle sind Kinder Jesu – also schließt Frieden!"
Ein alter Mann in einer der hinteren Reihen erhebt sich: „Ich bin Christ", sagt er leise mit dünner Stimme, „und Sie, Sie sind mein Mufti!" In der zweiten Reihe gleich hinter den Bischöfen sitzt eine Ordensschwester. Um Haltung bemüht, wischt sie schnell ein paar Tränen fort.

Kathleen Göbel

لقاءات في السنة الجديدة

في سوريا إحدى عشرة طائفة مسيحية تمارس طقوسها منذ القدم بحرية ودون قيود. أجراس الكنائس تُسْمَع في المدينة. وفي عيد الفصح يحتشد الناس في الشوارع الضيقة في حي الجديدة في المدينة القديمة لمشاهدة المواكب الإحتفالية بالطبول والأبواق ولإلقاء نظرات على أثواب الأساقفة المزركشة الجميلة.
لا وجود في سورية لموضوع «الحوار بين الحضارات» ولا خلاف حول «مسألة الإندماج». عندما سألت الجالس إلى جواري في المقهى عن سبب ذلك، أجاب: «لماذا؟ نحن لسنا بحاجة إلى ذلك هنا. كلنا سوريون سواسية والاعتقاد مسألة خاصة. هكذا كان الحال دائماً». سيدة متقدمة في العمر تدخلت في الموضوع: «كان عمري ربما ثماني سنوات عندما سألت والدتي لماذا عند جارتنا - التي هي والدة أعز صديقة لي - أكلة لذيذة لا نطبخها نحن؟ أجابت أمي: «إنهم مسيحيون وهذه أكلة عيد الميلاد لديهم، التي لا وجود لها عندنا». وهكذا عرفت لأول مرة أن صديقتي ليست مسلمة وإنما مسيحية».
في يوم عيد رأس السنة، الساعة السادسة مساء. تقع ساحة التوحيد في وسط المدينة، بالقرب من نهر قويق المُسيح، حيث تصطف المطاعم الأنيقة. في التوحيد يتقاسم المكان مسجد مُقبب فخم له أربعة مآذن مع كنيسة كلدانية ليست أقل فخامة وهي أيضا مقر الأسقف.
كانت الكنيسة في هذا اليوم عامرة تغصّ بالمصلين. حشود في الممرات، وفي الصفوف الأولى جلس بين الوجهاء أساقفة كثيرون. بدأ المطران الكلداني أنطوان عوده خطبته بقوله «يسعدني كثيراً أن أرحب بمفتي الجمهورية العربية السورية معالي الشيخ الدكتور أحمد بدر الدين حسون، وبأصدقائه وبالوفد المرافق له، اليوم في عيد رأس السنة الجديدة في كنيستنا» وأضاف المطران: «من المعتاد في سوريا أن يهنيء المسيحيون المسلمين في أعيادهم الكبيرة. واليوم يهنؤنا المسلمون هنا في كنيستنا. الأديان ركائز مهمة لبناء السلام. في عالم حيث لغة العنف هي المسيطرة يمد المفتي يده للسلام. لقد بدأ بحوار ديني مبني على المنطق والعقل وعلى التخاطب بين الأمم وليس على العنف المتبادل. دعونا الآن نستمع إلى كلمة سعادة الشيخ الدكتور حسون».
«بسم الله الذي خلقنا والذي سنرجع جميعا اليه، بسم الله الذي يدلنا على طريق السلام، بسم الله، الذي علّم الناس الحب. بسم الله، «أحييكم، أيها الإخوة الأساقفة هنا في بيت الله». بدأ المفتي كلمته بسرد الأحداث اليومية - الهجمات على كنيستين في بغداد والاسكندرية. لقد شُيدت هذه الكنائس من أجل السلام، لكن الجناة أرادوا الإرهاب. بجوار الكنيسة في الاسكندرية يوجد مسجد دُمر أيضا وأصيب المسلمون. هناك سالت دماء المسيحيين والمسلمين سوية».
الشيخ الدكتور حسون ليس فقط أكبر علماء الشريعة الإسلامية في سوريا، وإنما أيضاً رئيس مجلس الفتوى العالمي، كما أنه يدعو إلى الإصلاح. وقد وافق مؤخراً على منح المرأة حق الفتوى، وتوفير الدورات التدريبية المناسبة لذلك. لديه مستشار مسيحي كاثوليكي ومترجم أرمني. مُرحب به للغاية في الغرب كمحاور، وهو معروف كداعية بإمتياز للحوار بين الأديان. صرّح أمام البرلمان الأوروبي قائلا: «ليس هناك سوى دين واحد، وهو من عند الله». لكن هذا الدين موجود في التعددية الكبيرة، فإن الأنبياء غير معنيين بنشوء جماعات منشقة عدائية، وإنما بتنمية روح المحبة والسلام. «لا أومن بالحروب المقدسة - السلام هو الشيء الوحيد المقدس، ولا يحق لأحد إستغلال الدين للقتل. بدل ذلك، يجب على كل واحد أن يُناصر الحياة»، هذا ماقاله في كلمته، التي من أجلها حصل على الدكتوراه عدة مرات.
«إن منطقة الشام هي مهد الديانات الثلاث»، يقول اليوم المفتي العام في عيد رأس السنة الجديدة، «وفي سوريا المسيحيون والمسلمون واليهود متآليفين. بلادنا هي أرض الأنبياء، وعملوا جميعاً هنا في تل تور المقدس، في مدينة أور، في القدس ومكة: موسى، إبراهيم، محمد و يسوع. كان يسوع كلمة الله، وكانت الكلمة السلام. السلام لايتكون من أحرف وإنما يعني الروح والعقل والجسم والقلب. نحن جميعاً أبناء يسوع، لذلك أنجزوا السلام».
يقف رجل مُسن في الصف الخلفي: «أنا مسيحي»، قال بصوت ناعم رقيق، «وأنت، بالنسبة إليّ، أنت المفتي». في الصف الثاني وراء الأساقفة، تجلس راهبة. تُحاول ضبط أحاسيسها وتمسح الدموع.

كاتالين غوبل

Respect For Architectural Heritage

Around the year 1900, Aleppo – as can also be seen on old etchings and photographs – showed a very harmonious urban landscape in which the basic rules and methods of urban planning, the construction of the historic architectural tradition and the principles of good neighborliness were characteristic. The continuity of the building tradition brought forth an extraordinary architectural heritage that was relatively well preserved. The architecture of the traditional house has, however, not remained static from the ancient period to the time of the French Mandate. It has gradually changed, influenced by changes in lifestyle, the need for a certain amount of comfort, and the quality of the building decorum, which displays the result of a kind of aesthetics that are related to different and very differing sources. The result of these multi-layered informal processes was an harmonically-connected urban landscape.

Interviews with older workers, stone dressers, and masons have helped us to understand this building tradition and some principles of the "informal" practices in building a house. A major rule in all of it was the consideration of the "interests of the neighbor before that of the family" – a saying that is still used today in Aleppo. It is interesting to find out that, during these interviews, the family traditions and the neighborhood were always named as the rules to start with that defined the way the house was built. The description could even begin with a reminder of a manner of social behavior to explain a construction method. These practices therefore had an influence on the shape of the house. Theoretically, information and discussion with the neighbors always preceded the building process. Neighborly relationships supported the social cohesion of the residents of the quarter and were the basis of the architecture. It was very rare that a complaint was raised with the authorities about the violation of the customary construction rules – either before the judge *(qadi)* or, in the past, the *mohtaseb* – as it was normally not possible to deviate from these rules.

Even the use of traditional building materials such as stone, lime stone, and wood, which were all from local sources, was part of these general rules. Stone, a basic construction material in Aleppo, was quarried nearby. Despite different processing of the stones, dependent on the quality and the use in the building, this noble material of the city helped create a uniform appearance and keep the urban landscape homogenous with regard to color and shape. The molding of the architectural details and the textures of the stone as well as the architecture itself were part of the city's heritage and the outer façades of private homes were both part of the private as well as of the public.

The use of stone, which made Aleppo a famous and admired city, is however limited today by a new basic problem. In some new projects in the Old City center, stone is no longer used as the only building material. Many buildings go up as concrete blocks, which remain visible or are covered with cement-based mortar, mostly by owners with limited means. This relatively new trend against the tradition stands for a new local aesthetic sense and a lack of knowledge about architecture – and is a danger for the architectural future of the city and its cultural heritage.

Stone must remain or become again the only possible material that may be used in the Old City center, and the quality of the stone cutter work in contemporary buildings should be inspired by the abilities of their forefathers.

Thierry Grandin

إحترام التراث المعماري

بدت حلب عام ١٩٠٠، تماماً مثلما يظهر في الرسوم القديمة والصور الفوتوغرافية، مدينة متناغمة جداً، انتسبت فيها القواعد الأساسية وأساليب التخطيط الحضري والبناء إلى التقاليد المعمارية التاريخية ومبادئ حسن الجوار. وقد أثمرت استمرارية التقيد بالتقاليد المعمارية تراثاً معمارياً إستثنائياً تمت المحافظة عليه بشكل جيد تقريباً. لم تبقَ الهندسة المعمارية للبيوت التقليدية من العصور القديمة إلى فترة الأنتداب الفرنسي على حالها. لقد تطورت تدريجياً، وتأثرت بالتغيّرات التي طرأت على نمط الحياة، وبضرورة مراعاة معايير توفر الراحة والجودة في التصميم المعماري، الذي هو - نتيجة لمفهوم جمالي - قد تأثر بمصادر مختلفة ومتنوعة جداً. وقد أثمرت هذه النشاطات الأهلية مشهداً حضرياً متماسكاً بتناسق.

ساعدتنا المقابلات مع العمال القدماء نسبياً والحجّارين والبنائين، في استيعاب التراث المعماري وبعض المبادئ العملية المحلية التي تُستخدم في بناءالبيوت. كانت القاعدة الرئيسية هنا «الجار قبل الدار» وهو مَثل شعبي ما زال على الألسنة في حلب. ومن المثير للإهتمام أن نلاحظ أنه خلال هذه المقابلات كانت تقاليد الأسرة والحي هي المرجع باعتبارها شرطا مسبقا للقواعد التي تحكم التصميم. يمكن أن يبدأ التخطيط بالتذكير بالسلوك الإجتماعي لشرح أسلوب البناء. بالتالي، فلهذه الممارسات تأثير في تصميم المنزل. كان النظري قبل العملي: لرأي الجيران ومناقشتهم الأسبقية في عملية البناء. وتقويّ علاقات حسن الجوار التماسك الإجتماعي لسكان الحي، وهي أساس أسلوب تصميم البناء. وقد جرت العادة ألاّ يخرج أحد عن هذه القواعد، ولذلك ندر أن قدمت شكوى إلى السلطات - القاضي أو المحتسب - بسبب إنتهاك قوانين التصميم المعتادة.

حتى إستخدام مواد البناء التقليدية المحلية مثل الحجر والجير والخشب، يعتبر جزءً من هذه القواعد العامة. يتم اقتلاع الحجر، المادة الأساسية للبناء في حلب، من منطقة مجاورة. على الرغم من إختلاف طريقة معالجة الحجر، إستناداً على نوعيته وشكل إستخدامه في المباني، ساهمت هذه المادة الخام النبيلة في إهداء المدينة مظهراً موحداً يتميز بالتجانس في اللون والشكل. وقد كانت صياغة التفاصيل المعمارية وبنية الحجر، وحتى الهندسة المعمارية نفسها، جزءاً من التراث العمراني الحضري، كما كانت واجهات المنازل الخاصة جزءً من العام والخاص في آن واحد.

اليوم أصبح إستخدام الحجر، الذي اشتهرت به حلب وجعلها محل اعجاب، بشكل محدود بسبب وجود مشكلة أساسية جديدة. في المشاريع الجديدة المقامة في المدينة القديمة، لم يعد الحجر مادة البناء الأساسية. مبان عديدة يتم بناؤها بالكتل الخرسانية التي تبقى ظاهرة أو تغطى بالاسمنت، معظمها من أملاك ذوي الدخل المحدود. هذا الإتجاه الجديد نسبياً هو ضد التراث، ينمّ عن مفهوم جمالي محلي مستحدث بلا مرجعية في الهندسة المعمارية، ويشكل تهديداً لمستقبل فن المعمارة في المدينة وتراثها الثقافي.

يجب أن يبقى الحجر المادة الوحيدة الممكنة، وأن يُستخدم من جديد في المدينة القديمة، كما ينبغي أن تكون مهارة الحجارين وخبرة أجدادهم مصدر الإلهام في العمارة المعاصرة.

تييري غراندين

ALSAHE
CAFE

Guten Morgen, Aleppo

Es war Freitag – der Tag, an dem die Syrer zum Frühstück die berühmten Bohnen namens *Ful* essen. Am frühen Morgen streiften die ersten Sonnenstrahlen die Mosaiken der Stadt und die Zitadelle erhob sich aus der Mitte des Hügels wie eine Palme. Wenig später fiel das Licht durch die Oberlichter und Öffnungen in den Basar, wie weiße Fäden tanzten die Sonnenstrahlen in der Luft, schmückten Wände und Boden und erleuchteten die umliegenden Straßen und weißen Kalksteinmauern der Gebäude. Im Herzen der Altstadt, in der Jdeideh-Gasse, vermischte sich eine frische Brise mit dem Duft der *Ful*.

„Guten Morgen, Abu Abdo, einen Teller *Ful* mit Sesampaste und Olivenöl, bitte." Abu Abdo, der *Ful*-Verkäufer, ist weithin bekannt und ebenso wie die Zitadelle, die Altstadt, der Basar, die Lorbeerseife und die große Moschee ein Symbol dieser Stadt.

Ich erinnerte mich an den Tag, als mein Onkel nach fünfzehn Jahren zum ersten Mal aus Europa nach Aleppo zurückkam. Seine Freunde luden ihn direkt nach seiner Ankunft ins Restaurant von Abu Abdo ein. Damals war ich ein Kind und verstand nicht, was diese bescheidene Geste bedeutete. Doch als ich nach Jahren in der Fremde selbst nach Aleppo zurückkehrte, traf auch ich meine Freunde bei Abu Abdo. In jenem Moment wurde mir klar, was es bedeutete, in diesem Restaurant *Ful* zu essen. Es war ein Ritual, das einen hohen Stellenwert im Leben der Aleppiner besaß.

Im Restaurant fühlte man die Wärme, die man in der Fremde vermisst hatte. Hier ordnete man seine Erinnerungen, fühlte seine Zugehörigkeit zur Stadt. Abu Abdo, der *Ful*-Verkäufer, galt in Aleppo als Legende und auch in meinem Leben tauchte dieser Mythos immer wieder auf. Ich erinnerte mich, wie ich zum ersten Mal die Schule schwänzte. Damals fand zwischen uns Schülern eine Wette statt, die ich selbstverständlich verlor. Der Gewinner bekam auf Kosten der anderen einen Teller der köstlichen *Ful* bei Abu Abdo.

Dort saßen wir wie die Großen an einem Tisch und bestellten die berühmten Bohnen. Mit Genuss aßen wir unser Volksgericht, das in Olivenöl schwamm. Nach dem Essen reichte man uns, nach altem Brauch, Tee in verzierten kleinen Tassen und wir wünschten uns Zigaretten – so stellte sich wohl jeder Teenager das Erwachsensein vor. Anschließend bezahlten wir unsere Rechnung und legten etwas *Bakschisch*, eine Art Trinkgeld, dazu.

Der Laden war klein. Es gab einige Tische und alte Holzstühle, Tabletts und Töpfe aus Messing, Keramikteller und anderes Geschirr. Man wurde mit einem Lächeln begrüßt und mit Großzügigkeit behandelt. Und die berühmten *Ful* waren köstlich. All diese Dinge haben Abu Abdo in ganz Aleppo, sogar in ganz Syrien, über viele Jahrzehnte berühmt gemacht. An der Wand hing ein Bild des alten Abu Abdo, der das Restaurant vor etwa 115 Jahre gegründet hatte. Sein ältester Sohn Abdo, der danach den Laden weiterführte, wurde selbst über 70 Jahre alt.

Ein Besuch bei Abu Abdo in den alten Gassen nahe dem Al-Hatab-Platz war und blieb auch für die Bewohner der modernen Stadtteile eine wichtige Tradition. Die Adresse konnte keiner verfehlen. Jedem, der einmal dort war, prägte sich das Erlebnis für immer ins Gedächtnis ein. Noch heute steht das älteste Restaurant der Stadt an derselben Stelle. Sein Besitzer altert, doch das Restaurant bleibt dasselbe, ein Zeitzeuge der Geschichte Aleppos.

Jeder kennt Abu Abdo. Es gibt keinen Aleppiner, der nicht freitags den leckeren *Ful* bei ihm genießt. Und es gibt wohl keinen Fremden, der das berühmte kleine, alte Restaurant nicht besucht hat. Offen bleibt hingegen die Frage, ob jeder Aleppiner auch die Zitadelle besucht hat?

Abdullah Hamouch

صباح الخير حلب

كان ذلك يوم جمعة، اليوم الذي يتناول فيه الحلبيون الفول في وجبة الفطور. في الصباح الباكر تلامس خيوط الشمس الأولى فسيفساء المدينة و تنتصب القلعة في الوسط كنخلة. ثم لا تلبث أن تتسلل من الفتحات العلوية لسقف السوق لتبدو أشعتها كخيوط بيضاء ترقص في الهواء و تزين الجدران والأرض. وتراها تسطع على ساحات المدينة المرصوفة بالحجر الكلسي وعلى جدران مبانيها البيضاء.
في قلب المدينة القديمة، في حارة الجديدة، يمتزج النسيم البكر برائحة الفول: «صباح الخير أبوعبدو ... واحد فول بالطحينة وزيت الزيتون إذا سمحت ...».
أبوعبدو الفوّال ذاع صيته في الوجود. وهو مثل القلعة والسوق وصابون الغار والجامع الكبير، هو أحد رموز هذه المدينة.
أتذكر ذات يوم، عندما عاد عمي إلى حلب لأول مرة بعد خمس عشرة سنة أمضاها في أوروبا. اصطحبه أصدقاؤه بعد وصوله فوراً إلى مطعم أبوعبدو الفوّال. لم أكن أنا الطفل آنذاك أعي تماماً أهمية هذه الزيارة المتواضعة ومغزاها. لكن عندما اغتربت وعدت بعد سنين إلى حلب، كان موعد لقائي مع الأصدقاء أيضاً عند أبوعبدو. في تلك اللحظة أدركت ما يعنيه تناول الفول في هذا المطعم. إنه طقس ذو قيمة كبيرة عند الحلبيين.
في هذا المطعم تشعر بالدفء الذي تفتقده في الغربة. هنا تُعيد ترتيب الذكريات من جديد. هنا تشعر بإنتمائك إلى المدينة.
يُعتبر أبوعبدو الفوّال في حلب أسطورة لها حضور دائم في حياتي. أتذكر كيف استطعت يوما الهروب من المدرسة لأول مرة عندما دار بين الرفاق رهان وأنتهى طبعاً بخسارتي. كان الرهان على صحن فول شهي عند «أبوعبدو».
جلسنا هناك كالكبار حول إحدى الطاولات وطلبنا الفول الشهير. بشهية تناولنا طعامنا الشعبي المغطس بزيت الزيتون. وبعد الأكل جاء الشاي كالمعتاد في كؤوس صغيرة مزخرفة وتمنينا لحظتها لو كان معنا سجائر لتكتمل الصورة التي ترافق كل مراهق، ويشعر معها أنه أصبح رجلاً. دفعنا الحساب وأضفنا عليه الإكرامية.
كان المطعم صغيراً به بعض الطاولات والكراسي الخشبية وصواني وقدور نحاسية وصحون من الفخار و بعض الملاعق وما شابه.
يُستقبل الضيف بإبتسامة وترحيب ويعامل بكرم وجود ومع هذا الفول اللذيذ جعلت كل هذه الأشياء أبوعبدو - على مدى السنوات - ذو شهرة واسعة في عموم سوريا.
على الحائط تتموضع صورة قديمة لـ «حج عبدو الأب». هو الذي أسس المطعم قبل مئة وخمس عشرة سنة. الآن يكمل مسيرته إبنه الأكبر أبوعبدو، الذي تجاوز السبعين من العمر.
كانت وما زالت زيارتنا لمطعم أبوعبدو الفوّال الرحلة الأهم من حارتنا في الأحياء الحديثة في حلب إلى الحارات القديمة، بالقرب من ساحة الحطب. هذا العنوان الذي لا يخطؤه أحد، حيث تحفر لحظات اللقاء عنده مكاناً مميزاً في ذكريات من يزوره. مالكه يهرم مع مر السنين ويبقى المطعم في مكانه وكأنه شاهد على تاريخ حلب.
ليس هناك في هذه المدينة من لا يعرف أبوعبدو الفوّال. وليس فيها من لم يتذوق فوله الشهي. ولا يوجد ضيف من ضيوفها لم يزر المطعم الصغير القديم الشهير. ويبقى السؤال: هل زار كل حلبي القلعة؟

عبدالله حموش

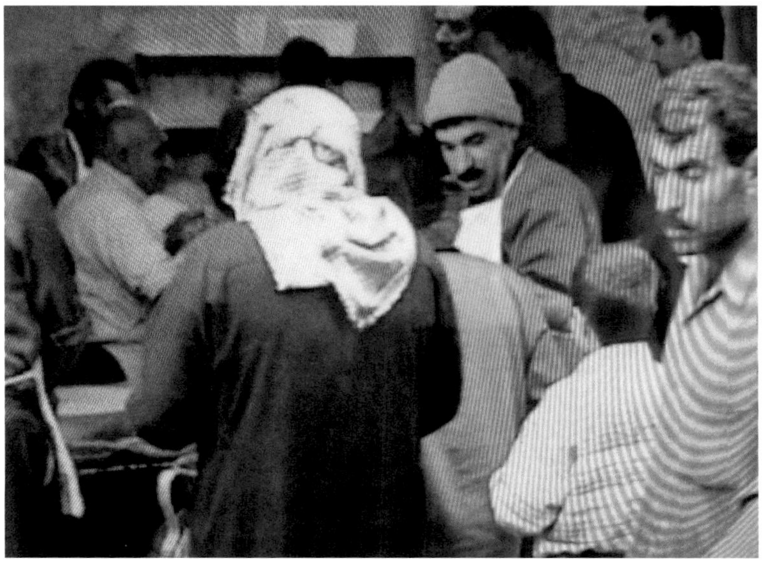

Abu Abdo-Fawal

Bei meinen Recherchen zum Film *Ibrahim Halab – Geschichten zur Geschichte einer uralten Stadt* stellte mir mein Freund Abdullah Hamouch einen Geschäftsmann vor, der in Aleppo regionale Berühmtheit erlangt hat: Abu Abdo-Fawal. Er betreibt im Christenviertel Jdeideh einen kleinen *Ful*-Laden. Bei ihm gibt es angeblich den besten Bohneneintopf der Stadt. Gerade im Ramadan ist das Geschäft abends dicht belagert. Alle wollen eine Portion seiner Köstlichkeit mit nach Hause nehmen.

Ein kleiner Ausschnitt aus einem Interview mit ihm:

Abu Abdo, wieso bist du so berühmt?
A. A.: Unser Laden ist sehr alt, 110 Jahre, ja 110 Jahre! Ich bin seit 48 Jahren hier. Der Gründer dieses Ladens war mein Vater Hadschi Abdo, dort oben hängt sein Bild. (Er deutet auf ein kleines Bild an der hinteren Wand des Verkaufsraums.) Er hat 110 Jahre gelebt und in diesem Geschäft war er 90 Jahre tätig. Von daher die Berühmtheit. Er kam ursprünglich aus Ägypten, hundertprozentig.
Und du stellst immer noch alles eigenhändig her?
A. A.: Ja, das ist alles eigenhändig gemacht. Das ist das Geheimnis des Ladens, dass der Chef alles selbst macht. Natürlich gibt es Leute, die ihm helfen – aber das ist sehr wichtig, dass der Chef alles persönlich kontrolliert. Nur so kann man sehr erfolgreich sein.

Wenn ich mit einem kleinen, gelben Taxi vom Bab Antakya ins Christenviertel Jdeideh fahre, kann es schon mal passieren, dass der Fahrer weder mit den Zielen Sahat al-Hatab oder Sissi-House noch mit Beit Wakil etwas anfangen kann. Wenn ich ihm den Namen Abu Abdo-Fawal nenne, überzieht sein Gesicht meist ein breites Lächeln und ein zufriedener Blick. Denn diese Adresse ist fast jedem Aleppiner in genussvoller Erinnerung.

Ludwig Huber

Abu Abdo-Fawal

As I produced the documentary: *Ibrahim Halab – Stories About the History of a Very Old City,* my friend Abdullah Hamouch introduced me to Abu Abdo-Fawal, a merchant who had attained regional fame in Aleppo. He is the owner and manager of a small *ful*-store in the Christian quarter of Jdeydeh. He is said to have the city's best bean soup. His store is really crowded in the evening, especially during Ramadan. Everybody wants to take home an order of his delicious cuisine.

The following is an excerpt of my interview with him:

Abu Abdo, how did you get to be so famous?
A. A.: Our shop is very old, 110 years old, and I have been here now for 48 years. My father, Hadshi Abdo, founded this store and you can see his picture hanging up there on the wall. (He points now to a small picture on the back wall of the shop floor.) He lived to be 110 years old and was active in this business for 90 years. That is where the fame comes from. He was originally from Egypt, a real Egyptian.
And do you still make everything here homemade?
A. A.: Yes, everything is still homemade here. That is the secret of our restaurant that the chef makes everything himself. Of course, there are people here to help him, but, it is very important that the chef himself personally checks everything. This is the only way to be successful.

Whenever I take a small yellow taxi from Bab Antakya into the Christian Quarter of Jdeydeh, it can happen that the driver does not know about destinations such as Sahat al-Hatab, Sissi-House or Beit Wakil. But, when I mention the name Abu Abdo-Fawal, his face mostly broadens into a wide smile and a contented look, as this place is a pleasure-filled reminder for just about everyone.

Ludwig Huber

Freundschaft mit Aleppo

1982 reiste ich zum ersten Mal nach Aleppo und bis heute fühle ich mich mit der Stadt stark verbunden. Aleppo lebt mit seiner Geschichte: ein Mikrokosmos von unterschiedlichen Religionen und Traditionen und als wachsende wirtschaftliche Metropole ein Symbol für die Zukunft Syriens. Mein erster Besuch dauerte nur wenige Tage, aber ich kehrte immer wieder in die Stadt zurück.

Von 1999 bis heute wirke ich bei archäologischen Grabungen auf der Zitadelle mit. Ziel war die Freilegung einer bedeutenden Tempelanlage aus dem 9. Jahrhundert v. Chr. Unsere Adresse während der beiden Kampagnen 1999 und 2003 war die Zitadelle. Als Wohnort erscheint sie in den späten Stunden wie verlassen. Es ist ruhig, man hört die Stadt nur in der Ferne. Ein paar Ruinen und niedrige Bäume, Gras, Steine und Dunkelheit. Diese Landschaft könnte abseits eines kleinen syrischen Dorfes liegen. Tritt man jedoch an die Außenmauer, blickt man unvermittelt hinunter auf die lebendige mediterrane Großstadt, ein Lichter- und Verkehrsmeer, dessen Brandungsgeräusche direkt ans Ohr dringen und einem das Gefühl geben, in einer unwirklichen Dorfrandidylle über der Stadt zu schweben.

Unser Grabungshaus war der Masjid Ibrahim, die Moschee Abrahams auf dem Zitadellenberg. Der Masjid ist ein vergleichsweise kleiner zangidischer Bau aus dem 12. Jahrhundert, der – so wird berichtet – an der Stelle des Rastplatzes des biblisch-koranischen Abraham errichtet wurde. Der Legende nach hatte Abraham hier seine Schafe gemolken und die Milch an die Armen verteilt. Aus dieser Handlung, arabisch „halaba" (er molk), leitete man volksetymologisch schon im Mittelalter den Namen der Stadt ab, die auf Arabisch Halab heißt. So privilegiert durften wir am Platz des Stammvaters aller drei Religionen, die im Vorderen Orient ihren Ausgang nahmen, arbeiten und leben. Abends, wenn die Zitadelle schon lange für Besucher geschlossen war, schlugen wir nach einem Treffen mit Freunden so manches Mal an das eiserne Tor, hoffend, dass der Zitadellenwächter unser Klopfen vernehmen würde. Dann öffneten sich die mächtigen Tore und ließen uns hinein für die Nacht.

Meine Freunde in Aleppo haben mein Bild der Stadt wesentlich geprägt und umgekehrt spiegeln sie mein Bild von den Aleppinern wider.

A. D. ist ein erfolgreicher Geschäftsmann, der einer alten christlichen Aleppiner Familie entstammt, die mehrere Bischöfe der Stadt stellte. 1818 verlieh der Papst einem Vorfahren den Adelstitel Marchese. Die Familie A. D.s zog dann für einige Jahrzehnte nach Mardin in der heutigen Türkei und kam nach dem Ersten Weltkrieg wieder zurück. A. D. ist stolz auf seine Stadt und ihre Geschichte. Seinen Bürgerstolz verbindet er mit intensivem historischem Interesse an der materiellen Kultur Syriens, insbesondere der Abbasiden-Zeit. 2005 verfasste er ein Buch zur Geschichte der Banknoten Syriens auf Arabisch, das von der amerikanischen International Banknote Society als bestes Buch des Jahres ausgezeichnet wurde. A. D.s erweiterte Familie lebt in Kanada und Deutschland, sein Sohn hat in England studiert.

A. H. kommt aus einer alten sunnitischen Familie. Als ich ihn vor fast dreißig Jahren kennenlernte, besaß er ein kleines Geschäft für Schmuck und Perlenketten im Suq von Jdeideh. Damals musste er sich gegen die Patriarchen durchsetzen, die sein Marktsegment beherrschten, doch irgendwann war er erfolgreich und wusste das Leben zu genießen. Er kam oft nach Europa und Deutschland, wo er Freundinnen besuchte, die er in Aleppo kennengelernt hatte. Irgendwann gründete er eine Familie und kaufte ein neues Haus. Einmal traf ich A. H. in Jdeideh mit einer seiner Aleppiner Bekannten. Ihre tiefe Verschleierung erlaubte es, wie auch bei seinen anderen weiblichen Bekannten, dass sie unerkannt in seiner alten Wohnung in Jdeideh ein- und ausgehen konnten. In den 2000er-Jahren gründete er eine zweite Familie und das Leben wurde schwieriger für ihn.

O. B.s Familie stammt aus dem kurdischen Norden von Syrien, mit dem er sich eng verbunden fühlt. Anfang der Achtzigerjahre kam er oft nach Deutschland, wo einige seiner Brüder leben, um Gebrauchtwagen zu kaufen und nach Syrien zu importieren. Während meiner Studentenzeit in Syrien zeigte er mir seine Heimatregion und nahm mich sogar mit zum Nawruz, dem kurdischen Neujahrsfest. O. B. verdanke ich wesentliche Anstöße für meine spätere Doktorarbeit zur Geschichte Aleppos. Es dauerte lange, bis er ein eigenes Geschäft eröffnete, das heute von seinem Sohn geführt wird. Es geht ihm gut, und auch seinen Söhnen, die ich habe aufwachsen sehen.

Meine drei Freunde lernte ich unabhängig voneinander in Aleppo kennen, und obwohl ihre Lebenswege unterschiedlich verliefen, kennen sie sich untereinander sehr gut. Ich war früher immer überrascht, wie dicht das Netz der Beziehungen und der Kommunikation in Aleppo geknüpft ist – früher noch mehr als heute. Wenn ich zu Besuch in Aleppo bin, nehmen meine Freunde es jedes Mal zum Anlass, dieses Netz wieder aufleben zu lassen.

Stefan Heidemann

الصداقة مع حلب

عام ١٩٨٢ سافرت لأول مرة إلى حلب، واليوم أشعر بارتباط قوي مع هذه المدينة. حلب تعيش مع تاريخها: عالم مصغّر يضم مختلف الديانات والتقاليد، وكعاصمة اقتصادية متنامية هي رمز لمستقبل سوريا. إستغرقت زيارتي الأولى أياماً قليلة، لكني كنت أعود دائماً إلى المدينة.
أساهم منذ عام ١٩٩٩ وحتى اليوم في الحفريات الأثرية في القلعة التي تهدف إلى الكشف عن معبد كبير من القرن التاسع قبل الميلاد. كانت القلعة عنواننا البريدي خلال الحملتين في عامي ١٩٩٩ و ٢٠٠٣ وكانت كمكان لمسكننا تبدو آخر المساء قفراً مهجوراً. إنها هادئة، تصلها أصوات المدينة من بعيد. أطلال، أشجار منخفضة، أعشاب، حجارة وظلام. هذا المشهد يمكن أن يكون على طرف قرية سورية صغيرة. عندما تقف محاذياً للسور وتنظر فجأة إلى الأسفل إلى مدينة كبيرة متوسطية كلها حيوية، بحر من الأضواء وحركة سير ناشطة، يخترق تلاطم أمواج الأصوات الآذن، ويعطيك الشعور بأنك موجود في جو قروي خيالي يحوم فوق المدينة.
كان موقع حفرياتنا عند جامع إبراهيم، على جبل القلعة. وهوعبارة عن مبنى صغير نسبيا من العصر الزنكي للقرن الثاني عشر، والذي - كما يُقال - شُيد في الموقع الذي دفن فيه النبي إبراهيم المذكور في الإنجيل والقرآن. وفقا للرواية، كان إبراهيم يحلب غنمه هنا ويوزعه على الفقراء. ومن هذا الفعل «حلب» تم اشتقاق إسم المدينة في العصور الوسطى، وأصبح إسمها العربي حلب.
إنه لإمتياز فائق أن يُسمح لنا بالعمل والعيش في المكان الذي يرقد فيه أبو الديانات الثلاث التي إنطلقت من الشرق الأوسط. في المساء، عندما تُغلق القلعة أمام الزوار، وبعد لقاء مع العديد من الأصدقاء في الخارج، نعود ونضرب على بوابة الحديد بقوة على أمل أن يسمعنا حارس القلعة. عندئذ تفتح البوابات الضخمة وتدعنا ندخل لقضاء الليل.
تَشكل لدي تصورعن المدينة - بشكل أساسي - من خلال أصدقائي في حلب، إنهم يعكسون تصوري عن الحلبيين. أ.د. هو رجل أعمال ناجح ينحدر من عائلة حلبية مسيحية قديمة، قدمت العديد من أساقفة المدينة. عام ١٨١٨ منح البابا أحد أجداده لقب الماركيز. ثم انتقلت عائلة أ.د. لعدة عقود إلى ماردين (حاليا في تركيا) وعادت بعد الحرب العالمية الأولى من جديد إلى حلب. يفتخر أ.د. بمدينته وبتاريخها. إعتزازه الوطني يشدّه إلى الإهتمام التاريخي الكبير بالثقافة المادية لسوريا، وخصوصا في الفترة العباسية. في عام ٢٠٠٥ ألف كتاباً باللغة العربية عن تاريخ الأوراق المالية في سوريا، قالت عنه الجمعية الأمريكية الدولية للأوراق المالية إنه أفضل كتاب صدر تلك السنة. يعيش باقي أسرة أ.د. في كندا وألمانيا، وابنه درس في انكلترا.
أ.هـ من عائلة سنية قديمة. عندما تعرفت عليه للمرة الأولى قبل ثلاثين عاماً تقريباً، كان يملك متجراً صغيراً لبيع الحلي وعقود الدرّ في سوق الجديدة. في ذلك الوقت كان عليه أن يفرض نفسه في مواجهة أساطين المهنة الذين يُهيمنون على جزء كبير من السوق، وهو نجح في مسعاه، وعرف كيف يستمتع بالحياة. في كثير من الأحيان يأتي إلى أوروبا وألمانيا لزيارة الصديقات التي تعرف عليهن في حلب. في النهاية، أسس أسرة وإشترى منزلاً جديداً. إلتقيت به مرة في الجديدة مع إحدى معارفه الحلبيات. كان النقاب الذي ترتديه يسمح لها ولغيرها من معارفه بالدخول إلى شقته القديمة والخروج منها دون أن يكتشف ذلك. في عام ٢٠٠٠ أسس أسرة ثانية، وأصبحت الحياة صعبة بالنسبة إليه.
عائلة أ.ب. من الشمال الكردي في سوريا، وهو يشعر بارتباط وثيق بها. أوائل الثمانينات، كان يأتي بإستمرار إلى ألمانيا، حيث يعيش بعض أخوته، لشراء السيارات المستعملة وشحنها إلى سوريا. خلال أيام دراستي في سوريا أخذني إلى منطقته وحضرت معه عيد النيروز. أنا مدين له في إختياري لموضوع أطروحة الدكتوراه حول تاريخ مدينة حلب. إستغرق الأمر وقتاً طويلاً إلى أن إفتتح شركته الخاصة التي يديرها إبنه حالياً. إنه بخير وكذلك أبناؤه الذين عايشت نموهم في العمر.
تعرفت على أصدقائي الثلاثة كل على حدة في حلب، وعلى الرغم أن مسارات حياتهم مختلفة، يعرف أحدهم الآخر بشكل جيد. كنت دائما أندهش من كثافة شبكة العلاقات والإتصالات في مدينة حلب، في الماضي أكثر من اليوم. عندما أكون في حلب، يستغل أصدقائي هذه المناسبة لإحياء الشبكة من جديد.

شتيفان هايدمان

مشفى العزيزية
ORNINA

Al-Qassis

Das vornehme Gebäude, das zu Beginn des 20. Jahrhunderts im Stadtteil Aziziyyeh erbaut wurde, ist kein Wohnhaus, wie man meinen könnte, sondern eine Geburtsklinik (Al-Qassis), in der ich zwischen 1950 und 1960 meine drei Kinder zur Welt brachte. Damals wurde die Einrichtung von Doktor Iskandar Qassis mit eiserner Hand geführt: Wo er auftauchte, ging das Personal in Habachtstellung, aber er verstand es auch, Neugeborenen mit Samthandschuhen den Weg ins Leben zu ebnen. Ich wurde bevorzugt behandelt, denn Doktor Qassis teilte mit meinem Schwiegervater, Hussein Rushdi El-Mudarris, die Leidenschaft für Araberpferde.

Fern der tristen Krankenhäuser hatte ich in der Geburtsklinik das Gefühl, wie zu Hause zu gebären. Ich frühstückte jeden Morgen auf dem Balkon meines Zimmers, das zum Park gelegen war. Kann man sich einen idyllischeren Rahmen zum Gebären vorstellen als die Natur? Als meine zweite Tochter zur Welt kam, schlug mir der Doktor – wissend, dass ich Blumen liebte – zwei Namen vor: Dalia und Zinnia. Ich wählte den zweiten und schätzte die feinfühlige Aufmerksamkeit des Mannes, die von seiner Herzensgüte zeugte.

Noch heute ist die Geburtsklinik eine überschaubare Einrichtung, die den Namen ihres Gründers, Doktor Qassis, bewahrt hat und den Aleppinerinnen, die dort ihre Kinder zur Welt bringen, einen besonderen Rahmen bietet. In Syrien, wo die sozialen Beziehungen nach wie vor sehr stark sind, wird man „im Kreise der Familie" geboren, in einem kleinen Kreis, der einen herzlich empfängt, und nicht in großen Krankenhäusern, wo der Patient nur eine Nummer ist.

Eine meiner besten Freundinnen, Viviane Saba, Tochter eines renommierten Tierarztes, der sich um das Gestüt meines Schwiegervaters kümmerte, wohnt gleich neben der Frauenklinik und öffnet ihre Tür seit mehr als fünfundvierzig Jahren schwangeren Frauen, die in der Eile kurz vor der Niederkunft die Gebäude verwechseln – eine Folge der einheitlichen Architektur der Häuser von Aziziyyeh. Doch für mich bleibt diese Frauenklinik einmalig, nicht weil sie inzwischen zu einem charakteristischen Beispiel der Architektur des frühen 20. Jahrhunderts in Aleppo geworden ist oder wegen der vortrefflichen Leitung durch Doktor Qassis, sondern weil Rania, Zinnia und Hussein dort das Licht der Welt erblickten – wie drei Sterne, die mein Leben erleuchten.

Dalal Heikal

Al-Qassis

The magnificent building that was built at the beginning of the 20th century in the Aziziyyeh district is not an apartment building, as you might think, but a maternity clinic (Al-Qassis) where I bore my three children between the years of 1950 and 1960. At that time, the institution was run by Doctor Iskandar Qassis with an iron hand: wherever he appeared, the personnel snapped to attention, but he also knew how to smooth the way into life for newborns with velvet gloves. I was given preferential treatment as Doctor Qassis shared a passion for Arab horses with my father-in-law, Hussein Rushdi El-Mudarris.

Far away from the sad hospitals, I had the feeling of giving birth at home in this maternity clinic. I had breakfast every morning on the balcony of my room that faced the park. Can you imagine any more idyllic setting to give birth in than nature? When my second daughter was born, the doctor, knowing that I loved flowers, suggested two names for me: Dalia and Zinnia. I chose the second one and appreciated the sensitive attentiveness of the man who bore witness to the goodness of his heart.

Even today the maternity clinic is still a manageable institution that has preserved the name of its founder, Doctor Qassis, and offers Aleppine women who give birth there a special setting. In Syria, where social relationships are still very strong, you are born "into the family", a small circle of people who warmly welcome you and not in big hospitals where the patient is only a number.

One of my best friends, Viviane Saba, daughter of a respected veterinarian who takes care of the stud of my father-in-law, lives right next to the gynaecological clinic and has opened her door for more than forty-five years to pregnant women who, right before their delivery, hastily change buildings – a result of the unified architecture of the buildings in Aziziyyeh. For me, this maternity clinic is still unique, not because it has, in the meantime, become a characteristic model of early 20th century architecture in Aleppo or because of the admirable leadership of Doctor Qassis, but because Rania, Zinnia and Hussein all saw their first light of life there – like three stars that light up my life.

Dalal Heikal

الله

Erinnerungen an eine Kindheit in Aleppo

Ich wurde in einem einfachen Haus in Aleppo geboren, in einem „volkstümlichen" Stadtviertel. Nach der Geburt meiner älteren Schwester Fatima war meine Mutter sehr glücklich, dass sie einem Jungen das Leben geschenkt hatte. Auch mein Vater lächelte, während er auf dem Minarett der Moschee, von dem aus man den Hof unseres Hauses überblicken konnte, das Mittagsgebet verrichtete. Ich war der Zweitgeborene von zwölf Brüdern und Schwestern, von denen fünf starben, sodass wir nur noch sieben Geschwister waren, und erinnere mich noch gut, wie meine Mutter sagte, dass drei Kinder nicht genug seien. Im Durchschnitt wurden die Menschen in den 1950er-Jahren nur 57 Jahre alt.
Die Familien lebten auf engstem Raum zusammen, und so war es nicht ungewöhnlich, dass sich eine Familie mit zehn Mitgliedern einen Raum des Hauses teilte. Die Kinder wurden ohne Plan geboren, da man glaubte, Gott werde für das Kind und sein Wohlbefinden sorgen. So achteten die einfacheren Menschen kaum darauf, wie viele Kinder sie bekamen – denn das eine ist Gottes Wille und das andere die Kindersterblichkeit.
Meine Kindheit verbrachte ich damit, meinen Vater, der Polizist war, aufs Land zu begleiten. Dort den Menschen und besonders wichtigen Persönlichkeiten zu begegnen machte mir Freude und erfüllte mich mit Stolz.
Wir liebten es, gut zu leben, und bekamen auch das Geld zusammen, ein Haus in Aleppo zu kaufen. Ein gängiges Sprichwort in Aleppo lautet, dass „der Monat an die Tür klopft". Die monatliche Miete bezahlen zu können ist eine schwere Last auf den Schultern des einfachen Mannes. Trotzdem hatten im großen Haus meiner Großmutter drei Familien Räume gemietet und Badezimmer und andere häusliche Einrichtungen miteinander geteilt.
Seit der Bronzezeit ist Aleppo für seine günstige Lage bekannt, sodass viele Menschen unterschiedlichster Herkunft und Religion hier siedelten. Bis heute sind viele Quartiere nach diesen Gruppen benannt: das kurdische, armenische, alt- und neusyrische Viertel. Einige der Quartiere wurden auch stark von einem bestimmten Handwerk geprägt, auf das sie noch heute spezialisiert sind. Jede Familie übte einen charakteristischen Beruf wie Schmied, Schreiner, Schreiber, Richter oder Scheich aus und war dafür in ihrem Viertel bekannt. Viele Familien bewahrten die Gründe für ihren beruflichen Erfolg wie ein Geheimnis.
Durch die unterschiedlichen ethnischen, religiösen und beruflichen Nachbarschaften kam es aber auch zu Schwierigkeiten, vor allem während der Kolonialzeit. Ich kam aus einem muslimischen Viertel aus den nördlichen Vororten, Acquol genannt. Ich war es gewohnt, mit Steinschleudern bewaffnet mit meinen Freunden auf die Straße zu gehen und gegen die Jungen aus der Nachbarschaft zu kämpfen. Der Kampf fand auf einem Friedhof in der Nähe unseres Quartiers statt. Zu Beginn der Mandatszeit war diese Epoche als „Weiße Rose"-Bewegung bekannt.
Da es in Aleppo weder Flüsse noch Quellen gibt, war die Bevölkerung abhängig von Brunnen, um an Wasser zu kommen. Auf dem Grund der Brunnen war das Wasser manchmal salzig. Daher bohrten die Aleppiner ihre Brunnen in der Nähe der Küche oder des Bades, um das salzige Wasser mit Wasser zu mischen, das aus zwei weiteren Quellen kam. Zum einen versorgte die Quelle Helan die Stadt über Kanäle mit Wasser, die zweite Ressource war das Regenwasser, das in Tanks unter einer Seite des Hauses gesammelt und als Trinkwasser verwendet wurde, da es kühl und rein schmeckte. Das erinnert mich an eine lustige Geschichte: Meine Mutter hatte im Oktober oder November kein Regenwasser gespeichert und sagte zu uns, dass das Regenwasser die Dächer waschen solle. Aber als es um Mitternacht zu regnen begann, weckte sie uns alle, um das Regenwasser zu sammeln und in den Tanks zu speichern.

Mahmoud Heretani

Childhood Memories In Aleppo

I was born in a simple house in Aleppo, in a "vernacular" quarter of the city. After the birth of my older sister Fatima, my mother was very happy that she had given life to a boy. My father also smiled as he did his noon prayer on the minaret of the mosque where you could see out over to the courtyard of our house. I was the second-born of twelve siblings, five of whom died so that we were only seven children and I still remember well how my mother said that three children were not enough. On the average, people in the 1950s only lived to be 57 years old.

Families lived together in the smallest space and so it was not unusual that a family of ten shared the room of the house. The children were born without planning as people believed that God would take care of the child and his / her well-being. Therefore, the simpler people hardly paid attention to how many children they had – because God's will is one thing and child mortality another.

I spent my childhood accompanying my father, who was a policeman, out into the country. Meeting the people there and especially important people filled me with happiness and pride.

We loved living well and we also saved money to buy a house in Aleppo. A popular saying in Aleppo is: "The month knocks on the door." Just being able to pay the monthly rent is a heavy burden upon the shoulders of the simple man. Still, three families had rented rooms in the big house of my grandmother and shared the bath room and other household facilities.

Since the Bronze Age Aleppo has been well-known for its favorable location so that many people of very different origin and religion settled down here. Even today, many neighborhoods are named after these groups, such as the Kurdish, Armenian, Old and New Syrian quarters. Some of the quarters were also strongly influenced by a certain craft, which they still specialize in even today. Every family practiced a characteristic profession such as smith, carpenter, clerk, judge or sheik and was well-known in their quarter for this. Many familes guarded the reasons for their professional success like a secret.

Because of the differing ethnic, religious, and professional neighborhoods, difficulties also arose, especially during the colonial period. I am from a Muslim quarter in the northern suburbs called Acquol. I used to go out on the street with my friends armed with slingshots and fight against the boys from the neighborhood. The battleground was the cemetary near our quarter. At the beginning of the Mandate period, this epoch was known as the "White Rose" movement.

As there are neither rivers nor springs in Aleppo, the population is dependent on wells to obtain water. The water at the bottom of the wells was sometimes salty. For this reason the Aleppines dug their wells near the kitchen or the bath to mix the salty water with water that came from two further sources. For one, the Helan Spring provided the city with water through canals. The second resource was rainwater that was collected in tanks below one side of the house and used as drinking water because it tasted cool and pure. That reminds me of a funny story: my mother had not stored any rainwater in October or November and told us that the rainwater was supposed to wash the rooftops. But, when it began to rain about midnight, she woke us all up to collect the rainwater and to store it in the tanks.

Mahmoud Heretani

FEMME FATALE
FEMME FATALE

Das Hammam der Frauen, wie es früher war

Frauen verbrachten mehr Zeit im Hammam als Männer: Für sie war das Waschen und Haareflechten harte Arbeit. Sie mussten sich auch um die Kinder kümmern. Sie hielten sich die meiste Zeit über nicht im *Juwwani*, dem inneren Bereich des Bades, auf, sondern im *Barrani*, dem äußeren Bereich, denn für die Frauen war keine ausreichende Anzahl von Wasserbecken vorhanden, die sie alle auf einmal benutzen konnten. Also mussten sie der Reihe nach in den *Juwwani* gehen. Das verursachte Zank und Streit, der dazu führen konnte, dass Wasserschalen und Schürzen durch die Luft flogen. Dann eilte die Badewärterin in Begleitung eines kräftigen Mannes mit zugebundenen Augen herbei, um den Streit zu schlichten. Wenn er aber eskalierte, kam die Polizei und postierte sich vor dem Bad.

An normalen Tagen besuchten Frauen aus allen sozialen Schichten das Hammam. Es war dort immer voll. Wegen der vielen mitgebrachten Kinder war es sogar für die Frauen manchmal unerträglich laut. Obwohl es für sie ärgerlich war und sie sich darüber beklagten, gingen sie leidenschaftlich gerne ins Hammam, denn das Bad war vielleicht der einzige Ort, wo sie sich treffen konnten. Im Hammam des Viertels fanden verschiedene Aktivitäten beider Geschlechter getrennt voneinander statt. Manchmal wurde ein ganzes Bad für eine Braut oder einen Bräutigam reserviert. Am Vormittag des Hochzeitsfestes wurde dort gesungen, Musik gespielt und üppig gegessen. Die Frauen hatten die Gelegenheit, ihre kostbare Kleidung und ihren Schmuck zu zeigen. Sie trafen ihre Freundinnen und erzählten sich Klatsch- und Tratschgeschichten.

Es gab Bäder, die populär waren. Dort trafen sich auch Frauen aus weit entfernten Orten. Sie kannten sich nicht, aber erzählten sich ihre privaten Geschichten. Wenn dort ein Fest gefeiert wurde, brachte man alle weiblichen Mitglieder der Familie mit. Man begutachtete die schönen jungen Frauen im heiratsfähigen Alter, um sie weiterzuvermitteln. Sie brachten Obst, Süßigkeiten und Getränke mit, und wenn sie aus dem *Juwwani* kamen, setzten sie sich in den *Barrani* und amüsierten sich. Die jungen Frauen trugen Teppiche, kleine Kissen und kupferne Schüsseln, Seifen, Henna und weiße Badetücher herbei. Man faltete die Badekleidung sorgfältig in ein Seidentuch und band sie zu einem Bündel zusammen.

Jede Frauengruppe bekam eine Bademeisterin zugeteilt. Sie bereitete alles vor und musste Kenntnisse über die Badekultur besitzen, schweigen können und in der Lage sein, Streitigkeiten zu lösen.

Auch nach einer Krankheit oder Entbindung gingen die Frauen gerne ins Bad. Sie wurden von ihrer Hebamme begleitet. Sie setzte sie an das Wasserbecken und massierte ihren Bauch und auch den Rest des Körpers mit einer schwarzen Salbe, der *Schudud*. Sie bestand aus Essig, Pfeffer, Muskatnuss und anderen scharfen Gewürzen, die mit Honig angemacht waren. Danach wurde die junge Mutter mit warmem Wasser gewaschen.

Im Hammam banden sich alle Frauen ein Tuch um, von der Brust bis zu den Füßen. Die alten Frauen banden es sich nur um die Taille. Die Mädchen waren sehr laut und bespritzten sich gegenseitig mit Wasser. Manchmal fiel auch das Tuch auf den Boden oder jemand zog es zum Spaß herunter. Dann herrschte große Unruhe, wenn eine Frau plötzlich nackt durch das Bad lief.

Faisal Khertesh

حمّام « النسوان » قديماً

تبقى النساء في الحمّام فترة أطول بكثير من الرجال، ويعتبر الغسل وتضفير الشعر عملاً شاقّاً بالنسبة لهن، كما يضطررن للعناية بالأطفال، وهن لا يبقين طوال الوقت في الجوّاني، بل يمضين وقتهنّ في البرّاني، لعدم وجود عدد كاف من الأجران، لهذا العدد الكبير منهنّ في وقت واحد، لذا يضطررن للدخول بالدور، وهو أمر يثير الكثير من المشاحنات والمشاجرات الحامية بين النساء، حيث يبدأ الضرب بالطاسات والمآزر، وتضطر «القيمة» إلى تعميش الحمامي وإدخاله لفضّ الخلاف، وعندما يشتد الأمر تستدعى الشرطة للوقوف على باب الحمّام.

في الأيام العادية، تدخل النساء من كل الطبقات إلى الحمّام، حتى يمتلئ تماماً، وبسبب العدد الكبير من الأطفال، فإن النساء أنفسهن لا يحتملن هذا الصخب، ورغم الإزعاجات التي يشتكين منها دائماً، فهنّ مغرمات بالإفراط في إرتياد الحمّام، لأن الحمام يكاد أن يكون المكان الوحيد لتجمعهن، ويشهد حمّام الحي فعاليات واسعة للجنسين، وكثيراً ما يؤخذ الحمّام من بابه (كما يقال) للعروس أو للعريس، أي يحجز لصالح جماعة ما، وفي صباحية العرس، يعمّ الحمّام الغناء والطرب، وتمدّ مائدة للطعام، كما أنه يتيح للنساء فرصة عرض مجوهراتهن وثيابهن الجميلة، ودعوة معارفهن والإلتقاء الجماعي بهن، لسماع القصص المنزلية التي لا تخلو من النميمة.

توجد حمّامات أكثر شعبية تجتمع فيها النساء، من أماكن بعيدة، وإذا جلسن قرب بعضهن، فإنهن يدخلن في أحاديث خاصّة، رغم عدم معرفتهن ببعض من قبل. وعندما تقيم نساء من عائلات مختلفة حفلة في الحمّام العام، فإنهن يصطحبن جميع الإناث في تلك العائلة، وغالباً ما تتم مراقبة وفحص الفتيات الجميلات، اللواتي أدركن سن البلوغ من أجل الخطبة والزواج، كما أنهن يأخذن معهن الفواكه والحلويات والشرابات، ويتناولنها بمتعة وبهجة في البرّاني، بعد خروجهن من الجوّاني، وتحمل الصغيرات منهن السجاجيد والوسائد الصغيرة، والأدوات النحاسية والصابون والبيلون والحنة والكساء والبياضات المخصصة للحمام، التي تتألف من ألبسة معينة مع عدد من المآزر والمناشف المزركشة، ويتمّ طي لباس الحمّام بعناية في قطعة مربّعة من الحرير، أو قماش مطرّز على شكل صرّة ، تسمّى «بقجة».

تزوّد كل مجموعة من النساء بـ :«قيمة» وهي امرأة تشرف على تحضير كل شيء، وتقوم بالعناية بالنساء في الجوّاني، وينبغي أن تكون ملمّة جيداً بقواعد وآداب الحمّام، وحاذقة وذربة اللسان، وتقوم بفضّ النزاعات التي تحدث.

ترتاد النسوة الحمّام بعد الولادة وتقوم قابلة بالعناية بالمرأة الأم، وتجلسها بالقرب من أحد الأجران، وتدهن بطنها وأطرافها بمركب إسمه (شدود) مؤلف من خلّ وفلفل وجوزة الطيب، ومكوّنات أخرى حارّة، تخلط بالعسل، وتغسل بماء دافئ، بعد الحمّام.

ترتدي النسوة لباساً مخصصّاً للحمّام، يتألف من فوطة تلفّ حول الخصر، تغطّيهن تماماً من الصدر وحتى الأسفل، وقد تكتفي العجائز بالمئزر الذي يلف على الخصر، وتحدث الفتيات الصغيرات صخباً شديداً في الحمّام، ويعتبرن دلق الماء على بعضهن من الأمور الممتعة، وقد تسقط الفوطة أو المئزر بسهولة بشكل عرضي، أو تشدّ من قبيل اللعب، إلا أن مثل هذا الأمر يثير الفزع، إذا ما شوهدت امرأة في الحمّام وهي تتجوّل عارية تماماً.

فيصل خرتش

Aleppo ist eine Textilstadt – an vielen Orten

für Aabed

Von Nordwesten erreicht man die Stadt über Belleramoon, einen Kreisverkehr, der mit einem ausgedienten Industriewebstuhl dekoriert ist. Diese Ikone textilwirtschaftlicher Vergangenheit thront auf einem Podest, umringt von bunten Blumenrabatten. Der Weg ins Stadtzentrum verläuft entlang einem grau verstaubten Gewerbegebiet mit unzähligen Webereien. Sie haben sich in den Neunzigerjahren, in denen der Textilexport boomte, aus dem Stadtzentrum an den Stadtrand verlagert. Tagsüber lärmt es hier ohrenbetäubend. Und wenn der Lärm bis in die Abendstunden anhält, weil mehrere Arbeitsschichten gefahren werden, brummt die Aleppiner Textilindustrie. Zurzeit ist es aber anders: Die Maschinenwebstühle werden bereits in den späten Nachmittagsstunden abgestellt, was so mancher als Indiz für eine Zeitenwende einschätzt.

Auf den ersten Blick scheinen dem Zentrum, der Altstadt und ihren Suqs, Zeitenwenden nichts anhaben zu können. Die steinernen, milchgrauen Fassaden und die Geschäftigkeit an den Eingängen zum Suq vermitteln den Eindruck, als wären sie über jede Veränderung erhaben. Gestikulierendes Feilschen, ungeduldiges Hupen, geschäftiges Be- und Entladen knatternder Suzuki-Pick-ups lassen in die Geschäftigkeit eintauchen, die sich vom Vorplatz des Suq bis in seine verästelten Ladenstraßen hinzieht. In ihnen werden auf provisorischen Tischen knallbunte Plastikutensilien ausgebreitet, deren fernöstliche Herkunft nicht zu übersehen und als ein Hinweis auf den Strukturwandel zu verstehen ist.

Das betrifft auch das Textilgewerbe, das mit einem Anteil von 66 Prozent an allen im Suq ansässigen wirtschaftlichen Aktivitäten eine herausragende Bedeutung hat. Die Mehrheit verkauft industriell gefertigte Massenware. Nur einige Händler haben sich mit orientalisch aufgemachten Mustern und Farben auf die steigende Anzahl ausländischer Touristen spezialisiert, wobei nur wenige Touristen bemerken, dass sie aus Indien importierte Tücher und Gewänder als Aleppo-Souvenir nach Hause tragen. Unter den 2059 Läden sind nur wenige Händler verblieben, die in der Stadt handwerklich hergestellte Produkte der Aleppiner Textiltradition vertreiben. Dieser Zustand ist darauf zurückzuführen, dass sich das in Aleppo über Jahrhunderte gelebte System der handwerklichen Textilherstellung unter den heutigen Bedingungen weder sozial noch ökonomisch trägt. In der Vergangenheit arbeitete der größte Teil der Textilhandwerker als kleiner Lohnfertiger unter Bedingungen eines frühkapitalistischen Unterbietungswettbewerbs. Mit dem Vormarsch preiswerter industrieller Fertigung begann der Rückzug des Textilhandwerks. Seine Einkommen wurden mit der Zeit so gering, dass die junge Generation die elterlichen Werkstätten nicht mehr weiterführt. Hinzu kommen qualitative und soziale Faktoren: Soziales Prestige wurde früher durch die Stellung im Textilhandwerk erworben und vererbt, es korrelierte mit der Erfahrung, die mit der Verarbeitung und dem Vertrieb bestimmter Stoffe nachgewiesen wurde, und der Fähigkeit, bestimmte Muster zu reproduzieren. Das ist Vergangenheit.

Das regelmäßige Knallen der Webschützen und ratternden Nähmaschinen, das heutzutage in der Altstadt an den Rändern des Suq hörbar ist, stammt aus kleinindustriellen Werkstätten. In ihrem Inneren deuten die Gegensätze auf den Strukturwandel hin: Neben alten mechanischen Webstühlen stehen computergesteuerte Rundstrickmaschinen. Dies ist ein Zeichen für eine – wenn auch eingeschränkte – Beständigkeit. Wenngleich die traditionellen Produkte mit ihren Mustern und Farben und die Fertigkeiten zu ihrer handwerklichen Erzeugung bald vollends zu verschwinden drohen, bleibt der Altstadt ihre traditionelle Funktion erhalten. Sie beherbergt und bündelt den beständigen Handel und Wandel von Menschen, Materialien und Informationen.

Holger Kuhle

Aleppo Is A Textile City – In Many Places

for Aabed

You reach the city from the northwest via the Belleramoon, a traffic circle decorated with a worn-out industrial loom. This icon of the textile economy of the past is enthroned on a pedastel, surrounded by colorful flower beds. The way into the city center passes along a gray, dusty industrial zone with countless weaving mills. In the 1990s, when textile exports were booming, they moved out of the city center to the outskirts. By day the noise here is deafening, and when the noise continues even into the evening hours because several work shifts are run, the Aleppine textile industry is humming. But, things are different at the moment: the machine looms are already being turned off in the late afternoon hours, which some people see as an indicator of a changing of the times.

At first sight, changes of the times do not seem to be able to have anything on the city center and the Old City and its souqs. The stone, milk-gray façades and the bustling activity at the entrances to the Souq convey the impression that they would rise above every change. Gestured haggling, impatient honking, the hustle and bustle of the loading and unloading of rattling Suzuki pickups allow you to be immersed into the activity that extends from the areaway of the Souq into its branching streets of shops. Brightly-colored plastic utensils are spread out on fold-up tables and their Far Eastern origin cannot be missed and should be understood as a sign of the structural change.

This also affects the textile business, which has an outstanding importance with a 66 percent part of all local business activities in the Souq. The majority sell industrially mass-produced goods. Only some merchants have specialized with Oriental-style patterns and colors for the growing number of foreign tourists, though only few tourists notice that they are taking home with them as souvenirs from Aleppo towels and robes imported from India. Among the 2059 shops only few merchants remain who sell handicraft products of the Aleppine textile tradition still produced in the city. This situation is caused by the fact that the system of handicrafted textile production that lived for centuries in Aleppo is no longer socially nor economically viable under today's conditions. In the past, the largest part of the textile craftsmen worked as small contractors under the conditions of an early capitalist contest of underbidding. With the advance of cheaper industrial production, the retreat of the textile craft began. Their incomes became so little with time that the younger generation no longer carried on their parents' workshops. Qualitative and social factors are part of this as well: social prestige used to be gained and bequethed through position in the textile trade, it correlated with the experience that was proven by producing and selling certain materials and the ability to reproduce certain patterns. This is a thing of the past.

The regular banging of the shuttles and rattling sewing machines you can hear today in the Old City at the edges of the Souq are from light industrial workshops. The contrasts inside these workshops point to structural change: next to old mechanical looms stand computer-guided circular-knitting machines. This is a sign for a – though limited – continuance. Although the traditional products, with their patterns and colors and the abilities for producing them by hand will soon be threatened by extinction, the Old City remains intact with its traditional function. It lodges and groups together the constant business and change of people, materials, and information.

Holger Kuhle

Ein Ort der Ruhe

Aleppo ist eigenwillig, ein bisschen launisch, aber liebenswürdig, sobald man sich auf die Stadt und seine Bewohner einlässt. Für mich ist Aleppo ganz eng mit einem Gebäude verknüpft – der Shibani-Schule, einem ehemaligen Franziskanerkloster im Herzen der Aleppiner Altstadt. Der Bau liegt in unmittelbarer Nachbarschaft der altehrwürdigen Basare, die sich entlang der rechtwinkligen, hellenistischen Straßenverläufe erstrecken. Man erreicht ihn geradewegs von der großen Moschee, südwärts in Richtung Qinnasrin-Tor. Es ist ein ungewöhnliches Gebäude – schlicht, aber schön. Obwohl es zentral liegt, strahlt es eine große Ruhe und Würde aus, sobald man es betritt. Es entschleunigt, es begrüßt.

Als ich die Shibani-Schule im Jahr 2004 das erste Mal besuchte, war ihr Innenhof mit zahllosen Steinquadern verschiedener Größe übersät. Dank syrischer und deutscher Gelder konnte das Gebäude rekonstruiert werden, und die Stadt Aleppo richtete es her, um es als Zentrum für Kultur und Bildung zu etablieren. Damals fiel es mir schwer, mir eine Vorstellung von dem komplexen Bau zu machen. Aber als ich fast drei Jahre später dort einzog, in einen herrlichen, lang gestreckten Raum mit dunkler Holzbalkendecke, der für die kommenden Jahre das Büro unseres Teams werden sollte, konnte ich das Gebäude über die Jahreszeiten beobachten und ganze Tage darin verbringen.

Die Shibani-Schule hat über die Jahrhunderte viele Veränderungen erlebt. Aus dem 16. Jahrhundert stammend, diente der Bau zunächst als Franziskanerkloster, später wurde er zur Knabenschule der wohlhabenden Aleppiner und Levantiner, die als lokale Elite bis in das frühe 20. Jahrhundert hinein das Zentrum der Altstadt bewohnten. Eine großräumige Kathedrale, die bis 1937 an die nördliche Außenmauer grenzte, diente als einer der zentralen Orte für christliche Gottesdienste. Das Gotteshaus wurde in der zweiten Hälfte des 20. Jahrhunderts abgerissen, nachdem eine große Anzahl wohlhabender Stadtbewohner ihre neuen, europäisch inspirierten Stadtvillen in Aleppiner Vororten bezogen hatte. Übrig blieben die mehrgeschossigen Räumlichkeiten, die sich lang und schmal um einen großen Innenhof gruppierten. Eine Weile erfuhr das Gebäude eine Nutzung als Tabaklager, bis es zum Ende des 20. Jahrhunderts ein Geheimtipp für Kreative wurde.

Seit ihrer Restaurierung hat sich die Shibani-Schule in einen multifunktionellen Ort verwandelt, der für zahllose Veranstaltungen und Experimente genutzt wird. Das Gebäude lässt sich auf vieles ein und viel hat man mit der Shibani-Schule noch vor. Nur, lassen sich Aleppos Bewohner auch auf diesen Ort ein? Er lockt sie und trotzdem scheint er zu verwirren. Das Gebäude ist beliebt, doch gleichzeitig ruft seine Lage gemischte Gefühle in der Bevölkerung hervor – inmitten der mittelalterlichen Altstadt, umgeben von konservativer Nachbarschaft. Wer aber einmal in den Innenhof getreten ist, schätzt ihn als einen Ort der Entspannung und Ruhe. Man flüchtet vor der unmittelbaren, aber nicht greifbaren Rastlosigkeit des Basars hinein in die Stille des Innenhofs und verschnauft, bevor es wieder zurück in das alltägliche Treiben geht.

Für mich persönlich sind es Details und Momentaufnahmen, die meine Faszination für das Gebäude ausmachen. Es ist die Summe an Erlebnissen, die sich mit ihm verbinden, und den Menschen, die in diesem Gebäude interagieren. Als Arbeitsort, Treffpunkt, Ruheort und manchmal sogar als Versteck ist es mit der Zeit zu meinem Komplizen geworden. Es ist ein Gebäude, in das ich gerne gehe – zu jeder Tages- und Jahreszeit. Manchmal bin ich früher als nötig aufgestanden, um die Stimmung des Innenhofs von der Galerie aus zu erleben, bevor Besucher und Angestellte ihn bevölkerten, oder bin mit Gästen auf Schleichwegen zwischen den kompliziert verbundenen und versetzten Ebenen auf- und abgelaufen. Oft habe ich die Hoffassade aus behauenem Kalksandstein betrachtet, die im Vergleich zu anderen Innenhöfen sehr schlicht wirkt und in der verwirrend moderne Betonanker stecken.

Und das Gebäude hat noch eine weitere Besonderheit: Trotz der vielfältigen Nutzung will sich der Bau nicht unterordnen. Mit seinen eigenwilligen Räumen sträubt er sich gegen eindeutige Funktionen. Einige Säle überraschen mit ihrer eleganten, hohen und langen Form, mit ungewöhnlichen Ein- und Ausblicken. Obwohl die schlicht verputzten und mit Holzböden und -decken versehenen Innenräume keine spektakuläre Fresken oder Verzierungen aufweisen, sind sie ideale Orte für das Zelebrieren von Raum und Licht, beinahe zu elegant für eine pragmatische Verwendung. Für mich stellt das Gebäude nach wie vor ein Faszinosum dar – einen Ort, an dem man sich geborgen fühlen kann, der Ruhe und Kraft gibt. Für mich, als Ausländerin, ist er ein wichtiger Bestandteil von „meinem" Aleppo.

Franziska Laue

A Place Of Rest

Aleppo is headstrong, a bit moody, but lovable as soon as you open up to the city and its residents. For me, Aleppo is closely connected to one building – the Shibani School, a former Franciscan monastery in the heart of the historic city center of Aleppo. The building is located in the immediate neighborhood of the time-honored bazaars that stretch out along the squared Hellenistic courses of the road. You reach it straight on from the Grand Mosque, to the south in the direction of the Qinnasrin Gate. It is an unusual building – modest, but beautiful. Although it is centrally-located, it radiates a great peace and dignity as soon as you enter it. It slows you down and greets you.

When I first visited the Shibani School in 2004, the courtyard was filled with countless ashlars of different sizes. Thanks to Syrian and German financial support, the building could be reconstructed and the city of Aleppo fixed it up to establish it as a center for culture and education. At that time, it was hard for me to get an idea of the complex building. But, when I moved in there almost three years later, in a majestic, long room with a dark wood-planked ceiling, which was to be our team offices for the coming years, I was able to observe the building at different seasons of the year and spend whole days in it.

The Shibani School has experienced many changes of the centuries. Originating in the 16th century, the building first served as a Franciscan monastery, then later it became the boys school of wealthy Aleppines and Levantines who lived in the center of the historic city center as the local elite until the early part of the 20th century. A spacious cathedral, which bordered on the northern outer wall until 1937, served as one of the central places for Christian worship services. This house of God was torn down in the second half of the 20th century after a large number of wealthy city residents had moved into their new European-inspired city villas in Aleppo's suburbs. The multi-story rooms that were grouped long and narrow around a large inner courtyard were all that remained. The building was used for a while as a tobacco storage area until it became an insider's choice for creative people at the end of the 20th century.

Since its restoration, the Shibani School has been transformed into a multi-functional place that is used for countless events and experiments. The building is open for many different things and there are already many things planned for the Shibani School. Well, then, are Aleppo's residents also open to this place? It attracts them and yet, it seems to confuse. The building is popular, but, at the same time, its location evokes mixed feeling among the population – right in the middle of the Medieval historic city center, surrounded by a conservative neighborhood. But, if you have ever entered the inner courtyard, yo will appreciate it as a place of relaxation and rest. You flee from the direct, but intangible restlessness of the Bazaar, submerging into the tranquility of the inner courtyard and catch your breath before going back out into the daily hustle and bustle.

For me personally, it is the details and the snapshots that make up my fascination for this building. It is the sum of experiences connected with it and the people who interact in this building. As a workplace, meeting place, place for relaxation, and sometimes even as a hideaway, it has become my partner with time. It is a room I like to enter – at any time of the day or year. Sometimes I have gotten up earlier than usual just to experience the atmosphere of the inner courtyard from the gallery before visitors and employees crowded into it or I have also walked up and down back ways with guests between the intricately-connected and set apart floors. I have often gazed at the façade of the courtyard, carved out of sand-lime brick, which appears very simple compared to other inner courtyards and get stuck in the confusing modern concrete forms.

This building has one more special thing about it: despite the many different uses, the construction will not bend. With its idiosyncratic rooms, it is resistive to clear functions. Some halls surprise you with their elegant, high, and long form and with unusual views inside and out. Although the simple plastered inner rooms, refurbished with parquet floors and planked ceilings, do not show any spectacular frescoes or adornments, they are ideal places for the celebration of space and light, almost too elegant for some practical use.

For me, the building is still an object of fascination – a place where you can feel protected that gives you rest and strength. For me, as a foreigner, it is an important part of "my" Aleppo.

Franziska Laue

Aleppo –
eine Stadt, die sich gewaschen hat

Als ich meiner Tochter Anja vor einiger Zeit mitteilte, dass ich durch Syrien reisen und dabei auch nach Aleppo kommen würde, bat sie mich, statt eines Andenkens für sie eine Geschichte aus dieser Stadt mitzubringen. Meine Tochter ist nämlich Autorin und wusste von diesem Buchprojekt. Ich wusste allerdings nicht, ob ich wirklich eine gute Geschichte im Gepäck haben würde, schließlich war ich lange Jahre Besitzerin eines Reisebüros und kannte mich mehr mit Unterkünften, Flugverbindungen und gängigen Sehenswürdigkeiten aus. Sicherheitshalber beschloss ich daher, als Geschenk noch eine der berühmten Aleppo-Seifen aus Oliven- und Lorbeeröl mitzubringen. Wie gute Käselaibe lagern und reifen sie ohne künstliche Zusatzstoffe über Jahre, und man lässt sich bei den Seifenhändlern des Suq einfach ein Stück in gewünschter Größe abschneiden. Als ich meine Seife ausprobierte, war ich sofort begeistert, wie gut sie reinigte und wie gepflegt sich die Haut danach anfühlte, als sei sie mit einem besonderen Schutz versehen worden.

Als ich später weiter durch Aleppo streifte, kam es mir fast so vor, als seien die gesamte Stadt und ihre Bewohner mit dieser einzigartigen Seife behandelt worden. Denn im Gegensatz zu anderen syrischen Städten wie Damaskus oder Daraa, wo uns in diesen Apriltagen des Jahres 2011 Demonstrationen, Straßensperren, Benzinboykott und bewaffnete Militärs aufgehalten hatten, zeigte sich Aleppo sehr rein, frisch und geputzt und ebenfalls wie unter einem besonderen Schutz.

Am auffälligsten war dies ausgerechnet bei der Polizei zu beobachten. Während andernorts in Syrien ganz in schwarz gekleidete Ordnungshüter mit kugelsicheren Schutzwesten, zum Einsatz bereiten Maschinengewehren und versteinerten Mienen die Straßen und Brücken säumten, schienen Aleppos Polizisten statt im Dienst eher mit uns im Urlaub zu sein, so entspannt präsentierten sie sich. Vielleicht sahen wir sie auch deshalb nie an offiziellen Einsatzstellen wie zum Beispiel einer Verkehrsplattform der „Traffic Police"? Ihr größtes Interesse bestand darin, von und mit uns Touristen fotografiert zu werden. Vielleicht ja auch, um dem Ausland ganz andere Bilder als die in dieser Zeit üblichen von gewaltsam niedergeschlagenen Aufständen zu liefern? Als wollten sie ihren Pazifismus wie zum Beweis noch betonen, hatten sie ihre Motorräder mit bunten Bändern und Blumenbildern geschmückt. Obschon man in Aleppo grundsätzlich das Gefühl hat, sich auf einer Zeitreise zu befinden, vor allem beim Besuch der gewaltigen, über der Stadt thronenden Zitadelle, führte die Reise nun in die jüngere Vergangenheit. Inmitten der Polizei wähnte man sich auf einer amerikanischen Hippie-Demo der 70er-Jahre, nur richtete sich der Protest nun nicht mehr gegen einen Vietnam-Krieg, sondern den im eigenen Land.

So wenig die Polizei streng und schwarz auftrat, so wenig taten dies auch die aleppinischen Frauen. Schwarz gewandet waren nicht viele, sondern frisch herausgeputzt in leuchtenden Farben, verschleiert ging so gut wie keine, selbst ein Kopftuch trugen nur manche von ihnen und Geschäfte boten überdies bunte Büstenhalter und Unterwäsche ganz frei auf offener Straße an. Wieder dachte ich an die Aleppo-Seife. Es war offenbar Zeit, auch die westliche Vorurteilsbrille gründlich damit zu reinigen, um das Bild in unseren Köpfen zu korrigieren, nachdem die Frauen hier schon ganz real ihr Erscheinungsbild verändert hatten.

Eine weitere Überraschung dieser Art gab es beim Besuch der Omayyaden-Moschee, für den wir eine religiös angepasste zweite Haut überstreifen mussten. Wie staunten wir weiblichen Besucherinnen, als wir uns am Ende dieses Prozederes nicht in traditionell muslimisch aussehende Frauen, sondern in christlich anmutende Nonnen verwandelt hatten. Denn die ausgehändigte weiße Tracht mit den kleinen blauen Punkten erinnerte eher an den klösterlichen Habit einer von Sünden gereinigten Novizin. Schon wieder dachte ich wohl an die Aleppo-Seife und wünschte mir nun wirklich, sie hätte die Fähigkeit, Körper und Köpfe nicht nur äußerlich zu reinigen, sondern innerlich. Ganz leicht würden sich unsere Vorurteile abwaschen lassen, aber vor allem wäre es mit ihr möglich, verkrustete Strukturen aufzuweichen, zu fest Gewordenes in den Köpfen zu lösen, ein neues, frisches syrisches Gesicht zu zeigen und die Menschen mit einem besonderen Schutz zu versehen, den sie in dieser Zeit so nötig hatten.

Nach einer abenteuerlichen Ausreise aus Syrien und Rückkehr über Jordanien nach Deutschland brachte ich meiner Tochter also tatsächlich mit dem Stück Seife auch ein Stück Geschichte aus Aleppo mit.

Marianne Massoth / Anja Massoth

Aleppo – A City That Has Cleaned Up

When I told my daughter Anja some time ago that I was travelling through Syria and would also be coming to Aleppo, she asked me to bring her a story from this city instead of a souvenir. My daughter is an author and knew about this book project. But, I certainly did not know if I would really have a good story to bring back in my suitcase. For many years I was the owner of a travel agency and so I knew my way around more with accommodations, flight connections, and popular attractions. So, just to be safe, I decided to bring back one of the famous Aleppo soaps made of olive oil and laurel. Store them like good wheels of cheese and they will mature over years without artificial additives. And you just let the soap merchants of the Souq cut you off a piece in the desired size. When I tried out my soap, I was immediately excited about how well it cleansed and how well-cared my skin felt afterwards as if I had been given some special protection.

When I wandered through Aleppo later, it almost seemed as if the whole city and its residents were treated with this unique soap. By contrast to the other cities of Syria like Damascus or Daraa, where demonstrations, barricades, a gasoline boycott, and armed soldiers held us up in April this year (2011), Aleppo showed itself as very pure, fresh, and cleaned and also as if it were under some special protection.

You could most noticeably observe this with the police. While the black-clothed officers with bulletproof vests ready with machine guns and stone-faced looks lined the streets and bridges in other parts of Syria, Aleppo's police appeared to be on vacation with us instead of on duty. That is how relaxed the situation was. We may not have therefore even seen an official duty area, like a traffic platform of the traffic police, for example. Their greatest interest was to be photographed by and with us tourists. Perhaps, of course, also to provide foreign countries completely different images from the customary ones seen at this time of violently suppressed protests. As if they wanted to emphasize also their pacifism as proof, they decorate their motorcycles with colored ribbons and pictures of flowers. Although you basically have the feeling in Aleppo that you are on a journey through time, especially when you visit the mighty Citadel enthroned above the city, the journey took us also into the more recent past. Among the police, you imagined yourself to be at an American hippy demonstration of the 1970s, but the protest was no longer now against the Vietnam War, but the one in their own country.

The less the police appeared strict and black, the less the women of Aleppo did as well. Not many were clothed in black, but, instead, freshly decked out in shiny colors, hardly any went around with veils on and only some of them wore scarves. Moreover, shops offered colorful bras and underwear out on the open street. I thought again of the Aleppine soap. It was apparently time also to thoroughly clean the glasses of Western prejudices with this, to correct the images we have in our minds after the women here had already changed their appearance in a real way.

A further surprise of this nature occurred while visiting the Umayyad Mosque, for which we had to cover up with a religiously-acceptable second layer of skin. How we amazed the women who attended, when, at the end of this procedure, we had transformed ourselves not into a traditional Muslim appearance, but into Christian-looking nuns. The white costume with the small blue points handed out to us reminded us more of the monastic garb of a novice cleansed from sin. I thought again of the Aleppine soap and now really wished it not only had the ability to cleanse the body and heads on the outside, but on the inside as well. Our prejudices were then easily washed away, but, especially, it would be possible with it to soften up hardened structures, to dissolve things in the minds that have become too hardened, to show a new, fresh Syrian face and to give people a new special protection that they so desperately need at this time.

After an adventuresome departure from Syria and return to Germany via Jordan, I really brought back a piece of history with the piece of soap from Aleppo.

Marianne Massoth / Anja Massoth

Wenn Steine Geschichten erzählen

Wer sich mit historischen Bauwerken befasst, erfährt viel von ihrer und über ihre Geschichte, über das Leben unserer Vorfahren und über den technischen und wissenschaftlichen Stand einer vergangenen Zeit.

Bei einem Spaziergang durch die Stadt – nicht nur durch die mittelalterliche Altstadt, sondern auch durch die Stadterweiterung des 19. Jahrhunderts – erzählen uns die in den Gebäuden verbauten Steine unbekannte Geschichten zu Aleppo. Jeder Besucher sieht und liest sie anders, und daher ist es so wichtig, die historische Bausubstanz als Geschichtszeugen und -zeugnis im Original zu erhalten.

Aleppo hat historisch sehr viel zu bieten, und das so anschaulich, dass jeder Besucher von der Stadt fasziniert ist. Im Schnittpunkt uralter Karawanenwege gelegen, war Aleppo einst das Tor des Orients zum Westen. Noch immer ist der mittelalterliche Basar das Herz der Stadt, in dem es wogt und brodelt. Auf Wollfärber, Tischler, Kesselschmiede und Tuchhändler stoßen wir in einem Labyrinth von verwinkelten Gassen, die sich mit großen Toren zu den zahlreichen noch vorhandenen Khans öffnen. Man ist gefangen von den vorbeiziehenden Bildern und Farben, überwältigt von fremdartigen Düften und Geräuschen. Bleibt man vor einem historischen Gebäude stehen, kann man durch zahlreiche Baudetails und den handwerklich ausgeformten Bauschmuck vieles erfahren, ohne im Touristenführer nachlesen zu müssen. Es sind die Pflastersteine mit ihren Schleifspuren jahrhundertealter Abnutzung, die uns faszinieren, aber auch die verborgenen Schätze baulicher Handwerkskunst.

Für viele Besucher ist es überraschend, in einer Seitengasse der Omayyaden-Moschee einen Sockelstein am Portal zu einem Innenhof zu entdecken, der mit Kreuzen und anderen christlichen Motiven in Ergänzung zu griechischen Inschriften verziert ist. Es handelt sich um den Eingang zur Madrasa al-Halawija.

Dieses Gebäude geht auf das 5. Jahrhundert zurück, es wurde in byzantinischer Zeit als zentrale Kirche der Stadt gebaut. 540, so ist es in den Archiven festgehalten, wurde die Kirche zerstört, dann unter der Regierungszeit Justinians als Kathedrale neu errichtet.

Im frühen 8. Jahrhundert baute der omayyadische Herrscher Al-Walid Ibn Abdel Malek seine mächtige Freitagsmoschee vermutlich in den Klostergarten der Kathedrale, die heute in den Führern Aleppos als Omayyaden-Moschee bezeichnet wird. In dieser Zeit war die Kathedrale sicherlich als christliches Gotteshaus noch in Funktion.

1123, während der Regierungszeit von Belak Ibn Bahram Ibn Qurtoq, wurde die Kathedrale in eine Madrasa umgewandelt und heißt seitdem Madrasa al-Halawija. Man machte sich nicht die Mühe, die christlichen Bauteile zu entfernen, und so finden wir Säulenbasissteine mit Kreuzen und korinthische Säulenkapitelle in dem islamischen Bauwerk. Ich bin überzeugt, dass man von dem Wert und der Schönheit dieser Bauteile bei den Umbaumaßnahmen der Kathedrale zur Madrasa wusste und sie als Spolien im islamischen Kontext erhalten hat. Bei Ausgrabungen fand man den Originalboden der Kathedrale nur einen Meter unter dem Fußboden der Madrasa, eingebaut in acht noch erhaltene *Piedestale* mit Säulen und korinthischen Kapitellen, ein Nebeneinander der großen Religionen der Welt.

In Aleppo gibt es viele Steine, die uns Geschichten von der Stadt erzählen. Man muss nur die Augen offen halten, „zuhören" und versuchen, ihre Sprache zu verstehen.

Wolfgang Mayer

الحجارة تروي القصص

كل شخص يهتم بالمباني التاريخية، يعرف الكثير عنها وعن تاريخها، وعن حياة الأجداد وعن الحالة الفنية والعلمية في الحقبة الماضية.
في نزهة عبر المدينة - ولا أقصد المدينة القديمة التي من العصور الوسطى فحسب، إنما أشمل أيضا التوسع العمراني الذي جرى في القرن التاسع عشر - تروي لنا الأحجار، التي أستخدمت في عمار الأبنية، قصصاً غير معروفة عن حلب. كل زائر يراها ويقرؤها بشكل مختلف، وبالتالي فإنه من المهم جداً الحفاظ على أسس الأبنية التاريخية كشاهدة على العصر، والحفاظ على هذه الشهادة بشكلها الأصلي.
لدى حلب الكثير مما تقدمه تاريخياً للعيان بحيث تُبهر كل زائر للمدينة. وبما أنها تقع على تقاطع طرق القوافل القديمة، فلقد كانت بوابة الشرق إلى الغرب. لا تزال السوق التي بُنيت في العصر الوسيط تشكل قلب المدينة، تموج بالحركة وتغلي.
هنا نصادف صباغي الصوف والنجارين وصانعي المراجل وتجار الأقمشة في متاهة من الشوارع المتعرجة، التي تصب عند بوابات ضخمة لخانات عديدة مازالت باقية. تأسرك الصور والألوان التي تمر أمامك، وتبهرك الروائح الغريبة والأصوات.
إذا وقفت أمام مبنى تاريخي، فيمكنك أن تستنتج الكثير من خلال تفاصيل البناء العديدة، والزخرفة المعمارية الكثيرة من ناحية الشكل، دون الحاجة إلى قراءة هذه الأشياء في كتاب الدليل السياحي. تبهرنا الحجارة المرصوفة التي تآكلت من الإستعمال على مر العصور، ومثلها كنوز فن العمارة اليدوي المخبأة. ومن دواعي الدهشة للكثير من الزوار أن يكتشف المرء في الشارع الفرعي للجامع الأموي، عند مدخل فناء، قاعدة من حجر مزين بالصلبان وبرموز مسيحية أخرى، كما بنقوش بالخط اليوناني. إنه مدخل المدرسة الحلوانية.
يعود هذا المبنى إلى القرن الخامس للميلاد، بُني في العصر البيزنطي كنيسة وسط المدينة. وقد ورد في الأرشيف أن الكنيسة دمرت عام ٥٤٠ ثم تم بناؤها من جديد أيام حكم جوستنيان. وفي بداية القرن الثامن شيد الخليفة الأموي الوليد بن عبد الملك، على الارجح في حديقة دير الكاتدرائية، مسجداً لصلاة الجمعة هو الذي يشار إليه الآن في الدليل السياحي لمدينة حلب بالجامع الأموي. آنذاك، كانت الكاتدرائية بالتأكيد مازالت تُستخدم كبيت للعبادة المسيحية.
عام ١١٢٣ في عهد حكم بلاك بن بهرام ابن قرطق تحولت الكاتدرائية إلى مدرسة وسميت منذ ذلك الحين بالمدرسة الحلوانية. لم يهتم أحد بإزالة العناصر المسيحية، لذلك نجد قواعد أعمدة من الحجارة عليها صلبان وتيجان أعمدة كورنثية في المبنى الإسلامي.
وإنني مقتنع بأن الناس، أثناء تجديد البناء لتحويل الكاتدرائية إلى مدرسة، كانت تدرك قيمة هذه المكونات المعمارية وجمالها، وحافظوا عليها كمكتسبات معمارية في سياقها الإسلامي الجديد. خلال الحفريات وجدوا الأرضية الأصلية للكاتدرائية، مبنية تحت بلاط المدرسة على ثمانية أعمدة وركائز مع تيجان كورنثية. هنا تجاورت كبرى ديانات العالم.
يوجد في حلب العديد من الحجارة التي تحكي لنا قصص المدينة. لا بد من إبقاء العيون مفتوحة «والإستماع» ولنحاول أن نفهم لغتها.

فولفغانغ ماير

Verloren im Suq

Sobald ich das Hotel Dar Halabia verlasse, bin ich mittendrin im Suq. Ich bin zum ersten Mal in Aleppo. Es ist Anfang Juni und sehr heiß, sobald die Sonne hoch am Himmel steht. Der allgegenwärtige Staub beißt in der Nase. Vereinzelte Oleanderbäume kämpfen ums Überleben, ihre rosa Blüten schwer vom Staub. Im überdachten Suq ist es dämmerig und kühler. Ich biege in den Suq al-Attarine in Richtung Zitadelle ein und lasse mich im Strom der Menschen treiben. Von hier aus schlendere ich durch das Gewirr der Gassen, vergesse die Zeit und tauche in eine fremde Welt ein.

Es riecht nach Koriander und Olivenseife, nach Kaffeebohnen vermischt mit dem strengen Geruch aufgehängter Hammel. Und nach dem Gestank vorbeibretternder Suzuki-Kleinlaster. Auf Holzkarren schieben Obstverkäufer Berge von Kirschen und Bananen durch die dunklen Gassen. Fliegende Händler preisen schreiend ihre Gurken und Wassermelonen an, andere harren geduldig vor Pyramiden von Sonnenblumenkernen und Pistazien aus. Halbwüchsige schieben im Laufschritt Säcke mit T-Shirts auf Handkarren, ohne jemandem in die Hacken zu fahren. Ein paar Touristen fotografieren die herabhängenden Hammel der Metzger. Die Metzger sitzen Tee trinkend auf kleinen Schemeln und lassen den Überfall ungerührt über sich ergehen. Touristen sind nur Zaungäste in diesem orientalischen Kosmos, dem die Jahrhunderte Gelassenheit verliehen haben. Von Kopf bis Fuß in Schwarz gehüllte Frauen feilschen mit den Händlern um Preise für Unterwäsche und Spitzen-BHs. Wie wird dieser Basar wohl in zwanzig Jahren aussehen? Wird es dann zwischen dem Gewürzladen und dem Seifenhändler einen Starbucks oder einen McDonald's geben?

Manchmal werde ich angesprochen. Dann will mir ein Händler Seidentücher oder Schmuck verkaufen. Doch die meiste Zeit werde ich in Ruhe gelassen. Setze meinen Streifzug fort und erlaufe mir die Stadt. Ich werde langsamer, passe mich dem Tempo der Einheimischen an.

Am Freitagnachmittag ist der Suq dann wie verwandelt. Die Geschäfte sind geschlossen, die Blechjalousien heruntergelassen und Riegel vorgeschoben. Als ich wieder durch den Suq al-Attarine in Richtung Zitadelle laufe, ist es dunkel und menschenleer. Wo sonst kaum ein Durchkommen ist, herrscht Stille.

Unter den überdachten Gewölben hallen meine Schritte wider. Nach einer Weile höre ich in einiger Entfernung Stimmen. Vorsichtig schiele ich nach hinten und sehe drei Jugendliche, die laut redend und scherzend in meine Richtung gehen. Sie sind nicht westlich gekleidet, sondern tragen lange, weiße Gewänder. Unwillkürlich beschleunige ich meine Schritte, will den Suq-Ausgang unterhalb der Zitadelle schnell erreichen. Die drei kommen näher, ihre Stimmen werden lauter.

Plötzlich habe ich Fernsehbilder im Kopf, Bilder aus dem kollektiven Unbewussten des Westens, gegen die ich mich immun glaubte. Meine Fantasie produziert Bilder von tobenden Massen mit erhobenen Fäusten und „Tod dem Westen"-Rufe. Mein Herz hämmert, ich will nur noch weg, aber die Jugendlichen sind jetzt direkt hinter mir. Warum wird es bloß nicht heller, frage ich mich. Der Ausgang müsste doch ganz in der Nähe sein. Doch dann ruft mir jemand auf Englisch „closed" zu. Ich drehe mich um und schaue in offene, freundliche Gesichter. Das Tor sei zu, erklären mir die drei. Ich müsse einen anderen Weg wählen, um zur Zitadelle zu gelangen, sagen sie und zeigen mir, wo ich abbiegen muss. Beschämt und erleichtert biege ich in eine Seitenstraße des Basars. An der Zitadelle angekommen, staune ich über Aleppo.

Claudia Mende

Lost In The Souq

As soon as I leave the Dar Halabia Hotel, I am right in the middle of the Souq. It is my first time to Aleppo, it is the beginning of June and very hot as soon as the sun stands high in the sky. The ever-present dust bites my nose, scattered oleander trees fight for survival, their rose blooms heavy of dust. It is dim and cooler in the roofed-in Souq. I turn into the Souq al-Attarine in the direction of the Citadel and allow myself to be driven along by the stream of people. From here I stroll through the tangle of alleys, forget time and submerge into a strange world.

It smells like coriander and olive soap, like coffee beans mixed with the pungent smell of slaughtered and hung out mutton. And after that is the stench of small Suzuki trucks roaring by. Fruit vendors push mountains of cherries and bananas through the dark alleys on wooden carts.

Animated sellers shout out the praises of their cucumbers and watermelons, others wait patiently in front of pyramids of sunflower seeds and pistachios. Adolescents push in time sacks with T-shirts onto handcarts (dollies) without ever once bumping into someone's heels. A few tourists photograph the hanging mutton of the butchers, who sit on small stools drinking tea and unnerved let the rush pass by them. Tourists are only onlookers in this Oriental world, with the composure of several centuries. Women covered from head to toe haggle with the merchants about the prices of lingerie and top bras. What will this bazaar look like twenty years from now? Will there be a Starbucks or a McDonalds between the spice shop and the soap trader?

Sometimes people call out to me. A merchant wants to sell me silk towels or jewelry. But, most of the time they leave me alone. I continue my foray and race on through the city. I take it slower and adjust my pace to that of the natives.

On Friday afternoon it is like the Souq changes completely. The shops are closed, the lead Venetian blinds are lowered and doors are barred up. As I again walk through the Souq al-Attarine towards the Citadel, it is dark and deserted. It is totally quiet in the place where people before could hardly pass through.

My steps echo beneath the covered arches. After a while I hear some voices some distance away. I carefully peer behind me and see three teenagers who are talking and joking loudly coming in my direction. They are not dressed in Western clothes, but are wearing long, white robes. Instinctively I speed up my steps because I want to quickly reach the exit to the Souq below the Citadel. The three come closer and their voices become louder.

Suddenly, I have TV images in my mind, images from the collective subconsciousness of the West that I had thought that I was immune to. My imagination produced images of angry masses with raised fists and cries of "Death to the West". My heart hammered out beats, I only want to get away, but the teenagers are now right behind me. Why it will not just get brighter, I ask myself. The exit has got to be right close by. Then somebody called out to me in English: "closed". I turn around and gaze into open, friendly faces. The gate is closed, the three explain to me. I would have to choose a different path to reach the Citadel, they say, and show me where I need to turn. Ashamed and relieved I turn into a side-street of the Bazaar. Arriving at the Citadel, I am amazed at Aleppo.

Claudia Mende

Stadt der Karawanen und Konsulate

Wenn man mich heute fragt, ob ich Damaskus oder Aleppo faszinierender finde, so fällt mir die Antwort immer noch schwer. Damaskus, die seit Jahrtausenden besiedelte Hauptstadt Syriens, hat zweifelsohne einen besonderen Charme. Da ich fast drei Jahre meines Lebens als Diplomat dort zugebracht habe und das Gewirr der Altstadtgassen oft erforscht habe, hat sich mir Damaskus vielleicht eher erschlossen als das stolze Aleppo. Dennoch muss ich gestehen, dass für mich immer eine ganz besondere Faszination von Aleppo ausging. Vielleicht ist es auch die lange Anfahrt durch die syrische Steppe gewesen, die den Eindruck dieser Stadt für mich so prägnant gemacht hat. Man kann sich in die Zeit des Karawanenhandels zurückversetzen und sich vorstellen, mit welcher Freude die Karawanen seinerzeit die Stadt erreicht haben. Für mich ist Aleppo mit seinen Basaren, seinen Moscheen und der alles überragenden Zitadelle eine einmalige Stadt, sozusagen eine „in Stein geschriebene" Geschichte Syriens und gleichzeitig die wohl schönste Altstadt im Nahen Osten.

Meine ersten Begegnungen mit Aleppo liegen Jahrzehnte zurück. Vor vierzig Jahren strahlte diese Stadt eine vielleicht noch stärkere Faszination aus als heute. Die kilometerlangen überdeckten Basare waren damals noch das Einkaufszentrum nicht nur für die Städter, sondern auch für die Beduinen aus der Umgebung der Stadt. Die Ruhe der Basare wurde nur unterbrochen vom Trippeln der Esel und dem „Hab acht"-Geschrei der verschiedenen Transporteure, ihre besondere Stimmung war geprägt durch ein vor grellem Sonnenlicht geschütztes, in mystisches Halbdunkel getauchtes Kaleidoskop von sich erst nach und nach erschließenden Raumfolgen. Der Geruch von frischem Kaffee, Olivenseife, Schweiß und Tieren war der beste Wegweiser auf dem langen, ziellosen „Sich-treiben-Lassen" durch die geschäftigen Gassen.

Ich erinnere mich noch gut an meinen ersten Besuch in Aleppo. Nach einer langen Autofahrt, von Beirut kommend, war man endlich am Ziel der Träume angelangt und stieg im altehrwürdigen Hotel Baron ab. Beim ersten Besuch wurde man dort von den armenischen Eigentümern noch etwas abschätzend taxiert, aber schon beim nächsten Mal war man der vertraute Gast und Freund. Aleppo war nicht nur das Handels- und Basarzentrum für den Norden Syriens, sondern historisch gesehen auch einer der Endpunkte der Seidenstraße. Hier wurden die Waren des Orients an die Handelshäuser des Mittelmeeres weiterverkauft – vor allem nach Venedig. Meine ersten Einkäufe im Basar, ein inzwischen leider leicht von den Motten angefressener wunderschöner persischer Teppich und ein versilberter Tscherkessen-Säbel, bildeten den Grundstock einer orientalischen Sammlung, die sich im Laufe der nächsten Jahrzehnte noch deutlich erweiterte. Aleppo, seine Karawanen, seine endlosen Altstadtgassen, die Rufe des Muezzin, die zu den Gebetszeiten von den Moscheen der Altstadt schallen, die Zeitlosigkeit und die gleichzeitig lebendige Geschichte – das alles bleibt für immer im Gedächtnis hängen.

Aleppo zeichnete aber noch eine weitere Besonderheit gegenüber allen anderen Städten der Region aus: sein ehrwürdiges konsularisches Korps nämlich, das sich aus alten, zumeist christlichen Händlerfamilien zusammensetzte, die oft seit Jahrhunderten die Konsulwürde für die handeltreibenden Staaten des Mittelmeeres innehatten. Dabei denke ich besonders an die Familie Poche, deren Wohnung im Basar oberhalb des Handelshofes ein lebendiges Museum der Handelsbeziehungen zwischen Europa und dem Orient über die letzten zwei Jahrhunderte darstellte. Diese kosmopolitischen und gastfreundlichen Familien bildeten das lebendige Rückgrat der Aleppiner Geschichte. In ihrer Gegenwart fühlte man sich um 100 oder 150 Jahre zurückversetzt und konnte erahnen, welchen immensen Reichtum diese Familien im frühen Orienthandel angesammelt hatten. Es waren diese alten, vornehmen Handelsfamilien, welche die Geschichte Aleppos plastisch und greifbar werden ließen. Die mittelalterliche Architektur mit ihren Handelshöfen, Karawanserails, Moscheen, Madrassen, aber auch ehemaligen Kirchen bildete den immer noch lebendigen Hintergrund für viele Geschichten, die man sich in den Basargassen von Aleppo erzählt.

Ende der Siebzigerjahre war die Stadt eher vom sozialistischen Grau und der Patina vieler Jahrhunderte geprägt. Inzwischen gibt es viele mit Liebe zum Detail hergerichtete Altstadthotels und ambitionierte Stadterhaltungsmaßnahmen, die den Kern der Altstadt mit neuem Leben füllen und die Lebensbedingungen der Menschen in diesen historischen Quartieren den Anforderungen unserer Zeit anpassen. So manches historisch wichtige Gebäude wurde vor dem Verfall gerettet und in seinem architektonischen Wert wiederhergestellt. Die Baustruktur von Aleppo war im Kern weitgehend mittelalterlich, in den neueren Bezirken auch stark vom osmanischen Baustil bestimmt. Hierzu gehören die über die Straße hinausragenden Holzbalkone, die jedenfalls in mir immer wieder die Erinnerung an die mittelalterliche Stadt wachrufen. Die wirkliche Pracht der Häuser, Paläste, Handelshöfe verbirgt sich hinter hohen Mauern und nur wenige erhalten Zugang zu diesem so reichen architektonischen Erbe. Allein unter der französischen Mandatsverwaltung hat es etliche Bausünden gegeben, als man Verbindungsstraßen ohne Rücksicht auf die antike Bebauung wie Schneisen durch die Altstadt schlug. Auch der arabische Sozialismus wollte modern sein und die Stadt erneuern. Zum Glück sind aber viele Stadtbezirke von diesem Schicksal verschont geblieben. Arabisches Mäzenatentum und vor allem eine weitsichtige und behutsame Restaurierung durch den Aga Khan Trust for Culture (AKTC) haben dieses einmalige Ensemble mittelalterlicher Baukunst um die großartige Zitadelle herum für die nachfolgenden Generationen erhalten.

Wann immer ich meinen Fuß in die Altstadt von Aleppo setze, habe ich den Eindruck, unsere schnelllebige Neuzeit für einen Augenblick zu verlassen. Mögen uns die Zitadelle, die Moscheen, die Madrassen, die Bäder und die herrlichen Häuser von Aleppo noch lange erhalten bleiben – und mit ihnen die Erinnerung an die jahrhundertealte Geschichte des Handels und des Dialoges zwischen Ost und West.

Gunter Mulack

City Of Caravans And Consulates

When someone asks me today, if I think Damascus or Aleppo is more fascinating, it is still hard for me to give an answer. Damascus, which has been the settled capital of Syria for millennia, has, without a doubt, a special charm. As I spent almost three years of my life there as a diplomat and often explored the maze of the alleys in the historic city center, Damascus was perhaps more accessible to me than the proud Aleppo. Nevertheless, I must confess that, for me, there was always a very special fascination that came with Aleppo. Perhaps it was also the long drive through the Syrian steppe that made the impression of this city so significant for me. You can transport yourself back into the days of the caravan trade and imagine the joy of the caravans then upon reaching the city. With its bazaars, mosques, and the Citadel towering above all, Aleppo is for me a unique city, a history of Syria "written in stone", so to speak, and, at the same time, certainly the most beautiful historic city center in the Middle East.

My first encounters with Aleppo were decades ago. Forty years ago this city radiated perhaps a much stronger fascination than today. The mile-long covered bazaars then were the shopping center not only for urban residents, but also for the Bedouins from the outlying areas around the city. The peace of the bazaars was only interrupted by the scuttling of the donkeys and the "watch out" cries of the different transporters, its special atmosphere was defined by a mystical kaleidoscope of a series of rooms that opened up gradually, submerged in half darkness and protected from bright sunlight. The smell of fresh coffee, olive soap, sweat, and animals was the best guide along the long, endless "push" through the busy alleyways.

I still remember well my first visit to Aleppo. After a long drive from Beirut, I finally reached the destination of my dreams and got off at the old renowned Baron Hotel. On my first visit I was sized up a bit critically by the Armenian owners, but by the next time, I was already a trusted guest and friend.

Aleppo was not only the trade and bazaar center for northern Syria, but, historically, was also one of the final stops of the Silk Route. Here the wares of the Orient were further sold to the merchant houses of the Mediterranean – especially to Venice. The first things I bought in the Bazaar, a beautiful Persian rug, now unfortunately partially eaten by moths, and a silver Circassian saber, are the first pieces of my Oriental collection, which has grown considerably in the course of the next few decades. Aleppo, its caravans, its endless historic city center alleys, the calls of the muezzins that echo from the mosques of the Old City during prayer times, the timelessness and, at the same time, the living history – all of this stays forever in your memory.

But, Aleppo displays yet a further special quality in distinction to all other cities of the region: its venerable consular corps, namely, made up of old, mostly Christian merchant families that often held the office of consul for the trade-bearing states of the Mediterranean. In this respect, I think particularly of the Poche family, whose house in the Bazaar above the trade courtyard displays a living museum of the trade relations between Europe and the Orient over the past two centuries. The cosmopolitan and hospitable families formed the living backbone of Aleppine history. In their presence you feel like you are transported back in time 100 or 150 years and you can get an idea of what immense wealth these families acquired through early Oriental trade. These old, noble merchant families were the ones who made Aleppo's history come alive again. The Medieval architecture with their trading courts, caravanseries, mosques, madrasas, but also the former churches make up the ever-vivid background for many stories that are told in the bazaar alleys of Aleppo.

At the end of the seventies the city was more characterized by the Socialist gray and the patina of many centuries. In the meantime, though, many hotels in the historic city center have been carefully renovated and ambitious city preservation efforts filled the historic city center with new life and raised the living conditions of people in these historic quarters to the standards of our time. Some historically important buildings have been saved from decay and restored in their architectural value. The building structure of Aleppo was, at the core, predominantly Medieval and the newer districts were strongly influenced by the Ottoman style of archtecture. This includes the wooden balconies that hang out over the street that also awaken in me memories of a Medieval city. The real grandeur of the houses and palaces lies hidden behind the high walls and only a few have access to this very rich architectural heritage. Under the French Mandate alone some architectural mistakes were made, as connecting roads were cut like swaths through the historic city center without any consideration given to ancient structures. Even Arab Socialism wanted to be modern and renew the city. Fortunately, though, many districts of the city were spared this fate. Arab patronage and particularly a far-sighted and careful restoration by the Aga Khan Trust for Culture (AKTC) have preserved this unique ensemble of Medieval architectural style around the magnificent Citadel for future generations.

Whenever I set foot in the historic city center of Aleppo, I feel like I am leaving our fast-paced modern world for an instant. May the Citadel, the mosques, the madrasas, the baths, and the grand houses of Aleppo remain well preserved for a long time – and with them, the memory of the centuries-old history of trade and dialogue between East and West.

Gunter Mulack

Feuer! Feuer!

Der Abend war angebrochen und es war schon dunkel. Im armenischen Stadtviertel von Aleppo loderte ein Feuer mit gewaltigem Qualm. Es brannte aber kein Haus, kein Ladengeschäft oder Auto. Es war nur Feuer auf der Straße. Und eine Menge Menschen sang und tanzte um das Feuer herum, vor allem Kinder und Jugendliche. Jungen und Mädchen sprangen darüber hinweg. Alle hatten Kerzen in der Hand und waren auf dem Nachhauseweg. Ein Lichtermeer in der Dunkelheit. Es war der Vorabend des 14. Februar. Auch wenn man weiß, dass Valentinstag ist, muss man doch gleich nach dem Grund des Feuers fragen. „Die Armenier feiern das Diyarnentaratsch-Fest", hieß es. „Diyarnentaratsch" ist ein altarmenisches (Krapar-)Wort, bestehend aus den Wörtern „Diyarn" (Herr) und „Entaratsch" (entgegengehen) und bedeutet somit „dem Herrn entgegengehen" oder „den Herrn empfangen". Diyarnentaratsch ist das Fest der Erscheinung Jesu im Tempel nach vierzig Tagen.
Aber vierzig Tage nach Weihnachten ist doch nicht der 14. Februar? „Das armenische Weihnachten ist am 6. Januar", sagte ein Jugendlicher aus der Menge, und ich dachte: gewiss, das macht vierzig Tage. Ich erinnerte mich an die biblische Geschichte, wie Jesus, das Kindlein, zum Tempel gebracht wurde und Simeon ihn in seine Arme nahm, anbetete und Gott für seine große Barmherzigkeit lobte. Aber es kommt kein Feuer in der Geschichte vor. „Aber warum das Feuer", fragte ich. Ein Mann mittleren Alters, der gut Englisch konnte, erklärte es mir: „Das Fest Diyarnentaratsch überschneidet sich mit einem heidnischen Fest: dem Fest der Anbetung des Abgottes Mihr, des Feuergottes der armenischen Mythologie. Die heidnischen Armenier zündeten an diesem Tag ein Feuer an, tanzten um es herum und beteten es an. Nach der Christianisierung Armeniens betete man nicht mehr den Abgott Mihr, den Feuergott, an, aber dennoch hat man den Brauch des Feueranzündens bis heute beibehalten und eine christliche Legende und Tradition um ihn entwickelt." „Nach dieser Legende", fuhr er fort, „waren die riesigen Tore des Jerusalemer Tempels seit langer Zeit nicht geöffnet. Nach vielen Jahren toste eines Tages nach der Abenddämmerung plötzlich die ganze Stadt. Die riesigen Tore des Tempels gingen von selbst auf. Die Lampen und Kerzen im Tempel fingen an, von selbst zu brennen, sodass der ganze Tempel voll Licht war. Die Bewohner von Jerusalem eilten erschrocken zum Tempel, um zu erfahren, was passiert sei. Aber wegen der Dunkelheit der Nacht konnten sie nichts sehen. Deswegen zündeten sie vor dem Tempel ein großes Feuer an und siehe, da stand der Greis Simeon und ein Kind in seinen Armen und er lobte Gott und sprach: ‚Herr, nun lässt du deinen Diener in Frieden fahren, wie du gesagt hast, denn meine Augen haben deinen Heiland gesehen.' (Lukas 2,29–30) Seitdem zündet man am Vorabend des Festes Diyarnentaratsch, am 13. Februar, in der Kirche Kerzen an. Nach dem Abendgottesdienst nehmen die Gläubigen Feuer bzw. Licht mit ihren Kerzen mit nach Hause, um mit dem Licht Christi ihre Häuser zu erleuchten. Mit dem mitgebrachten Feuer zündet man auch im Haushof oder an den Straßenkreuzungen Feuer an. Die Menschen versammeln sich um das Feuer, singen Volkslieder, tanzen, spielen lustige Spiele und springen über das Feuer. Frisch verheiratete Paare sollen zuerst springen. So, glaubt man, könnten sie ihre Schmerzen und die bösen Mächte ins Feuer werfen, um sie dort verbrennen zu lassen und ein glückliches und schmerzloses Leben zu führen. Die Anwesenden wünschen ihnen Freude und Glück – und springen dann über das Feuer."
„Aber es ist immer noch heidnisch und immer noch betet man den Abgott an", erwiderte ich. „Nein", sagte er mit Entschlossenheit, „in diesem spielerischen Brauch steckt ein christliches Phänomen. Unsere Vorfahren, die heidnischen Armenier, haben die Würde Gottes dem Feuer gegeben, indem sie um das Feuer tanzten und es anbeteten. Heute aber springen wir über das Feuer und betreten es, um zu zeigen, dass das Feuer nicht Gott ist, sondern derjenige Gott ist, der heute im Tempel dargestellt wird und dem Ruhm und alle Anbetung gebührt." Dann fing er an, mit seinen Kindern zu singen – und lud mich ein, über das Feuer zu springen.
Ich wusste, dass der Orient und speziell Aleppo reich an gelebten Traditionen sind. Aber das übertraf alle meine Erwartungen. Man konnte erleben und spüren, wie sich verschiedene Kulturen überschneiden und bis heute gepflegt werden. Ein feuriges Erlebnis.

Armasch Nalbandian

Fire! Fire!

The evening had broken and it was already dark. A fire with a powerful dense smoke blazed in the Armenian Quarter of Aleppo. But, no house, shop, or car burned. There was only fire on the street. And a crowd of people sang and danced around the fire, espeically children and young people. Boys and girls alike jumped over it. They all had candles in their hands and were on their way home. It was a sea of lights in the darkness. It was the evening before February 14th and if you know that it is Valentine's Day, then you have got to immediately ask about the reason for the fire. "The Armenians are celebrating the Feast of Tyarn'ndaraj," is the answer given. "Tyarn'ndaraj" is a Classical Armenian (Grabar) word composed of the words "Tyarn" (Lord) and "undarach" (to approach) and therefore means "to go to meet the Lord" or "to receive the Lord". Tyarn'ndaraj is the Feast of the Epiphany (Appearance) of Jesus in the Temple after forty days.

But, forty days after Christmas is not February 14th, is it? "Armenian Christmas is on January 6th," a teenage boy from the crowd replies and I thought: sure, that is forty days. I remembered the Biblical story of how the infant Jesus was brought to the Temple and Simeon took him into his arms, worshipped and praised God for His great mercy. But, there is no fire in the story. "So, why the fire?", I asked myself. A middle-aged man who knew English well, explained it to me: "The Feast of Tyarn'ndaraj falls at the same time with a pagan festival, the festival of worship of the pagan idol Mihr, the god of fire in Armenian mythology. The pagan Armenians lit a fire on this day, danced around it and worshipped it. After Armenia became a Christian nation, the Armenians no longer worshipped the idol Mihr, the god of fire, but have still kept the custom of lighting the fire until today and developed a Christian legend and tradition around it. According to this legend," he continued, "the giant gates of the Temple in Jerusalem had not been opened for a long time. After many years one day after dusk suddenly there was a great noise in the whole city. The giant gates of the Temple opened automatically. The lamps and the candles in the Temple began to burn on their own so that the whole Temple was full of light. The residents of Jerusalem rushed to the Temple, terrified to find out what had happened there. But, because of the darkness of the night, they could not see anything. So they lit a great fire in front of the Temple and behold, there stood the old man Simeon and a child in his arms and he praised God and said: "Lord, now let your servant depart in peace, as you have said, for my eyes have seen your Redeemer." (Gospel of Luke 2:29–30) Since then, people light candles in the church on the eve of the Feast of Tyarn'ndaraj, on February 13th. After the evening worship service believers take fire or light home with their candles to illuminate their homes with the light of Christ. With this fire, they also light fires in the courtyard of the house or at intersections of streets. People gather around the fire, sing folk songs, play funny games and jump over the fire. Newly-wed couples have to jump first because, it is believed, they can throw their pain and the evil spirits into the fire to burn them up there and to lead a happy and pain-free life. People present wish them joy and happiness – and then they jump over the fire." "But, that is still pagan and they are still worshipping the idol," I responded. "No!", he answered firmly, "within this playful custom lies a Christian phenomenon. Our ancestors, the pagan Armenians, ascribed the dignity of God to the fire when they danced around the fire and worshipped it. But, today we jump over the fire and step on it to show that the fire is not God, but God is the one who is shown today in the Temple and who is worthy of honor and all praise." Then he began to sing with his children – and he invited me to jump over the fire.

I knew that the Orient and especially Aleppo was rich in living traditions. But, this exceeded all my expectations. You could feel and experience how different cultures cross and are still preserved until today. What a fiery experience!

Armash Nalbandian

Hütten und Paläste

Die Altstadt von Aleppo ist ein Kulturerbe der Menschheit, gleichzeitig ist die Stadt eine schnell wachsende Agglomeration. Zuwanderung und eine hohe Geburtenrate setzen sie unter Druck, Arbeitsplätze, Infrastruktur und Wohnraum müssen geschaffen werden. Dabei kämpfen die Stadtplaner an mehreren Fronten: der Erneuerung der Altstadt, der raschen städtischen Expansion und der Spaltung der Stadt in Arm und Reich.
An attraktiven Standorten entstehen Oberschichtviertel, oft auch als *Gated Communities*. Die Häuser der Reichen präsentieren sich mit prunkvollen Fassaden, im Zentrum des Hauses befindet sich ein opulenter Empfangssalon, in dem sich Großfamilien, einflussreiche Clans und elitäre Schichten treffen. Plätze und Boulevards, Theater und Restaurants spielen im öffentlichen Leben dagegen eine eher untergeordnete Rolle.
Viele Menschen können von diesem Luxus nur träumen. Mit Glück finden sie eine Wohnung in einem der öffentlichen Wohnungsbauprojekte, die von der Regierung vor allem für die staatstragenden Beamten, Lehrer und Polizisten erstellt werden.
Ein großer Teil der Bevölkerung ist auf „informelle" Siedlungen angewiesen, in denen es vor allem ums Überleben geht. Informell gebaut wird auf landwirtschaftlichen Flächen, die illegal parzelliert und vermarktet werden. Zunächst fehlt jede Infrastruktur, deshalb sind die ersten Jahre von Entbehrungen geprägt. Der weitere Ausbau zieht sich dann über viele Jahre hin, zeigt aber oft eine eindrucksvolle Dynamik: Improvisierte Hofhäuser verwandeln sich in mehrgeschossige Wohn- und Mietshäuser, ungepflasterte Wege in dicht bebaute Straßenzüge. Die Straßen füllen sich mit Läden, kleinteiligem Gewerbe, Fußgänger- und Fahrverkehr. Kommen dann Schulen und Moscheen hinzu, ist fast schon eine städtische Normalität erreicht, die sich zwar immer noch ärmlich und unvollständig, aber sehr vital präsentiert.
Die „segregierte" Agglomeration ist fast ein Gegenmodell zur traditionellen Stadt: Die nachbarschaftliche Mischung von Arm und Reich, die es noch vor zwei oder drei Jahrzehnten in der Altstadt gab, macht nun einer rigorosen sozialen Trennung Platz, und nicht mehr Gassenlabyrinth und Hofhäuser, sondern Villenviertel, Massenwohnungsbau und Selbstbausiedlungen prägen in großen Bereichen das Bild der Stadt.
Ein Merkmal hält die Agglomeration jedoch zusammen: der helle Kalkstein, der in alten und neuen, reichen und armen Vierteln gleichermaßen zu finden ist. Deshalb erscheint das Stadtbild immer noch überraschend homogen, auch wenn die städtebauliche Fragmentierung schon weit fortgeschritten ist.

Eckhart Ribbeck

Shacks And Palaces

While the historic city center (Old City) of Aleppo is a cultural heritage of humanity, the city is, at the same time, a fast-growing agglomeration. Immigration and a high birthrate put it under pressure, and jobs, infrastructure, and living accommodations must be created. Because of these, city planners are fighting battles on several fronts: renewing the Old City, dealing with rapid urban expansion, and the division of the city into rich and poor.
Upper-class districts arise in attractive locations, often also as gated communities. The houses of the rich present themselves with pompous façades, in the center of the house is an opulent reception room where extended families, influential clans, and elite classes meet. By contrast, public squares and boulevards, theaters and restaurants play a more subordinate role in public life.
Many people can only dream of this luxury. With a bit of luck, they find an apartment in one of the public housing projects that the government has provided especially for government officials, teachers, and policemen.
A large part of the population is dependent on "unofficial" settlements which they mostly just try to survive in. Construction is done unofficially on agricultural areas that are illegally parceled off and sold. To begin with, there is no infrastructure and so the first years are marked by destitution. Further construction is drawn out then over many years, but it often shows an impressive dynamic: improvised courtyard houses are converted into multi-storeyed apartment and commercial buildings, unplastered paths in streets of houses built right next to one another. The streets are filled with shops, small retail businesses, pedestrian and car traffic. Then schools and mosques come and the normalcy of a city has almost been reached which presents itself as quite vibrant, but is still poor and incomplete.
The "segregated" agglomeration is almost a competing model to the traditional city: the neighborhood mixture of rich and poor that still existed in the Old City even two or three decades ago is making way for a rigorous social division, and no longer in the maze of alleys and courtyard houses, but villa districts, high-rise apartments, and self-contructed settlements are now defining the image of the city in big areas.
Still, one characteristic holds the agglomeration all together: the bright limestone that can be found both in the old and new, in the rich and poor districts. Because of this, the city image still surprisingly appears to be homogenous, even when fragmentation, with regard to urban development, is already well advanced.

Eckhart Ribbeck

Ostereier

Ich wurde 1935 in Aleppo in der Soukak al-Arbaien, der vierzigsten Gasse, in einem arabischen Haus mit siebzehn Zimmern und einem wunderschönen Innenhof geboren. Die Gasse, an der unser Haus lag, war eine Sackgasse von etwa hundert Metern Länge. Sie gehörte zum Al-Jdeideh („das Neue“), einem Gebiet, das auf Wunsch reicher Christen erbaut worden war, die aus der Altstadt wegziehen wollten. Wir gehörten zu den wenigen islamischen Familien, die diesen Wunsch mit den Christen teilten.
Sahat al-Hatab (der „Holzplatz“) war von unserem Haus nur drei Minuten entfernt – zu Fuß, versteht sich. Auf diesem Platz wurde früher Brennholz für die Öfen verkauft, daher auch sein Name. Am Ostersonntag war er Schauplatz einer eigenartigen Begegnung von Jungen und Mädchen aus christlichen, muslimischen und jüdischen Familien. Alle kamen, um an einem Wettkampf teilzunehmen: dem „Eierklopfen“. Ich auch!
Die hart gekochten Eier waren in meinen Taschen versteckt. Ich holte eines heraus und testete die Härte des spitzen Endes mit der Außenseite meiner zusammengepressten Zähne. Dann drehte ich das Ei und prüfte die Festigkeit des runden Endes, des „Popochens“, wie wir es nannten. Wenn ich von der Qualität meines Eies überzeugt war, suchte ich mir einen Gegenspieler. Die Eier wurden schnell zum gegenseitigen Testen getauscht (fair bleiben ist alles!), und danach wurde gefeilscht, wer mit dem Ei schlägt und wer die Schläge empfängt. Schnell hatte man sich geeinigt und der Kampf ging los: Spitze gegen Spitze und Popochen gegen Popochen. Das Spiel ging so lange weiter, bis beide Seiten des Eies zerstört waren. Der Sieger bekam dann auch das zertrümmerte Ei. So ging es Ei für Ei, aber wenn man die Stärke des gegnerischen Eies spürte, suchte man sich einen neuen Gegenspieler.
Nicht nur die jungen Leute, sondern auch ältere Frauen und Männer hatten an diesem Spiel auf dem „Holzplatz“ ihre Freude: Sie kauften den Spielern ihre gewonnenen kaputten Eier für sage und schreibe einen Kursch (einen Pfennig) je Ei ab. So konnten sie sich bequem und billig ein Gericht für das Osteressen ergattern: (Oster-) Eiersalat.

Maruan Rifai

بيض عيد الفصح

ولـدت عـام ١٩٣٥ فـي مدينـة حلـب فـي سوق الأربعين، الجادة ٤٠، في بيت مؤلف من ١٧ غرفة وباحة دار جميلة جداً. وكان منزلنا يقع في شارع مسدود، طوله تقريباً ١٠٠ م. وهو جزء من حي «الجديدة»، المنطقة التي بُنيت تلبية لرغبة الأغنياء المسيحيين الذين كانوا يريدون النزوح من المدينة القديمة. وقد كنا من بين الأسر المسلمة القليلة، التي رغبت العيش مع المسيحيين.
تبعد ساحة الحطب عن بيتنا ثلاث دقائق، سيراً على الأقدام طبعاً. في الماضي كان الحطب يباع في هذه الساحة، ومن هنا جاء الإسم. كان يوم أحد عيد الفصح مسرحاً غريباً من نوعه للقاء بين الفتيان والفتيات من المسيحيين والمسلمين واليهود. يحضرون للمشاركة في مبارزة «نقر البيض». وأنا أيضاً!
كنت أخبأ البيض المسلوق في جيوبي. أخرج واحدة وأجرب صلابة الرأس بأن أدق به على أسناني. أدير البيضة الى الجهة الثانية التي نسميها العجيزة وأجرّب صلابتها أيضاً. وعندما أكون واثقاً من جودة البيضة التي بحوزتي، أبحث عن خصم. ثم نتبادل البيض بقصد الاختبار والتحقق من إنعدام التلاعب. بعد ذلك تبدأ المساومة على من الذي يبدأ بالنقر. يتم الإتفاق بسرعة ويبدأ الصراع: الرأس ضد الرأس والعجيزة ضد العجيزة. يستمر اللعب حتى تنكسر البيضة من الجهتين. الفائز يحصل على البيضة المكسورة. وهكذا نتابع، البيضة تلو البيضة. لكن إذا شعرت أن أحدهم يملك بيضة قوية، تجنبته وبحثت عن خصم آخر جديد.
هذه اللعبة لا يمارسها الشباب فقط، وإنما النساء والرجال الكبار أيضاً. يشترون من اللاعب الخصم كل بيضة خسرها بقرش واحد. وهكذا يُحضرون وجبة رخيصة: سلطة بيض عيد الفصح.

مروان رفاعي

ميتم فلسطين

Good Price!

Im Frühjahr 2010 war ich mit einigen Kollegen und einer Gruppe von Studenten in Syrien unterwegs. Und so kamen wir auch nach Aleppo.

Die berühmten Suqs übten auf mich eine überwältigende Wirkung aus. Gerüche, Laute, Lichteffekte, Farben und lebendiges Treiben fügten sich zu einer gleichzeitig betäubenden und stimulierenden Kulisse. Ich ließ mich treiben und verlor mich bald in den vielfältigen Eindrücken. Das Einzige, was mich dabei etwas beunruhigte, waren die Geschenke, die ich mit nach Hause bringen wollte. Auswahl gab es ja genug, aber das Handeln um den richtigen Preis lag mir nicht so sehr. Jedes Mal, wenn ich auf diese Weise etwas erstand, beschlichen mich später Zweifel, ob mein Einstieg geschickt, meine Gebote angemessen und das Ergebnis auch nur halbwegs vertretbar waren.

„Soap? Good Price!" Seife aus Aleppo ist bekannt für ihre Qualität und war ein schönes Geschenk, also fragte ich bei einigen Händlern vorsichtig nach dem Preis. Die Preisspanne war enorm und wurde mir mit den verschiedenen Qualitätsstufen der Seife erklärt – auch wenn die Packungen in meinen Augen alle den gleichen Aufdruck hatten. Aber die Menschen waren freundlich, die Seife roch angenehm und bald darauf hatte ich an vier Ständen eingekauft – natürlich im sicheren Gefühl, wieder einmal den Händlern ein gutes Geschäft bereitet zu haben.

Die eigentliche Herausforderung lag aber noch vor mir. Ich wollte meiner Frau eine Halskette mitbringen. Noch während ich darüber nachdachte, fiel mein Blick auf einen Mann Mitte dreißig, der mich aus dem dichten Gedränge fixierte. Kurz darauf trat er auf mich zu: „You are looking for jewellery?" „Nichts überstürzen, nicht das erstbeste Angebot ergreifen", schoss es mir durch den Kopf. Ich erklärte ihm freundlich, mich erst einmal umsehen zu wollen. Der Mann wirkte nicht im Geringsten enttäuscht, überreichte mir eine Visitenkarte und wies in eine unbestimmte Richtung: „You will come to my shop, they all come to me."

Ich ging weiter meines Weges. In einigen Gassen sah ich mir die Auslagen verschiedener Schmuckstände an. Auf meine Frage nach dem Preis wurde üblicherweise ein Betrag genannt, den ich mit einem deutlich niedrigeren Preis konterte, den wiederum der Händler als skandalös einstufte: „I loose money!" Die Schlagworte waren „good price", „better price", „best price", „last price", „very last price" – oder sogar der „manager price", der es dem Händler erlaubte, auch noch vom „very last price" abzuweichen. Ein Händler, der meine durch eher wenig Verhandlungserfolge geprägte Situation offenkundig gut einschätzte, konterte meine Frage nach dem Preis für eine Halskette rundheraus: „What is your price?" Nach einigen Stunden war mein Rucksack prall gefüllt; unter anderem hatte ich zwei Halsketten erstanden, über deren Echtheit ich mir trotz des obligatorischen Feuerzeugtests im Unklaren war.

An einer anderen Stelle in den Suqs sprach mich der Mann von vorher wieder an. „You are looking for a present, a necklace. Now you come with me." Ich folgte ihm und nach wenigen Metern standen wir in einem kleinen Schmuckgeschäft. Das Angebot war sehr ansprechend und ohne Hektik einigten wir uns schnell auf den Preis einer sehr schönen Halskette. Preiswerter als die beiden, die ich zuvor erstanden hatte.

Das Ergebnis meines Besuches in den Suqs von Aleppo waren schließlich mehrere Packungen Seife, drei Halsketten und das Gefühl, wieder einmal viel mehr Geld ausgegeben zu haben, als nötig gewesen wäre. Aber es war kein schlechtes Gefühl und ich freue mich auf ein Wiedersehen mit den Suqs und seinen Menschen.

Alfred Ruther-Mehlis

Good Price!

I traveled around Syria in the spring of 2010 with some colleagues and a group of students and we also came to Aleppo.

The famous souqs had a powerful effect on me. Smells, sounds, lighting effects, colors, and vivid activity all merged into a both stimulating and deafening backdrop. I just allowed myself to be pushed along and was soon lost in the diverse impressions. The only thing that disturbed me a little in this was the gifts that I wanted to take home with me. There was certainly a big enough selection, but I was not very good at bartering for the right price. Every time I purchased something in this way, doubt later crept in if I had started in a smart way, made proper offers, and whether or not the result was also something that was halfway presentable.

"Soap? Good Price!" Soap from Aleppo is well-known for its quality and was a nice gift and so I carefully inquired about the price among some merchants. The price difference was great and the different quality levels of the soap were explained to me – even when the packaging all had the same seal in my eyes. But, the people were friendly, the soap smelled pleasant and soon afterwards I had bought at four stands – of course, with the secure feeling of having made a good deal with the traders.

But, the real challenge still lay before me. I wanted to bring back a necklace for my wife. While I was still thinking about it, my eyes met a man in his mid-thirties whose gaze was fixed on me out of the packed crowd of people. Shortly thereafter he walked up to me and asked: "You are looking for jewellery?" Do not rush into anything, do not take the first best offer, shot through my head. I told him in a friendly way that I just wanted to look first. The man was not disappointed in the least bit, gave me his business card and pointed me in a general direction: "You will come to my shop, they all come to me."

So I went on along my way. I looked at the displayed goods of different jewelry stands. Upon my inquiry as to the price a sum was normally named which I countered with a much lower price which the trader then considered scandalous: "I lose money!" The key words had been "good price", "better price", "best price", "last price", "very last price" – or even the "manager price", which allowed the trader even to move away from the "very last price". A trader who apparently was able to size up my situation, which was really few negotiating successes, countered my question about the price for a necklace point blank: "What is your price?" After some hours my backpack was stuffed full; among other things I had acquired two necklaces and I was still unsure regarding their genuineness, despite the obligatory lighter test.

At another place in the souqs the man from before spoke to me again: "You are looking for a present, a necklace. Now you come with me." I followed him and after a few meters we stood in a small jewellery shop. The offer was very attractive and without any pressure we quickly agreed on the price of a very beautiful necklace more reasonably priced than the two I had purchased before.

The result of my visit to the souqs of Aleppo was finally a few packages of soap, three necklaces, and the feeling of again spending more money than necessary. But, it was not a bad feeling and I am looking forward to seeing the souqs and their people again.

Alfred Ruther-Mehlis

Der Fremdenführer

Ich schlafe nicht gut, sagt er. Und wenn ich schlafe, träume ich immer denselben Traum. In diesem Traum muss ich ein Buch schreiben, oder besser gesagt, das Buch schreibt mich. Am nächsten Morgen wache ich auf und meine rechte Hand schmerzt. Tintenflecken auf meinem Kissen.

Gott spricht zu mir in diesem Traum durch einen seiner Engel, ich kann ihn niemals sehen, nur das Buch, das sehe ich, das Buch, das unglaublich dick ist, aber noch nicht geschrieben. Es ist das Buch der Bücher, und ich wurde auserwählt, es zu schreiben, warum gerade ich, das frage ich mich jeden Tag, wenn ich all diese Menschen, so wie dich, hier durch die Stadt führe, dann weiß ich, dass ich eigentlich meine Zeit vergeude, denn in Wirklichkeit muss ich das Buch zu Ende bringen.

Ich weiß alles über Aleppo und noch mehr. Ich weiß, wer wann in welcher Gasse wohnte und warum. Ich kenne die Namen der Familien und ihre Geschichte bis zurück zum Ursprung. Ich habe Abraham selbst gekannt, doch das war in einem anderen Leben. Ich kann dir den geheimen Aufenthalt von Maria zeigen, Jesu Mutter, den Ort, wo sie sich in jenen gefährlichen Zeiten nach dem Tod ihres Sohnes versteckt hielt, gemeinsam mit dem Apostel, dem sie anvertraut war. Auf ihrer Flucht kamen sie durch Aleppo, ehe sie weiterzogen ins Land der Kurden und später in die Türkei. In der Karawanserei hörte ich alle Geschichten, die von Ost nach West und von Nord nach Süd zogen, und verwob sie in meinen Wissensteppich. Ich tanzte mit den Derwischen und sang mit den Sufis, ich zog mit den Karawanen nach Palmyra, Samarkand und weiter ins Reich der Mitte. In einem Land der Händler handelte ich stets mit Geschichten, tauschte eine gegen eine neue oder gegen Datteln, einen Spieß Hammelfleisch, ein Glas *Arak* oder ein Bett. Auch die Liebe der Frauen erzählte ich mir, oder wenigstens ihre Leidenschaft, wer mag schon von Liebe sprechen? Wenn ich Fremde durch die Stadt führe, so wie dich, dann sind sie trunken von meinen Geschichten, mit meinen Worten enthülle ich nach und nach jeden noch so unscheinbaren Stein und erwecke ihn zum Leben. Zum Leuchten. Bis er selbst zu erzählen beginnt. Und die Fremden in der Nacht von diesen Steinen träumen und ihre eigenen Geschichten begreifen, sich selbst wiedererkennen in dem Stein, der Geschichte.

Nur ich schlafe schlecht. Und wenn, dann träume ich von dem Buch. Siehst du meine Augenringe, mein eingefallenes Gesicht, das Brennen in meinem Blick? So sieht einer aus, den Gott ruft. So sieht einer aus, der eine Aufgabe hat, sie aber nicht erfüllt. So sieht einer aus, der angefüllt ist mit Geschichten, bis unter die Haut, Geschichten, die sich neu gebären, sobald ich sie erzähle, immer neu. So sieht einer aus, der niemals fertig wird, seine Geschichten zu erzählen, einer, der sich an Touristen verkauft, statt zu tun, was der Engel verlangt.

Warum ich das Buch nicht einfach schreibe, willst du wissen? Aber ich schreibe es ja, es schreibt mich, jede Nacht, wenn ich schlafe. Diese Art von Buch wird nicht in unserer Welt geschrieben. Ich schreibe es im Traum. Nacht für Nacht. Tintenflecken auf dem Kissen. Und meine Hand, die am Morgen schmerzt.

Beate Rygiert

الدليل السياحي

أنا لا أنام جيداً، يقول. عندما أنام، أحلم دائما نفس المنام. في هذا المنام لا بد لي من تأليف كتاب، أو بالأحرى، الكتاب يجب أن يؤلفني. في صباح اليوم التالي أستيقظ و يدي اليمنى توجعني. وبقع الحبر على وسادتي.

يكلمني الله في هذا الحلم عن طريق ملاك. لا أستطيع رؤيته. أرى الكتاب فقط: كتاب سميك لا يوصف، لكن لم يُكتب بعد. إنه كتاب الكتب، وقد تمّ اختياري لأكتبه. وأتساءل كل يوم: لماذا أنا؟ عندما أرى كل هؤلاء الناس مثلك أدلّهم على المدينة، وأنا أعلم حقاً أن ذلك مضيعة للوقت، لأنني في الواقع يجب أن أنهي الكتاب.

أعرف كل شيء عن حلب، وأكثر من ذلك. أعرف من عاش ومتى وفي أي زقاق ولماذا. أعرف أسماء الأسر وتاريخها وأصولها. تعرفت على إبراهيم نفسه، لكن كان ذلك في حياة أخرى.

ويمكنني أن أدلك على المكان السري لمريم، أم يسوع، المكان الذي إختبأت فيه - في الأوقات العصيبة بعد وفاة إبنها - مع الرسل الذين كانت تثق بهم. في طريق فرارهم جاؤوا إلى حلب، قبل أن ينتقلوا إلى بلاد الأكراد ومن بعد إلى تركيا.

في النُزل سمعت كل القصص التي انتقلت من الشرق إلى الغرب ومن الشمال إلى الجنوب، ونسجتها في سجاد معرفتي. رقصت مع الدراويش، وغنيت مع المتصوفة، ورحلت مع القوافل إلى تدمر وإلى سمرقند ثم إلى الصين.

في بلد التجار، تاجرت بالقصص وقايضت واحدة بأخرى أو بالتمر، بسيخ لحم غنم، أو بكأس من العرق، أو بسرير.

رويت عن عشق النساء، أو على الأقل عن شهواتهن، من يُود بالفعل الحديث عن الحب؟ عندما أرافق الغرباء كدليل في المدينة، تسكرهم قصصي، وبكلماتي أكشف تدريجياً عن كل حجر غير واضح وأعيده إلى الحياة، حتى أنه يبدأ بسرد الحكايات. ويحلم الغرباء في الليل بهذه الحجارة ويفهمون تاريخهم، ويتعرفون على أنفسهم من جديد في الحجر والتاريخ.

لا أنام جيداً. وعندما أنام أحلم بالكتاب. هل ترين الدوائر حول عينيّ، ووجهي النحيل، وحمرة الجمر في نظرتي؟ هكذا يبدو الذي يُناديه الله. هكذا يبدو الذي لديه مُهمة ولم يُحققها بعد. هكذا يبدو الممتلئ بالحكايات حتى تحت الجلد، حكايات تولد من جديد فوراً عندما أرويها. دائماً هي جديدة. هكذا يبدو الذي لم ينتهِ بعد من سرد حكاياته، الذي يبيع نفسه للسواح، بدل أن يفعل ما تطلبه منه الملائكة.

لماذا لا أقوم بكتابة هذا الكتاب، هل تريدين أن تعرفي؟ لكن أنا لا أكتبه، هو يكتبني كل ليلة عندما أنام. هذا النوع من الكتب لا يُكتب في عالمنا. أكتبه في الحلم. ليلة بعد ليلة. بقع الحبر على الوسادة. ويدي تؤلمني في الصباح.

باَته ريغيرت

Aleppos Altstadt – ein geplantes Labyrinth

Orientalische Städte werden nicht auf dem Reißbrett entworfen, sie wachsen. Haus wird an Haus gebaut, je nach Bedarf und Familienstruktur der Bewohner. Doch das scheinbare Wirrwarr aus Gassen und Gässchen hat System, zum einen die antike, hellenistische Stadt, und – ausgebreitet auf deren strengem Raster – eine islamische Gassenstruktur.

Aleppo existiert seit dem dritten Jahrtausend vor Christus. Die Stadt liegt genau auf einem Knotenpunkt der alten Handelsstraßen, die den Nahen und Fernen Osten mit Europa verbinden. Eine Handelsstadt also, und auch das lässt sich am Gassensystem ablesen: Die einzelnen Quartiere verzweigen sich von einer Hauptstraße aus und waren früher mit einem großen Holztor verschließbar. Das bedeutete innerhalb der Stadtmauer noch einen zusätzlichen Schutz gegen Plünderer. Eine solche abschließbare Einheit hieß „Hara" – und so nennt der Syrer bis heute seinen Kiez. Wo die Hara anfängt und wo sie endet, entscheidet allerdings jeder Bewohner für sich: denn „Hara" heißt einfach „mein Wohnviertel" – und das reicht so weit, wie ich mich zu Hause fühle. Manche Frauen sagen: In meiner Hara kann ich im Hauskleid und in Schlappen einkaufen gehen, eine Gasse weiter müsste ich mich ordentlich anziehen. Die innere Struktur der Hara bestimmen die Bewohner, sie passen die Häuser ihren Bedürfnissen an, sensibler, als ein Architekt es könnte. Ein syrisches Altstadthaus ist immer variierbar, nie abgeschlossen. Wenn die Familie wächst, wird auch das Haus vergrößert, meist nach oben aufgestockt. Wird die Familie wieder kleiner, verkauft sie vielleicht einen Teil, eine Mauer wird durch den Innenhof gezogen oder eine Ecke des Hauses abgeteilt. Das Haus passt sich seinen Bewohnern an und immer auch der jeweiligen Mode.

Doch die engen Gassen, hohen Mauern und schattigen, begrünten Innenhöfe dienen längst nicht nur der Ästhetik: Sie erhöhen die Sicherheit, deshalb haben die alten Häuser zum Beispiel keine Fenster zur Gasse hin, und verbessern das Klima. Enge Gassen sind fast immer schattig, ein begrünter Innenhof mit hohen, dicken Hausmauern speichert die Kühle der Nacht, ein Springbrunnen in der Mitte spendet Feuchtigkeit. Auf den Dächern der alten Häuser gibt es sogenannte Windfänger, sie führen die kühle Luft in die unteren Räume und lassen die warme wieder aufsteigen. Gleichzeitig bleibt der sandige Wüstenwind in den winkligen Gassen hängen.

Trotz all dieser Vorzüge klagen viele Aleppiner über ihre Altstadt. Wer sich zum Beispiel ein Auto kauft, muss es weit weg auf der Hauptstraße parken, Taxis finden genauso wenig bis vor die Haustür wie ein Möbeltransporter oder ein Krankenwagen. Frauen beklagen sich darüber, dass die Altstadthäuser so schwer sauber zu halten sind, der offene Hof ist ständig staubig, und im Winter muss man durch Kälte und Regen gehen, um sich einen Tee zu kochen. Außerdem stehen die Häuser Wand an Wand: Die Nachbarn hören, wenn gestritten wird, sehen, wer zu Besuch kommt und wer ausgeht, und riechen, was gekocht wird. Die Geborgenheit der vertrauten Gasse kann leicht zur Enge werden; vor allem die jüngeren Stadtbewohner beschweren sich über zu viel soziale Kontrolle.

Es gab daher Zeiten, da drohte die Altstadt von Aleppo zu verwaisen und zu verfallen. Aber seit 1985 gehört sie zum UNESCO-Weltkulturerbe. Seither bemühen sich die Syrer und Wissenschaftler aus mehreren Ländern, dieses einzigartige Stadtzentrum so zu erhalten, dass es seinen Charakter bewahrt und doch bewohnbar bleibt. Eine moderne Innenstadt im orientalischen Gewand schwebt ihnen vor. Und mitten drin, umrundet von einem Kreisverkehr voller Cafés und Touristenläden, erhebt sich seit jeher die Zitadelle, blickt majestätisch hinunter auf das Gewirr und Gewimmel der Altstadt. Sie hat sicher längst das ausgetüftelte System erkannt, das dieses Chaos zusammenhält.

Esther Saoub

Aleppo's Old City – A Planned Labyrinth

Oriental cities are not designed on the drawing board, they simply grow up. One house is built upon another, depending on the need and the family structure of the residents. But, the apparent maze of narrow streets and alleys has a pattern, for one, the ancient, Hellenistic city, and outspread on their strict grid – an Islamic street structure.

Aleppo has existed since the third millennium B.C. The city is located right on the intersection of the old trade routes that connect the Near and Far East to Europe. It is therefore a city of commerce, and you can tell that from the street system. The individual quarters branch off from one main street and it used to be possible to close them off with a large wooden gate. That means, inside the city walls there was additional protection against marauders. This kind of lockable unit was called "Hara" – and this is what today's Syrian calls his hood. Where the Hara begins, and where it ends, is, of course, decided by each resident for himself as "Hara" simply means: "my turf" – and that goes out as far as I feel at home. Some women say: in my Hara I can go shopping in my housecoat and in slippers, but one alley farther I have got to get dressed properly. The residents themselves define the inner structure of the Hara; they fit the buildings to their needs, much more sensibly than an architect could. A Syrian house in the Old City is always variable, never finished. When the family grows, the house is also expanded, mostly built upwards. If the family gets smaller again, they perhaps sell a part, a wall is made through the inner courtyard or a corner of the house is partitioned off. The house is adapted to its residents and also always according to the proper fashion. But the narrow streets, high walls, and shadowy, green inner courtyards do not just serve aesthetic purposes, but they raise the security. This is why the old houses have, for example, no windows on the street side, which also improves the climate. Narrow streets are almost always shadowy, a green inner courtyard with high, thick house walls stores the coolness of the night, a fountain in the middle gives moisture. On the rooftops of the old houses there are so-called wind catchers, which channel the cool air into the lower rooms and let the warmth flow up and out again. At the same time, the sandy desert wind is left hanging in the curvy alleys.

Despite all these advantages, many Aleppines still complain about their historic city center (Old City). If you buy a car, for example, you have to park it far away on the main street. Just as few taxis, furniture trucks, or ambulances can drive all the way up to the front door as well. Women complain that the Old City houses are so hard to keep clean, that the open courtyard is constantly dusty and in the winter, you have to go through the cold and the rain to make your tea. In addition, the houses stand wall to wall next to one another: the neighbors hear when you are arguing, see who is coming to visit you and who leaves your house and smell what you are cooking. The protection of the familiar alley can easily become too confined for you. The young residents especially complain about too much social control.

This is why there were times when the Old City of Aleppo was threatened by desertion and decay. But, since 1985, it has been a part of the UNESCO World Cultural Heritage. Since that time the Syrians and scholars from different countries have made great efforts to preserve this unique city center in such a way that it keeps its character and still remains inhabitable. They envision a modern city center in Oriental fashion. And in the middle of it all, surrounded by a traffic circle of cafes and shops full of tourists, the Citadel still rises above it all, looking down majestically on the maze and throng of the Old City. It has surely long since understood the subtle pattern that keeps this chaos together.

Esther Saoub

ملبوسات
ولاية الأطفال
kids Town
سوق

ماس

Mehr als eine Traumstadt

Nach vielen Jahren besuchte ich Mitte der 90er-Jahre wieder häufiger die arabische Region. Und das hatte seinen Grund: Als erste deutsche Stadt sollte Hannover eine Universalweltausstellung durchführen, die EXPO 2000. Und die Deutsche Messe AG, bei der ich viele Jahre lang Aufsichtsratsvorsitzender war, interessierte sich für den arabischen Raum.

So kam ich im Vorfeld der EXPO einige Male nach Syrien, 1999 mit einem besonderen Ziel: Das Land hatte sich nicht als Teilnehmer zur EXPO angemeldet – was nicht sein durfte. So reiste ich zusammen mit meiner Frau Heidi Merk, damals Sozialministerin und stellvertretende Ministerpräsidentin des Landes Niedersachsen, in dieses wunderschöne und geschichtsträchtige Land zwischen Mittelmeer und Euphrat. Es gab viele offizielle und private Gespräche und am Ende waren wir erfolgreich: Syrien kam zur EXPO 2000 und hatte eine der schönsten Präsentationen auf dem Messegelände.

Wer nach Syrien reist, ist nicht wirklich dort gewesen, wenn er nicht das besondere Flair und den Duft von Aleppo gespürt hat. Wie aus dem Nichts, nach stundenlanger Fahrt durch die eintönige Landschaft, liegt mit einem Mal Aleppo vor einem. „Halab", da ahnt man die Geschichte Abrahams, da fühlt man das Zusammenleben der Kulturen. Araber, Kurden, Türken, Aramäer und Armenier sind hier zu Hause. Christen und Muslime lebten hier zusammen. Die Zitadelle, die Djami-al-Baramyah-Moschee, die Suqs, die Museen, die christlichen Kirchen, die alten Häuser und engen Gassen, die Gärten und das neue, moderne Aleppo – was müsste man nicht noch alles nennen? Die Küche ist auf keinen Fall zu vergessen – wie schade, dass Marie Fadel und Rafik Schami nur über Damaskus und nicht über Aleppo geschrieben haben, als es um den „Geschmack einer Stadt" ging.

Nicht nur syrische Freunde haben uns für Aleppo begeistert, sondern auch die Leistungen der GTZ, um nur den Generalplan für die Revitalisierung der Altstadt als ein wichtiges Werk zu nennen. Es war somit nur folgerichtig, dass Aleppo und Hannover im März 2004 in Anerkennung der gemeinsamen Verantwortung für die nachhaltige Entwicklung unserer gemeinsamen Erde, die der „World Summit on Sustainable Development 2002" in Johannesburg beschlossen hatte, eine Vereinbarung unterzeichneten. Auf der Basis eines friedlichen Zusammenlebens, des gegenseitigen Vertrauens und der Toleranz wollten wir bei der „Rehabilitierung der Altstadt von Aleppo" mitwirken und zur Förderung der lokalen Wirtschaft beitragen. Ein Zeichen der gegenseitigen Wertschätzung, aber auch eine Anerkennung für die Arbeit der Kolleginnen und Kollegen der GTZ.

Aleppos Bürgermeister Dr. Maan Chibli und ich haben beide den Vertrag 2004 unterzeichnet. Dass wir fünf Jahre später zusammen auf einer Konferenz der Europäischen Union in Straßburg über Aleppo und unser Projekt sprechen konnten, hat uns stolz gemacht.

Herbert Schmalstieg

أكثر من مدينة حلم

بعد عدة سنوات، سافرت في منتصف التسعينات مجدداً إلى المنطقة العربية عدة مرات. وراء ذلك سبب: إذ كانت هانوفر أول مدينة ألمانية عليها أن تنظم المعرض العالمي «إكسبو ٢٠٠٠». وقد أبدت شركة المعارض الألمانية - التي كنت لسنوات عديدة رئيساً لمجلس إدارتها - إهتماماً كبيراً بالمنطقة العربية.

وهكذا سافرت عدة مرات إلى سوريا في مرحلة التحضير للمعرض. وفي عام ١٩٩٩ كان ثمة هدف محدد: إذ لم تتقدم سوريا آنذاك بطلب الإشتراك بالإكسبو، ولم يكن من الممكن أن يبقى الأمر على هذا الحال. لذلك سافرت مع زوجتي هايدي ميرك - التي كانت آنذاك وزيرة الشؤون الاجتماعية ونائبة رئيس وزراء ولاية ساكسونيا السفلى - إلى هذا البلد الرائع الواقع بين البحر المتوسط والفرات وصاحب التاريخ العريق. المحادثات العديدة الرسمية والخاصة أثمرت في النهاية نجاحاً: جاءت سوريا إلى معرض اكسبو ٢٠٠٠ وكان لها واحد من أجمل الأجنحة في المعرض.

من يسافر إلى سوريا، لا يدرك أن زيارته إستكملت معناها إن لم يتذوق الجو الخاص بحلب وبأريجها. بعد ساعات من السفر في طريق يمر بأجواء رتيبة، تظهر أمامك حلب فجأة وكأنها طلعت من العدم. كلمة «حلب» توحي لك بقصة إبراهيم، فتشعر بالتعايش بين الثقافات. العرب والأكراد والأتراك والسريان والأرمن، هنا وطنهم. المسيحيون والمسلمون يعيشون هنا سوية. القلعة، جامع البراميه، الأسواق، المتاحف، الكنائس المسيحية، البيوت القديمة، الشوارع الضيقة، الحدائق وحلب الجديدة والحديثة. وماذا يجب أن نذكر بعد؟ المطبخ لايمكن بأي حال من الأحوال أن ننساه. للأسف أن ماري فاضل ورفيق شامي لم يكتبا سوى عن دمشق وليس عن حلب عندما كتبا عن «ذوق مدينة».

ليس أصدقاؤنا السوريون وحدهم الذين جعلونا نتحمس لحلب، وإنما إنجازات المؤسسة الألمانية للتعاون الفني أيضاً، وعلى سبيل المثال الخطة العامة لتنشيط المدينة القديمة بوصفها عملاً مهماً. لذا كان من المنطقي أن توقع حلب وهانوفر في مارس ٢٠٠٤ على معاهدة، تقرّ بالمسؤولية المشتركة لتحقيق التنمية الدائمة لأرضنا المشتركة، والذي أقره «مؤتمر القمة العالمي للتنمية المستدامة لعام ٢٠٠٢» في جوهانسبرغ.

على قاعدة التعايش السلمي والثقة المتبادلة والتسامح، أردنا المشاركة في «إعادة تأهيل المدينة القديمة في حلب»، وتعزيز الاقتصاد المحلي. هذه علامة الإحترام المتبادل، وهي في الوقت نفسه تقدير لجهد الزملاء في المؤسسة الألمانية للتعاون الفني.

وقعنا المعاهدة، رئيس بلدية حلب الدكتور معن شبلي وأنا في عام ٢٠٠٤. وبعد خمس سنوات تمكنا من التحدث معا في مؤتمر للأتحاد الأوروبي في ستراسبورغ حول حلب وحول مشروعنا، وهذا مدعاة أعتزازنا.

هربرت شمالستيغ

Minarett und Kreuz – Besuch im Khan al-Wazir

Ich war in die traditionsreiche nordsyrische Handelsstadt Aleppo gekommen, um, wie alle westlichen Besucher, einen der größten Suqs des Orients kennenzulernen. Stundenlang schlenderte ich durch Ladenstraßen, überdachte Gassen mit Kuppelgewölben, vorbei an farbenfreudigen Auslagen von Teppichhändlern, Schneidern, Kupferschmieden, Juwelieren, Gewürzhändlern. In diesem labyrinthischen Gassengeflecht erschien mir der Khan al-Wazir, das Haus des Wesirs, anfangs weniger interessant: Der Torbogen gab den Blick frei in einen Innenhof mit Bretterverschlägen, mit einer niedergebrochenen Balustrade und einem mit Wellblech halb zugedeckten Brunnengehäuse, ringsum Gerümpel. Aber ein junger Syrer winkte mich herein. Der Händler, der fließend Englisch sprach, besaß unter Arkaden ein Warenlager, eines der wenigen, die im sonst völlig verwahrlosten Innenhof restauriert waren. Er fing mit mir zu plaudern an, ohne die Absicht, mir etwas verkaufen zu wollen. Ihn schien eher die Neugier auf Ausländer zu bewegen, da Touristen damals, im Frühjahr 1994, noch eher selten nach Syrien kamen.
Der junge Syrer erzählte mir, der Innenhof habe jahrelang nur als Ablage für Baumaterial gedient, jetzt aber plane die Stadtverwaltung, den Khan nach alten Plänen sorgfältig zu restaurieren und ein Touristenhotel mit historischem Ambiente zu schaffen. Die Glanzzeit des Khan al-Wazir sei vor zwei- bis dreihundert Jahren gewesen. Damals habe das Handelshaus als einer der wichtigsten Umschlagplätze des Großhandels und des Bankenkreditgewerbes gegolten. Hier hätten sich Kaufleute aus dem ganzen Mittelmeerraum, ja selbst aus Zentralasien getroffen, hier seien wichtige Abschlüsse getätigt und auch politische Entscheidungen getroffen worden.
Die eigentliche Überraschung des Gesprächs kam, als der Händler auf die Portalfassade deutete. Dort entdeckte ich über den benachbarten Fenstern, von Arabesken umrahmt, zwei kunstvoll eingemeißelte Symbole: Über dem rechten Spitzbogen ein Minarett, über dem linken – ein Kreuz. Was hatte das zu bedeuten? Der Händler erklärte: Hinter dem Fenster mit dem Minarett habe sich der Gebetsraum der Muslime befunden, hinter dem Fenster mit dem Kreuz hätten sich die Christen zur Andacht versammelt. Die eingemeißelten Symbole seien auch darüber hinaus bedeutsam gewesen, denn sie hätten die Machtverhältnisse in der Stadt widergespiegelt. Im 17. und 18. Jahrhundert sei Aleppo von muslimischen und christlichen Ministern gemeinsam verwaltet worden, das Stadtoberhaupt, der Wesir, habe die Ämter auf Angehörige beider Religionen verteilt.
Ob das ohne Probleme funktioniert habe, wollte ich wissen. In der Politik gebe es immer Probleme, antwortete der Händler lächelnd, aber grundsätzlich habe das System funktioniert. An der Spitze der Regierung habe allerdings immer ein Muslim gestanden, Muslime hätten schließlich stets die Mehrheit der Bevölkerung in Aleppo gebildet. Er fragte, ob ich schon das Christenviertel Al-Jdeideh besucht hätte, ein großes Viertel mit zahlreichen Kirchen. Ich bejahte und erzählte, dass ich dort wenige Tage zuvor, am Karfreitag, eine große Prozession mit Hunderten von Christen erlebt hätte. In Aleppo gebe es auch heute noch viele Christen, ungefähr zehn Prozent der Einwohner, erklärte der Händler. Vor dreißig, vierzig Jahren hätten die Christen noch ein Viertel der Einwohner ausgemacht und vor hundert Jahren sei es gar ein Drittel gewesen. Geändert habe sich dies, weil während der letzten drei Jahrzehnte sehr viele Muslime aus den Dörfern in die Stadt abgewandert seien. Er sei 1965 geboren, damals habe Aleppo gerade 500.000 Einwohner gezählt, nun, 1994, seien es über zwei Millionen.
Ob er mit Christen befreundet sei, wollte ich wissen. Das nicht, antwortete der junge Mann zögernd, das sei nicht üblich, auch von deren Seite nicht. Aber er habe gute Geschäftskontakte zu christlichen Kaufleuten, sehr korrekten, sehr angenehmen Partnern. Er könne sich über die Christen nicht beklagen.
Minarett und Kreuz unmittelbar nebeneinander. Und das in Aleppo, jener Metropole, von der die Muslime im 13. Jahrhundert den Abwehrkampf gegen die Kreuzritter begonnen hatten. In Aleppo, das über viele Jahrzehnte für die christlichen Invasoren aus Westeuropa gefährlicher war als jede andere islamische Stadt! Aber es war damals ein politischer Kampf gegen die Kreuzritter gewesen, keine religiöse Abwehr gegen das Christentum, denn die geistesverwandte monotheistische Religion genießt eine vom Koran vorgeschriebene Toleranz. Die europäischen Eroberer wurden vertrieben, die christlichen Kaufleute durften bleiben.

Gerhard Schweizer

المئذنة والصليب - زيارة لخان الوزير

جئت إلى حلب المدينة التجارية الغنية بالتقاليد في شمال سوريا، شأني شأن جميع السياح الغربيين بهدف التعرف على أكبر أسواق المشرق. لساعات طويلة سرت في شوارع مليئة بالمحلات، في أزقة مسقوفة بالقباب، مررت أمام واجهات زاهية الألوان لمحلات السجاد، والخياطة والنحاس والمجوهرات و التوابل.

في هذه المتاهة من شبكة الأزقة بدا لي خان الوزير في البداية غير مهم: قوس البوابة يُفضي إلى الفناء، تشاهد فيه أكواخا خشبية، درابزين مهمشة ونافورة نصف مغطاة بصفيحة معدنية، وفي كل مكان بقايا مهملة.

لكن شاب سوري أشار لي بالدخول. هنا يملك ذلك التاجر الذي تحدث الإنكليزية بطلاقة رواقا - أحد أروقة قليلة ما زالت صالحة للإستعمال في هذا الفناء - يستخدمه كمستودع. بدأ الحديث معي دون أي نية لبيعي أي شيئ. كان لديه الفضول للحديث مع الأجانب، لأنه في ربيع عام ١٩٩٤ كان السياح نادرين في سوريا.

أخبرني الشاب السوري، أن فناء الخان كان يُستخدم لسنين طويلة كمخزن لمواد البناء، لكن الإدارة المحلية تخطط الآن، لترميم الخان وإعادته إلى ما كان عليه في السابق، وتحويله إلى فندق سياحي مع الحفاظ على أجوائه التاريخية. شهد خان الوزير أزهى عصوره قبل قرنين أو ثلاثة. في ذلك الوقت كان هذا المكان التجاري يُعد من أهم المراكز لتجارة الجملة وللخدمات المصرفية. هنا كان يلتقي التجار من كل مناطق البحرالأبيض المتوسط، وحتى من آسيا الوسطى، وكانت هنا تتم أهم الصفقات وتتخذ القرارات السياسية أيضاً.

وكانت المفاجأة الحقيقية لهذا الحديث عندما أشار التاجر إلى واجهة المدخل. هناك أكتشفت على النوافذ المجاورة المطوقة بالأرابيسك، رمزين منحوتين بمهارة فنية: على اليمين مئذنة، وعلى اليسار صليب. ماذا يعني ذلك؟ أوضح التاجر قائلاً: وراء النافذة التي عليها المئذنة كانت غرفة صلاة المسلمين، وخلف النافذة التي عليها الصليب كان المسيحيون يجتمعون للعبادة.

كان للرموز المنقوشة معنى أبعد من ذلك، يعكس ميزان القوى في المدينة. في القرنين السابع عشر والثامن عشر كانت حلب تُدار من من قبل وزراء مسلمين ومسيحيين معا، وكان رئيس الحكومة يُوزع المناصب الحكومية على أبناء الديانتين بالتساوي.

أردت أن أعرف فيما اذا كانت الأمور تجري دون أي مشاكل. «في السياسة توجد دائماً مشاكل» أجاب التاجر مبتسماً، «لكن بشكل عام كان هذا الإسلوب يسير بإنتظام. على رأس الحكومة كان دائما شخص مسلم، فالمسلمون يُشكلون في نهاية المطاف أغلبية السكان في حلب».

ثم سألني إذا كنت قد زرت حي المسيحيين «الجديدة»؟ إنه حي كبير فيه العديد من الكنائس. قلت له نعم وأخبرته أنني قبل بضعة أيام، يوم الجمعة العظيمة، شاهدت موكباً كبيراً ضمّ مئات من المسيحيين. قال التاجر «لا يزال في حلب إلى اليوم الكثير من المسيحيين، يُشكلون حوالي عشرة في المئة من السكان». قبل ثلاثين أو أربعين سنة كان المسيحيون يُشكلون ربع السكان، وقبل مئة سنة كانوا الثلث. تغير ذلك، لأنه في العقود الثلاثة الأخيرة هاجر العديد من المسلمين من القرى إلى المدينة. يقول التاجر إنه من مواليد عام ١٩٦٥. يومها كان عدد سكان حلب ..... ٥ نسمة. الآن في عام ١٩٩٤ بلغ أكثر من مليونين.

المئذنة والصليب جنباً إلى جنب. وهذا في حلب المدينة التي تصدى فيها المسلمون في القرن الثالث عشر للصليبيين. كانت حلب لعقود كثيرة أخطر مدينة إسلامية تواجه الغزاة المسيحيين من أوروبا الغربية. لكن ذلك، كان صراعاً سياسياً ضد الصليبيين ولم يكن تصدياً دينياً ضد المسيحية، لأن القرابة بين الديانات التوحيدية تنعم بالتسامح الذي ينص عليه القرآن. لقد طُرد الغزاة الأوروبيون، أما التجار المسيحيون فسُمح لهم بالبقاء.

غيرهارد شفايتسر

Ein Seifenstück

Wer sich von der Zitadelle in Richtung Bab Qinnasrin bewegt, vielleicht auch noch den Suq durchwandert und sich einstimmen lässt durch die besonders schöne, malerische Beleuchtung im Khan al-Nahasin, wenn das Sonnenlicht golden strahlend durch Gewölbelücken auf das helle, glatte Steinpflaster fällt, während ringsum alles doppelt schwarz erscheint, den könnte es kurz vor dem Tor und der alten Stadtmauer in eine kleine Nebenstraße hineinziehen – so wie uns vor 25 Jahren.

Die überraschendsten Erlebnisse sind die schönsten: Unser Blick fällt plötzlich auf zwei Paare Pantoffeln, die neben der Tür an einer Hauswand lehnen. Die Tür, nur spaltbreit geöffnet, verwehrt den Blick nach innen, aber es entströmt ihr ein intensiver Duft, der nicht leicht einzuordnen ist – Olive ist dabei und eine leichte Kümmel-Note, vielleicht auch ein wenig Lorbeer. Wir schnuppern noch, da dringt aus dem stillen „Duft-Ort" lebhaftes Stimmengewirr, Lachen, Trappeln. Die Tür wird aufgestoßen; kleine Hände greifen nach den Pantoffeln. Was man diesen zunächst nicht ansah: Sie haben scharfe Kufen unter den Sohlen. Orientalische Schlittschuhpantoffeln? Wo ist das Eis, auf dem sie dahingleiten, ihre Kreise ziehen können? Kein Eis, sondern eine glatte grüne Fläche – wir sind in einer Seifenmanufaktur. Die offene Tür gibt den Blick frei auf einen lang gestreckten Raum, dessen Boden ganz und gar aus Seife besteht. In flüssigem Zustand hineingepumpt, ist sie nun offenbar „reif" und fest genug, um weiter bearbeitet zu werden. Das ist hier traditionell Kindersache; das empfindliche Gut verträgt kein schweres Gewicht.

Zu den beiden etwa Zehnjährigen, die sich ihre Kufenpantoffeln gegriffen haben, gesellen sich weitere Jungen mit dem gleichen Schuhwerk in den Händen und dann noch einige Größere, Halbwüchsige, die barfuß bleiben. Sie führen Regie, konzentrieren das geschäftige Treiben, ohne dass das Lachen, der Spaß auch nur für einen Augenblick aufhören. Kleine Worte fliegen hin und her, die Bewegungen mit ihnen.

Jeder hat seinen Platz: Acht Jungen stellen sich an einer Schmalseite auf, schlüpfen in ihre Kufenpantoffeln, stecken dann ihre Handgelenke in eine Schlinge aus Bindfaden und strecken die Arme nach vorn. Die vier Größeren beziehen Position vor ihnen – jeder greift zwei Schlingen, und in einer Art Choreografie werden die Pantoffelträger von den Barfüßigen gezogen. Zieher und Gezogene bewegen sich in paralleler Formation durch den Raum, ziehen keine eleganten Kreise, sondern schnurgerade Linien, welche die grüne Masse durchschneiden. Einmal durch den Raum und dann noch einmal, so lange, bis der Seifenboden in gleichmäßige Streifen zerlegt ist. Und dann das Ganze noch einmal quer, bis der ganze Boden in ein Gitterwerk aus Seifenstücken verwandelt ist.

Unter unseren bewundernden Blicken durch die offene Tür gibt es noch eine Extravorstellung. Nie hört dabei das Lachen auf; alles bleibt leicht und beschwingt. Spiel und Arbeit gehen ineinander über. Die Schar stiebt auseinander – durch die Seitentür in den Hof. Wir folgen ihnen durch einen Zugang von der Straße und stehen unversehens vor einer weiteren Seifenarchitektur: vier Türmen aus mattgrünen Würfeln, auf Abstand gestapelt und gestempelt. Wir bewundern und kaufen.

Das ist 25 Jahre her, könnte sich aber so ähnlich wohl auch heute noch zutragen. Im Viertel vor dem Bab Qinnasrin wird die berühmte Aleppiner Seife noch immer in Familienbetrieben hergestellt. Wenn es gegen September geht, wenn das Licht schon etwas schärfer wird, dann ist die richtige Zeit, um sich von Pantoffeln vor den Türen locken zu lassen.

Gudrun Selz

A Piece Of Soap

If you go from the Citadel towards Bab Qinnasrin, perhaps also stroll through the Souq and allow the really beautiful, picturesque lighting in the Khan al-Nahasin to get you in the mood when the sunlight shines with golden rays through the holes in the arches onto the bright, smooth cobblestone, when everything all around seems twice as black, it could lead you into a narrow side street shortly in front of the gate and the old city wall – like it did for us twenty-five years ago.

The most surprising experiences are the most beautiful ones: our eyes suddenly turn toward two pairs of slippers set up against the wall of a house next to the door. The door, only open a crack, blocked the view inside, but it allowed a strong fragrance to stream out, which is not easy to identify – olive is part of it and a dash of caraway, perhaps also a little laurel. We snoop around still, then a lively babble of voices, laughter, and patter leaks out of the quiet "fragrant place". The door flies open and little hands reach for the slippers. What did we miss when we first saw these? They have sharp skids under the soles. Are these Oriental skating slippers? Where is the ice where they can skate around on in circles? There is no ice, but a smooth green surface – we are in a soap factory. The open door opens our view to a long, extended room in which the floor is made of soap. It is pumped into the room in liquid form and is now apparently "ripe" and hard enough for further processing. This is then traditional work for kids as the sensitive product will not hold heavier weight.

The two ten year-olds who grab their skating slippers are joined by more boys with the same shoes in their hands and some bigger ones, teenagers, who stay barefooted. They direct them and concentrate the busy movement so that the laughter and the fun also hardly stops for an instant. Brief words fly back and forth and the movements with them.

Everybody has his spot: eight boys line up on a narrow side, slip into their skating slippers, then stick their wrists in a knot of string and stretch out their arms in front. The four bigger ones take up position in front of them – each one holds two knots and in a kind of choreography, the ones wearing the slippers are pulled along by the barefooted ones. The ones pulling and those who are pulled move in parallel formation through the room, making elegant circles, then exact lines that cut right through the green mass. Once through the room and then once again until the soap floor is cut up into even strips. And then the whole thing is done again crossways until the whole floor is transformed into a checker-work of pieces of soap.

Besides our amazed views through the open door, there is yet one more performance. They never stop laughing, everything stays light-hearted and lively. Play and work are intertwined. The gang scurries apart – through the side door into the courtyard. We follow them through an entrance from the street and suddenly stand in front of a further building of soap: four towers of languid green cubes, stacked up and stamped on top of one another. We admire and buy.

That was twenty-five years ago, but something similar to this could probably also even happen today. In the city quarter in front of the Bab Qinnasrin the famous Aleppine soap is still produced in family-owned businesses. When it is about September and the light becomes a bit brighter, then it is the right time to let yourself be allured by slippers in front of the doors.

Gudrun Selz

Von Jdeideh nach Aziziyyeh

Jdeideh, der neuere Teil der Altstadt von Aleppo, ist voller griechischer, armenischer, syrischer und maronitischer Kirchen. Nach 22 Uhr, wenn die Läden geschlossen sind, wird es dort ruhig, aber manchmal weht leise Musik vom Dach eines Hotels herüber. Kommt man näher, hört man vielleicht das Klingen der Gläser an der Bar. Es ist ein Gemisch der Kulturen, alt und neu, Paris-trifft-Jerusalem, ein wenig luxuriös, lässig, beruhigend levantinisch.

Wenn ich hier bin, erinnere ich mich an die Kreuzzüge – und nicht auf eine nachtragende Art. Die Anziehungskraft, die dieser Ort ausstrahlt, erklärt vielleicht, warum die Kreuzritter ihn so sehr begehrten. Vergessen sind weltliche Ambitionen und der Ruhm eines Lebens nach dem Tod. Einige Orte sind so bezaubernd, dass es leicht zu sein scheint, für sie zu kämpfen und zu sterben, sei es richtig oder falsch. Auch ich würde dafür kämpfen – unter welcher Flagge auch immer –, solch einen Ort für mich zu haben, für ein Jahr, für eine Dynastie. Diese Luft zu atmen, auf den kopfsteingepflasterten Straßen zu laufen, meine Augen an den von Arkaden gesäumten Straßen zu weiden, das Spiegelbild des Mondes in einer Wasserpfütze zu suchen, den Zitronenbaum in der Nähe zu riechen. Und wer würde nicht dafür kämpfen?

Wenn es einen Wahnsinn an den Kreuzzügen gibt, dann liegt er nicht darin, dass sich die Menschen wegen ihrer jeweiligen Gottheiten gegenseitig umbrachten, sondern in der Tatsache, dass wir heute in ihnen wenig mehr sehen als reinen Fanatismus und Misstrauen. Könnte es nicht sein, dass inmitten der grauenhaften Gewalt einige Menschen vielleicht die kleine Sichel des Mondes suchten, einen flüchtigen Blick auf die Ewigkeit erhaschen wollten? Muslime und Christen waren zweifellos gierig. Sie lieferten sich unter anderem Kämpfe um Konstantinopel, Sizilien und Wien. Es waren die bezauberndsten Städte ihrer Zeit – elegant, vollendet und kultiviert. Sie kämpften nicht um Öl, das unter dem Sand liegt.

Welch größeres Lob kann es für eine Kultur geben, als wenn Plünderer in glänzender Rüstung auf den Feldern auftauchen? Heute macht Krieg keinen Sinn mehr. Heute werden Kriege wegen Geld geführt und allein wegen Geld. Die Städte, die wir alle erobern möchten, sind nicht einmal bezaubernd. Was ist aus unserem guten Geschmack geworden?

Auf einer Hauptstraße nahe Jdeideh finde ich mich am Rande Aziziyyas wieder. Mir gegenüber, auf dem kleinen Platz, steht eine gewaltige Kirche, modern mit vagen byzantinischen Einflüssen, gebieterisch die umgebenden Gebäude überragend, als ob sie etwas mitzuteilen hätte. Aber sie sagt nichts. Sie steht nur da, ruhig, zuversichtlich, sich ausruhend vom Lärm des täglichen Verkehrs. Es ist noch nicht einmal Mitternacht, aber die Stadt Aleppo hat ihre Augenlider geschlossen, ihre Neonlichter ausgeschaltet und sich auf die Seite gelegt. Sie träumt die Träume und schläft den Schlaf alter Städte.

Nabil Shawkat

من الجديدة إلى العزيزية

الجديدة، أحدث قسم من المدينة القديمة في حلب، مليء بالكنائس اليونانية والأرمنية والسريانية والمارونية. بعد الساعة العشرة مساء عندما تُغلق المحلات التجارية، يعم المكان الهدوء، ولكن بعض الأحيان تهب نسمات الموسيقى الناعمة من سطح فندق قريب، وعندما تقترب أكثر تسمع رنين الكؤوس على البار. إنه خليط من الثقافات القديمة والجديدة ، تلتقي باريس مع القدس، بعض الترف، والإسترخاء وشعور مشرقي مريح.

عندما أكون هنا، أتذكر الحروب الصليبية، إنما ليس بشعور من الحقد. إن قوة الجذب التي تنطلق من هذا المكان تفسّر لماذا كان الصليبيون يطمعون به كثيراً. ربما ننسى الطموحات الدنيوية ومجد الحياة بعد الموت. بعض الأماكن ساحرة إلى حد يبدو كما لو أن القتال والموت من أجلها مستسهل، سواء أكان ذلك صحيحاً أو خطأ. ربما قاتلت أنا - تحت أي علم ما - لأمتلك هكذا مكان لمدة سنة، أو لحقبة من الزمن. من لا يقاتل من أجل إستنشاق هذا الهواء؟ ومن أجل السير في شوارع مرصوفة تسرح فيها عيوني فوق القناطر المسيجة؟ كما من أجل البحث عن صورة طبق الأصل للقمر في بركة من المياه، وإلى جانبها يفوح عطر شجرة الليمون؟

إذا كان هناك من جنون في الحروب الصليبية، فليس مرده إلى أن الناس تقاتلت من أجل آلهتها، وإنما في الواقع، لأننا نرى فيهم درجات من التعصب وعدم الثقة. ألا يمكن أن يكون في خضم العنف المروع، أن بعض الناس ربما كانوا يبحثون عن هلال صغير ويريدون الفوز بنظرة عابرة من الخلود؟ المسلمون والمسيحيون كانوا، بلا شك، جشعين. تقاتلوا من أجل القسطنطينية وصقلية وفيينا. كانت آنذاك أكثرالمدن سحراً، أنيقة، مكتملة ومتمدنة. لم يتقاتلوا من أجل النفط تحت الرمال.

أي مديح كبير يمكن أن نمنحه لثقافة، لا تظهر إلا بمظهر لصوص تلمع أسلحتهم في ميادين القتال؟ اليوم ليس للحروب أي معنى. اليوم تُدار الحروب بسبب المال فقط. المدن التي نريد الإستيلاء عليها، ليست مدنا ساحرة. ماذا حدث لذوقنا السليم؟

في شارع رئيسي قرب الجديدة أجد نفسي عند طرف العزيزية. قبالتي في الساحة الصغيرة كنيسة ضخمة، حديثة ذات تأثيرات بيزنطية غير محددة، وفي الوقت نفسه ينتصب هذا البناء كما لو كان لديه ما يقوله. لكنه لا يقول شيئا. الكنيسة قائمة، هادئة، واثقة، تستريح من ضجيج حركة المرور اليومية. لم يكن الليل قد إنتصف بعد، لكن مدينة حلب أغمضت عينيها وأطفأت أضواء النيون واسترخت على الجانب وهي تحلم أحلاماً وتنام نوم المدن القديمة.

نبيل شوكت

بي الله زكريا وعل

Wahrhaft göttlich

Die große Freitagsmoschee der Omayyaden in Aleppo – auch bekannt als „Gamie Kebir" oder einfach „Die große Moschee" – wurde im 8. Jahrhundert erbaut und besitzt ein elegantes Minarett, das mit eingravierten Platten von atemberaubender Schönheit geschmückt ist. Direkt nach den Sonnenuntergangsgebeten herrscht in der Moschee eine entspannte Atmosphäre, ungezwungen wie in der Schulpause, verspielt wie in der Halbzeit eines Fußballspiels. In der Moschee geht es in der nächsten Stunde nicht mehr um Frömmigkeit, religiöse Pflichten oder die zeitlich streng reglementierte Zusammenkunft zu den täglichen fünf Gebeten der Muslime: Diejenigen, die sich jetzt in der Moschee aufhalten, tun dies, weil es ihnen dort gefällt. Sie verhalten sich wie Kirchgänger, die sich sonntags auf dem Kirchhof herumdrücken, um sich mit anderen zu unterhalten. Die Erwachsenen sitzen in den Ecken und lassen ihre Kinder spielen.

Der Hof ist quadratisch im traditionellen Stil, mit überdachten Säulenhallen an den Ecken – eine Anordnung, die man in vielen alten Moscheen und Klöstern findet.

Man spürt die Abgeschiedenheit von der Welt und die Offenheit zum Himmel, fühlt sich wie in einem verzauberten Garten. Der Hof hat üblicherweise einen Brunnen, der manchmal für Waschungen benutzt wird, aber hauptsächlich dazu dient, die warme Sommerluft herunterzukühlen.

Eine Besuchermenge hat sich gespannt vor einem Glasfenster versammelt, an dem ein Schild darauf hinweist, dass der mit kunstvoller Stickerei bedeckte Schrein im Inneren drei Haare und den Teil eines Backenzahns enthält, die dem Propheten Mohammed gehörten. Nun bin ich an der Reihe, stehe vor dem Glasfenster und versuche, ein vergeistigtes Gefühl heraufzubeschwören. Ich will mich dem großen Moment stellen, aber die Zeit ist zu kurz. Andere Menschen treten bald an meinen Platz in der Schlange, und ich ziehe mich zurück, fühle mich ein wenig betrogen.

Überall um mich herum sind regelmäßige Moscheegänger, sie fühlen sich all dem verbunden, erfahren die volle Bedeutung der Symbolik. Etwas an ihrem Glauben ist mir zu geprobt, als ob sie das religiöse Gegenstück zu Profi-Fußballern wären und ich nur ein Teil der Juniorenliga. Der Trainer wird bald meinen Mangel an Talent erkennen und mich auf die Bank setzen. Ich schaue mich um und denke, wenn ich nur genügend bluffe, werde ich den richtigen Dreh schon herauskriegen.

Wenn es dort einen Laden gäbe, der gehobenen Glauben verkaufen würde, wäre „ihrer" im Schaufenster, um die Kunden anzuziehen. „Meiner" wäre auf einem Regal hinten im Laden, ein Staubfänger, reduziert im Preis, um ihn schnell loszuwerden.

Eine wohlhabende Frau würde in den Laden kommen und meinen Glauben bemerken. „Wie wär's mit diesem?", würde sie fragen. Der Ladenbesitzer würde seinen Kopf schütteln. „Nein, gnädige Frau, für Sie habe ich etwas viel Besseres." Dann würde er eine Vitrine öffnen und seinen Lieblingsartikel herausholen: ein mit Edelsteinen besetztes, handgearbeitetes Stück Glauben – wahrhaft göttlich.

Nabil Shawkat

Divine Indeed

Built in the early eighth century, the grand Friday Umayyad Mosque of Aleppo, also known as "Gamie Kebir" (or simply the Big Mosque) has an elegant minaret that is embellished with engraved panels of breath-taking beauty. Right after the sunset prayers, the mosque has a relaxed atmosphere, easy like a school in recess, playful like the half-time break in a soccer game. For the next hour or so the mosque is no longer about piety, religious duties, or the strictly regimented meeting for the five daily Muslim prayers. Those who are still in the mosque are there because they like it there, like churchgoers who hang around the church yard to chat on a Sunday. The grownups sit in corners and let the children play.

The courtyard is square in the traditional style, with roofed porticos around the edges, a layout shared by many old mosques and monasteries. So you get the sense of seclusion from the world and openness to heaven, you feel like you are in an enchanted garden. The courtyard usually has a fountain, sometimes used for ablutions, but mostly meant to cool down the summer breeze.

A crowd of visitors has gathered intently in front of a glass window with a sign telling visitors that the shrine inside, covered with fancy embroidery, contains three hairs and part of a molar that belonged to the Prophet Mohammad. I take my turn, stand in front of the glass window, and try to conjure up spiritual sentiment. I try to rise to the moment, but the time is too short. Other people soon replace me in the line, and I withdraw feeling a bit cheated.

All around me are regular mosque-goers, making a connection, capturing the full meaning of the symbolism. Something about their faith is too rehearsed for me, as if they were the religious equivalent of professional soccer players and I were just in junior league. The coach is soon going to find out about my lack of talent and send me to the bench. I look around me, thinking maybe if I bluff hard enough, I will get the hang of it.

If there were a shop that sells upscale faith, theirs would be in the shop window, to attract clientele. Mine would be on a back shelf, collecting dust, marked down for quick sale.

An affluent woman would walk into the shop and notice my faith. "How about this one," she would ask. The shopkeeper would shake his head. "Well, Madame. For you, I have something much better." He would then open a glass cabinet and bring out his favorite item, a tiny gem-studded, hand-fashioned piece of faith, divine indeed.

Nabil Shawkat

Eid-Feste und Musik

Als ich ein Kind war, habe ich die Erwachsenen beneidet, da ich dachte, dass ihnen die Feste, vor allem die Eid-Feste des Fastenbrechens, sehr viel mehr Freude bereiten würden als den Kindern. Als ich älter wurde, wünschte ich mir meine Kindheit zurück, weil ich glaubte, Kinder hätten mehr Freude am Feiern als Erwachsene. Heute weiß ich, dass die Freude der Kinder bei einem Fest auch mehr Freude für die Erwachsenen bedeutet.

Wenn das Eid-Fest näherrückt, erinnere ich mich an einen unvergessenen Augenblick aus meiner Kindheit. Zusammen mit anderen Kindern musste ich den langen Weg von unserem Haus bis zur Bäckerei laufen, um die Zinnbecher für die Eid-Süßigkeiten zu holen. Obwohl diese Becher für jedes Eid-Fest benötigt wurden, kauften die Familien sie nicht. Sie liehen sich die Becher von der Bäckerei. Die Kinder mussten die leeren Becher nach Hause bringen, um sie dann gefüllt wieder zur Bäckerei zurückzutragen.

Eid-Süßigkeiten vorzubereiten war ein herrliches Durcheinander, an dem die ganze Familie teilnahm. So setzte ich mich auf den hohen Küchentisch, um den geschäftigen Frauen zuzuschauen, während sie den Teig kneteten. Meine Tante So'ad war sehr geschickt im Formen von Ringen. Meine Großmutter war spezialisiert auf das Herstellen gefüllter Dattelkekse. Zuerst brachte sie den Teig in die Backform und dann drückte sie die Form so auf den Tisch, dass der runde Teig auf ihrer Hand zu liegen kam. Diese meisterhafte Geschicklichkeit hat mich sehr fasziniert.

So'ad war meine Lieblingstante, weil sie viele Geschichten kannte. Sie spielte mit uns Kindern, als wäre sie im gleichen Alter. So stahlen wir mit ihr zusammen die frisch gebackenen Kekse, versteckten uns auf dem Dachboden und freuten uns darüber, sie zu naschen, während So'ad uns einige wunderbare Geschichten erzählte. Wenn die anderen Frauen uns erwischten, würden sie uns für das Stehlen der Kekse bestrafen – und So'ad würde mit uns bestraft werden.

Ein wichtiger Bestandteil von Eid war das Baden der Kinder, an dem alle Frauen des Hauses teilnahmen, ohne das die Wandschränke nicht geöffnet wurden und wir keine neuen Kleider und Schuhe bekamen.

Ich liebte die Welt der Erwachsenen, aber ich verstand sie nicht. Sie stellten uns mit unseren neuen Kleidern in eine Linie, sodass wir von unserem Großvater, seinen Söhnen und seinen Schwiegersöhnen betrachtet werden konnten. Wenn Großvater zufrieden war und alle Familienmitglieder laut lachten, konnte das Eid-Fest beginnen. Alle Mütter drehten sich um ihre Kinder und prüften ihre eleganten Gürtel und Schuhe. Danach wurde gezählt – eins-zwei-drei – und wir fingen an, eines der Lieder zu singen, die uns Tante So'ad gelehrt hatte.

Sobald die Erwachsenen uns ins Bett gebracht und die Türe geschlossen hatten, gaben wir vor, zu schlafen. Aber wir standen wieder auf und stellten uns an das kleine Fenster, von dem man in Großvaters Zimmer sehen konnte. Alle Mitglieder der Familie, Männer und Frauen, versammelten sich in seinem Zimmer, um miteinander zu reden. Mein Großvater liebte das Lachen. Manchmal, wenn er nach einer Braut für einen seiner Söhne Ausschau hielt, fragte er nach den Talenten des vorgeschlagenen Mädchens. Er meinte nicht die erwarteten Fähigkeiten zu kochen, zu waschen und zu putzen, sondern die Begabung zu singen und ein traditionelles Musikinstrument zu spielen. In seinem Haus wurde regelmäßig musiziert. Als ich jünger war, habe ich die Männer nur beobachtet, während sie sangen. Aber als ich älter und ein junger Mann war, nahm er mich in seine Gruppe auf und ich übte mich darin, *Stanzas* zu singen. Ich erinnere mich noch an die Worte und Melodien. Ich wurde nicht geboren, um ein großer Sänger zu werden, aber mein Großvater mochte meine Stimme.

In einem der Zelte des Vergnügungsparks, der nicht weit von unserem Haus entfernt lag, sah ich einmal einen 13-jährigen Jungen, der wunderbar sang. Er wusste nicht, wo er oder seine Eltern geboren waren, und erzählte mir, dass Zigeuner ihn auf einer der Stadtstraßen gefunden und singen gelehrt hatten. In der gleichen Nacht erzählte ich meinem Großvater die Geschichte des Jungen und begleitete ihn am nächsten Tag in den Park. Er hörte ihm aufmerksam zu. Überrascht sah ich, wie mein Großvater zu weinen anfing. Er versuchte, den Jungen zu adoptieren, aber die Zigeuner lehnten dies ab – wir haben ihn nie wieder gesehen.

Als ich sechzehn Jahre alt war, brachten Besucher im Rahmen der besonderen Feierlichkeiten für den fünften Tag von Eid Platten voller selbst gemachter Speisen in unser Haus. Ich kann mich daran noch sehr gut erinnern. Das Wetter war sehr heiß. Wir saßen im Hof des großen Hauses um den Brunnen, den wir früh am Morgen mit Wasser und sogar mit Goldfischen gefüllt hatten.

Der Hof war voll mit Großvaters Freunden und Bekannten. In unserer Stadt gab es eine *mimic*, eine aktive Beziehung der Scheichs zu klassischen Gesängen. Viele der Scheichs, wie Omar al-Batsh oder Bakri Kourdi, hatten schöne Stimmen. Beide waren bei den Treffen in unserem Haus immer dabei. Diese Scheichs waren meisterhafte Sänger und kein Sänger konnte ohne ihr Urteil erfolgreich sein. Viele Besucher waren auch Muezzine, wie Sabri Mudalal.

Solche Zusammentreffen zeichneten sich durch Fröhlichkeit und Frohsinn aus. Die Scheichs liebten das Essen und es gab viele Witze und lustige Geschichten darüber. Wenn sie mit dem Essen fertig waren, tranken sie Tee in goldenen Gläsern, während sie Scheich Bakri zuhörten, der eigene Lieder sang. Ich liebte diesen Mann vom ersten Moment an, als ich ihn hörte.

Seit diesem Tag bat ich meinen Großvater, mich zu den monatlichen Treffen mit den Weisen und Scheichs mitzunehmen, wann immer es möglich war. Ich sang für meinen Großvater auch einige Lieder, die er vorher noch nie gehört hatte. Er lachte über meine hässliche Stimme, bis sich seine Augen mit Tränen füllten.

Nihad Sirees

حلب، العيد والموسيقى

عندما كنت صغيراً كنت أنظر إلى الكبار نظرة حسد، فهم يقضون أوقاتاً أطيب في المناسبات وخاصة في الأعياد، وعندما صرت كبيراً أصبحت أشتهي أن أكون صغيراً فالأعياد وجدت ليحتفل بها الصغار بطريقتهم البريئة تلك والتي بدونها لا يمكن تذوق متعة العيد.
عندما يقترب العيد، هناك مسافة طويلة يجب على الأطفال أن يقطعوها ما بين البيت والفرن. لصناعة كعك العيد نحتاج إلى «الصوج» وهذه لا يقوم رب البيت بشرائها وتخزينها رغم أننا نحتاجها قبيل كل عيد. يجب إستعارتها من الفرن والأطفال هم من سيحملها فارغة من الفرن إلى البيت ثم مليئة في الاتجاه المعاكس. وحفلة صناعة الكعك وخبزه في الفرن تدخل في باب الإشتهاء والإنتظار والفوضى اللذيذة التي تصاحبها. عندما أحضرت حصتي من «الصوج» فضلت الجلوس على المصطبة العالية ومراقبة النساء المنهمكات بالعجين. عمتي سعاد كانت تتلقف قطعة العجين ثم تبرمها بيديها الاثنتين على لوح خشبي لتصبح فتيلة وبحركة بارعة تدورها على شكل رقم خمسة. أما جدتي فقد كانت متخصصة بصناعة الأقراص المحشوة بالعجوة، ومن أجلها كانت تعبئ القالب بالعجينة المحشوة سلفاً ثم تقوم بدق القالب على طرف المنضدة فيسقط القرص في يدها. كنت معجباً بهذه الحركة البارعة. أما سعاد فقد كانت عمتي المفضلة لأنها تعرف الكثير من الحكايات. كانت تتواطأ مع الأطفال وكأنها في عمرهم. كنا وإياها نسرق الكعك المقمر ونختفي في السقيفة لنتلذذ بطعمه وهي تحكي لنا حكاياتها التي لا تنتهي. وعندما كانوا يعاقبوننا على سرقة الكعك قبل حلول العيد كانوا يعاقبون عمتي سعاد أيضاً.
كان بيتنا يضم عشر نساء، أما أمي فقد كانت واحدة منهن. هناك جدة واحدة بين كل هذه النساء وعدة جدات أصغر منها هن في الحقيقة إما بناتها أو زوجات أبنائها، ومن المعروف في بيتنا أن المرأة تصبح جدة بسهولة وسرعة.
لا تشترك النساء جميعاً في عملية تغسيل الأطفال. كان حفل الحمام من ضروريات العيد فبدونه لا تنفتح الخزائن المقفلة على الثياب الجديدة والأحذية اللامعة. كنت أحب عالم الكبار ولم أكن أفهمه، فقد كان سراً أين كان يذهب الكبار صبيحة العيد قبل أن يصفونا، نحن الأطفال رتلاً أحادياً مرتدين ثيابنا الجديدة، ليستعرضنا الجد بصحبة أولاده وأزواج بناته. هنا، وفي تلك اللحظة يبدأ العيد لأن الجد يصبح في أسعد أوقاته، فتتراجع ضحكات الكبار وتعليقاتهم في أرجاء المنزل، بينما الأمهات يحمن حول أطفالهن لإعادة شد بنطلون أو قميص أو إعادة ربط حذاء. ثم، واحد إثنان ثلاثة ونبدأ بغناء إحدى الأغاني التي كانت العمة الصغيرة سعاد تعلمنا إياها. عندما كنا نوضع في أسرتنا كنا نتظاهر بالنوم وما إن تغلق علينا الأبواب حتى ننهض ونلطي بجانب نافذة صغيرة تطل على غرفة الجد الذي يجمع فيها كل أعضاء أسرته الكبار، من رجال ونساء، للمسامرة. كان جدي الشيخ يهوى الطرب وعندما كان يبحث عن عروس لأحد أبنائه كان يسأل عن مواهب الفتاة المرشحة. لم يكن يقصد المواهب المعتادة في الطبخ والغسيل والكنس. كان يقصد مواهب الغناء والعزف على الآلات الموسيقية التقليدية.
جدي أنشأ دون أن يشعر فرقة موسيقية كاملة في بيته وكنت أتلصص عليهم وهم يغنون الموشحات والقدود. أما عندما كبرت وأصبحت فتى فقد ضمني إلى فرقته وكان علي أن أؤدي معهم ضمن الكورس طقطوقات ما أزال أتذكر كلماتها وألحانها حتى الآن، ولكن بصوت ليس فيه أي رخامة أو حنان فلم أولد لأصبح مغن، إلا أن صوتي كان يطرب جدي ويجعله يغرق في الضحك وهذا كاف.
كانت ساحة العيد قريبة جداً من بيتنا. في إحدى تلك الخيم والتي كنت أتردد عليها. حضرت مرة وصلة لمغن لم يكن قد بلغ الثالثة عشرة بعد. كان يغني. لم يكن يعرف شيئاً عن أصوله ولا عن والديه. قال لي إن الغجر وجدوه ضائعاً في أحد طرقات المدينة فأخذوه وعلموه الغناء. في المساء كنت أجلس بجانب جدي وأنا أهمس في أذنه تلك الحكاية، وفي اليوم التالي رافقته إلى الخيمة حيث استمع إلى الفتى بانتباه شديد وللغرابة فقد وجدت الدموع تنهمر من عيني جدي اللطيف. حاول أن يحصل على الفتى، أن يتبناه، ولكن الغجر هربوا به ولم نعد نصادفهم في خيم العيد بعد ذلك.
كنت قد بلغت السادسة عشرة حين وصل دور «الصحنيّة» إلى بيتنا. وأنا لا أزال أتذكر تلك المناسبة بسبب حصولها خامس يوم العيد. والصحنيّة تعني أن الضيوف يأتون وكل واحد منهم يحمل صحناً مليئاً بالأطعمة ومن مطبخ بيته بالتحديد. كان الطقس حاراً فانعقدت السهرة في باحة الدار الكبيرة وحول البركة التي كنا ملأناها منذ الصباح بالماء الصافي وتركنا بعض الأسماك الذهبية تسبح فيها. امتلأت باحة الدار بأصدقاء جدي. وهناك علاقة حميمة في مدينتنا بين الشيوخ والطرب، فقد كان أكثر أصحاب الأصوات الجميلة من الشيوخ مثل الشيخ عمر البطش والشيخ بكري كردي الذي كان حاضراً في سهرة الصحنية تلك في بيتنا. كما أن الشيوخ الأفاضل هؤلاء كانوا مدرسة كاملة في الطرب ولن يُعرف أي مطرب مهما كان إن لم يمر أمام هؤلاء الشيوخ بنجاح ويعترفوا به وبصوته. وقد لاحظت أن العديدين ممن حضروا كانوا من المؤذنين أمثال صبري مدلل وغيره ممن لم أعد أذكر أسماءهم. الطرب والمرح أهم ما كان يميز سهرات الصحنية تلك. كان المرح ينصب على حب بعض الشيوخ لبطونهم، وفي هذا الباب كان هناك الكثير لكي يقال عن طرائف البعض والفصول التي حدثت معهم بسبب ولعهم بالطعام وحبهم لتذوق اللذيذ منه، أما عندما كانوا ينتهون من تناول الطعام فقد كان يقدم لهم عدة أدوار من الشاي المخمر بكؤوس مخنصّرة ومذهبة. كانوا يرتشفون الشاي وهم يستمعون إلى الشيخ بكري كردي الذي كان يغني الكثير من ألحانه. لقد تعلقت بهذا الإنسان منذ اللحظة الأولى التي استمعت فيها إليه وهو يؤدي «ابعتلي جواب وطمّني» التي ما تزال حية حتى الآن رغم مرور أكثر من خمسين سنة على تلحينها.
بعد ذلك اليوم أصبحت أحرص على مرافقة جدي إلى سهرات العلماء والشيوخ الشهرية. لم أعد انتظر لينتقل الدور إلى بيت جدي بعد أن انتقلنا منه وأصبحنا نسكن في بيت منفصل، بل أصبحت ألح على جدي ليصطحبني معه. وكنت أغريه فأزوره وأؤدي له بعض الأغاني بصوتي الذي لم يكن فيها أي جمال فيضحك، يضحك حتى تدمع عيناه.

نهاد سيريس

Auszug aus einem Aleppo-Streifzug

In den Osterferien 2006 reisten meine Frau und ich mit dem Taurus-Express von Istanbul nach Aleppo. Die Fahrt blieb mir als gemächliche 30-km/h-Annäherung mit eingebauter Verspätung in Erinnerung, denn der sogenannte „Express" fuhr ab der türkischen Grenze wegen der hochbetagten Gleise eher langsam.
Nach einem Wiedersehensfest im Kreis der Familie ging es am nächsten Morgen zur Altstadterkundung. Da sich mein Bruder schon seit mehreren Jahren im Dienste der GTZ mit Fragen zur Entwicklung der Aleppiner Altstadt befasst, begannen wir unsere Erkundungstour von seinem dortigen Büro aus. Wir waren kaum am Fuße der mächtigen Zitadelle angekommen, als uns ein netter junger Mann mit einem „Where are you from?" in ein unverfängliches Gespräch verwickelte. Schon bald lud er uns ein, sein Geschäft ganz in der Nähe zu besuchen, aber da wir andere Pläne hatten, lehnten wir seine Einladung dankend ab. Daraufhin empfahl er uns den Geschäftsbesuch etwas nachdrücklicher und wies uns – um seine Seriosität zu unterstreichen – auf seine gute Bekanntschaft mit einem deutschen Landsmann hin, der in Aleppo arbeitete. Zum Beweis zückte der junge Mann dessen Karte. Diese Bekanntschaft war wirklich erstaunlich und ich rieb mir die Augen: Die Karte meines Bruders! So etwas passierte in einer 3-Millionen-Stadt?
Der Basar mit seiner märchenhaften Fremdartigkeit übte eine starke Anziehungskraft auf uns aus.
Wir waren fasziniert von diesem scheinbar undurchschaubaren „Einzelhandelszentrum" einer orientalischen Stadt, das gänzlich anders war als unsere heimischen Passagenläden. Wir genossen so manches nette Verkaufsgespräch und folgten dieses Mal der Einladung in ein Ladenobergeschoss, wo man uns Tee reichte, sich locker mit uns unterhielt und wo wir schließlich dieses und jenes erwarben. Wieder unten im Basar, wurden wir Zeugen der mitunter harten syrischen Lebensrealität: Ein Polizeioffizier gab seinem Trupp von Untergebenen mit herrischer Autorität einen Wink und schon kippten sie kurzerhand den mit aufgetürmten Orangen gefüllten Handkarren eines wohl illegalen Obsthändlers um – und nahmen ihn mit.
Im Hof der nahe gelegenen Großen Moschee legten wir eine Pause ein. Meine Frau, gekleidet in ein graues Besucherinnengewand, das am Eingang ausgeteilt wurde, vertiefte sich in ein Gespräch mit einem einheimischen Besucherpaar, während ich die Moschee betrat und den Feiertagsgebeten der nach Geschlechtern getrennten Gruppen von Gläubigen sowie der Ansprache des Imam lauschte. Ich verfolgte das Geschehen aufmerksam und interessiert im Hintergrund. Plötzlich sprach mich eine junge, einheimische Frau in perfektem Englisch an. Sie wollte wissen, welchen Eindruck die sich vor meinen Augen darstellende Frömmigkeit der muslimischen Gemeinde auf mich machte. Ich gab zu, beeindruckt zu sein, fügte jedoch etwas in meinen Augen Relativierendes zur Rolle der Religion für die gesellschaftliche Entwicklung hinzu. Ein echtes Gespräch war im gegebenen Rahmen nicht möglich, ich verließ bald die Moschee und wunderte mich. Hatte ich da etwas nicht mitbekommen? Hatte ich etwa verstaubte Klischees zum Verhalten der muslimischen Frau im Umgang mit unbekannten, gar ausländischen Männern im Kopf?
Aus der Unzahl von Eindrücken jenseits der etablierten Highlights sind diese Erlebnisse nur eine kleine Auswahl. Wir erlebten eine rundum spannende Reise.

Hans Spiekermann

مقتطفات من جولة في حلب

سافرت أنا وزوجتي عام ٢٠٠٦ في عطلة عيد الفصح بقطار تاونس اكسبريس من اسطنبول إلى حلب. هذه الرحلة البطيئة بمعدل ٣٠ كلم في الساعة، مع بعض التأخيرات، بقيت في ذاكرتي، لأن ما يسمى «اكسبريس» أي القطار السريع، سار - بدءً من حدود تركيا - بإيقاع بطيء إلى حد ما بسبب الخطوط القديمة جداً.

بعد الإحتفال باللقاء العائلي، ذهبنا صباح اليوم التالي نستكشف المدينة القديمة. وبما أن أخي يعمل منذ سنوات مع مؤسسة التبادل الفني الألماني، فهو يهتم بمسائل تطور مدينة حلب القديمة. بدأت جولتنا من مكتبه هناك. بالكاد وصلنا عند سفح القلعة الضخمة، حتى تقدم منا شاب لطيف وبادرنا بسؤاله «من أين أنتم؟». وسرعان مادعانا لزيارة متجره القريب. وإذ كانت لدينا خطط أخرى رفضنا دعوته شاكرين. ثم إقترح علينا زيارة المحل من بعد. ولكي يؤكد جديته، أشار إلى معرفته الجيدة بألماني يعمل في حلب. ولإثبات ذلك، أخرج الشاب بطاقة صاحبه الألماني. من المدهش حقاً أن هذا الرجل الذي يعرفه بحسب البطاقة ليس سوى أخي! حدث ذلك في مدينة عدد سكانها ٣ ملايين؟!

للسوق بغرابتها الخيالية قوة جذب. وقد بهرنا هذا «المركز لتجارة المفرق»، الذي يظهر وكأنه غير شفاف في مدينة شرقية، والذي يختلف تماما عن المتاجر في الممرات المسقوفة في بلادنا.

استمتعنا بأحاديث البيع اللطيفة. وهذه المرة لبينا الدعوة إلى محل في الطابق العلوي، حيث قدموا لنا الشاي وتجاذبنا أطراف الحديث وفي النهاية إشترينا بعض السلع. وعندما نزلنا إلى أسفل السوق شهدنا واقعة من الحياة السورية قاسية بعض الأحيان: أعطى ضابط شرطة لمجموعته الإشارة ليفرغوا بسرعة أكوام البرتقال من عربة تاجر يبيعها بشكل غير قانوني، ثم إقتادوه بعيداً.

توقفنا للإستراحة في باحة الجامع الكبير القريب. لبست زوجتي رداء الزوار الرمادي الذي تم توزيعه عند المدخل وإندمجت في حديث مع زوجين زائرين من المدينة، ودخلتُ الجامع وإستمعت إلى صلاة الجمعة، حيث هناك فصل بين الجنسين، كما إستمعت إلى خطبة الإمام. تابعت الأحداث عن كثب وبقيت في الخلفية.

فجأة إقتربت مني امرأة شابة تتكلم الإنكليزية بطلاقة. أرادت أن تعرف شيئا عن انطباعاتي حول التدين في المجتمع المسلم كما أراه أمام أعيني. وأعترفت لها بأني كلي إعجاب، لكن أضفت شيئا من رأيي الشخصي حول دور الدين النسبي في التطور الإجتماعي.

لم يكن من الممكن إستمرار حديث حقيقي في هذا الجو، سرعان ما غادرت الجامع وكلي تعجب. هل لم ألحظ كل الأشياء؟ هل كانت في رأسي بعض الصور النمطية القديمة التي يعلوها الغبار حول سلوك المرأة المسلمة في تعاملها مع رجل غريب أو أجنبي؟

ليس ما ذكرته سوى عينة صغيرة من إنطباعات كثيرة مؤثرة شهدناها. لقد قضينا رحلة ممتعة وشيقة.

هانز سبيكرمان

Rud. Ibach Sohn

Ein Flügel in Aleppo

Ich hatte einen Flügel in Aleppo. Er gehörte nicht mir, aber ich spielte des Öfteren darauf. Wenn ich von der Arbeit genug hatte oder wenn ich mich leicht fühlte, ging ich in die Wohnung über dem Khan Boulghoul durch den Suq in die Gasse zum Bab Qinnasrin. Dort stand das gute Stück: ehrwürdig, betagt, verlassen, heruntergekommen. Die Firma Schimmel hatte ihn gebaut, vor ziemlich langer Zeit.

Warum eigentlich „er"? Für mich sind Flügel weiblich, ich weiß nicht warum. Aber bleiben wir beim Maskulinum, sonst komme ich vom Thema ab. „Er" also ließ sich nicht mehr stimmen. Nur wenige Töne klangen noch rein und nicht mal die zwei oder drei Saiten eines Tones waren sich einig. Doch mein Ohr bog sie wieder gerade. „Piano" war nicht mehr möglich, nur „sostenuto", die Dämpfer kaputt, von Motten zerfressen, von der Zeit verhärtet oder einfach verstellt. Manche Tasten saßen fest, den Ton spielte ich einfach eine Oktave höher. Einige hatten ihre Elfenbeinbeschichtung verloren – sie war wirklich aus Elfenbein – und sahen kümmerlich aus. Wie viele Hände hatten sie wohl schon berührt? Die anderen klapperten wie eine Klöppelmanufaktur. Mein Ohr überhörte sie ganz einfach. So entstand eine ganz private Musik, die Schimmel und ich miteinander machten. Ich glaube, nur wir beide konnten sie genießen. Der Flügel muss sich entdeckt gefühlt haben, erinnerte sich an bessere Zeiten und klang mit der Zeit tatsächlich immer schöner. Manchmal improvisierten wir beide eine ganze Stunde lang. Ich spielte, was mir aus der Seele kam – Noten kann ich nicht lesen, das zu lernen war mir immer zu mühsam gewesen. Dann war ich ganz weit weg, und doch in Aleppo. In meinem Aleppo. Ich genoss das Alleinsein und fühlte mich doch mitten drin im Gedränge dieser Stadt. Von draußen kamen viele Stimmen, Geräusche, Düfte – die nahm ich in mein Spiel auf.

„Ya Mohammad!" In diesem Ruf nach irgendjemandem in diesem Gewimmel war so viel Unmittelbarkeit zwischen den Menschen, Verwurzelung und Unbekümmertheit. Ich liebte und liebe diese Menschen und ihre Stadt und hatte das Glück, hier einige Jahre „zu Hause" gewesen zu sein.

Neben dem Flügel fand ich noch mehr in dieser Wohnung. Sie erzählte von einer anderen Zeit, von der Geschichte der großbürgerlichen, französisch erzogenen Bildungsschicht. Ihre prägende Wirkung auf die Stadt übte einen ungemeinen Reiz auf mich aus – Spuren von Eleganz, Dauerhaftigkeit, Werten und Haltung – und auch von Vergänglichkeit. Wie „mein" Flügel.

Meinolf Spiekermann

بيانو في حلب

كان لدي بيانو في حلب. ليس مُلكي، لكني عزفت عليه مراراً. عندما أشتغل ساعات أكثر من المعتاد، أوعندما أشعر بالرغبة في الإسترخاء، أقصد تلك الشقة الواقعة فوق خان البرغل مروراً بالسوق إلى الزقاق المؤدي إلى باب قنسرين. هناك أجد هذه الآلة الرائعة: وقورة، عتيقة، مهجورة، مهملة. صنعتها شركة شميل منذ وقت طويل.

آلة البيانو هذه فريدة في حالتها. إذا أرجعت الضمير إلى الآلة فأقول «هي»، وإذا أرجعته إلى البيانو فأقول «هو». لكن دعونا من هو وهي ولنبقَ في موضوع البيانو. لا يمكن ضبط صوته. بعض النغمات فقط مازال رنينها نقياً، ذلك أن وترين أو ثلاثة لنغمة واحدة لا تتجانس مرة. بعد الإصغاء بأذن مرهفة إستويت في جلستي. لم يعد من الممكن العزف عليه كـ «بيانو» وانما لإصدار صوت طويل، فقط. مُخفض الصوت مُعطل، التهمه العث، ومع الوقت أصبح متصلباً، أو ببساطة مُتغيراً. بعض المفاتيح لايمكن تحريكها، أعزف ببساطة النغمة على أوكتاف عالٍ. وبعضها إنتزع عنها طبقة العاج «هل كانت حقا من العاج؟» هذه المفاتيح بدت لي تعيسة. كم من الأيدي ربما لامستها؟ الآخرون كانوا يحدثون الضجيج مثل ورشة كلوبل. كانت أذني تتجاهل الصوت ببساطة. النتيجة كانت موسيقا خاصة جداً، التي نعزفها أنا وشميل معاً. وأعتقد أننا وحدنا نستطيع أن نتمتع بها. يجب على البيانو أن يشعر أنه يُكتشف من جديد، فيتذكر الأيام الجميلة، ويعي أن نغماته مع الوقت تُصبح حقيقة أجمل. أحياناً نرتجل معاً لمدة ساعة. أنا أعزف كل ما ينبثق من وجداني بعفوية، كوني لا أقرأ النوتة، وكان من الصعب أن أتعلم قراءتها. سرحت بعيداً، بعيداً جداً، لكني كنت في حلب في الوقت نفسه. في مدينتي حلب، كنت أستمتع بالوحدة وأشعر بأنني في خضم هذه المدينة في آن معاً.

كانت الأصوات العديدة تأتي من الخارج، والضجيج والروائح العطرة، وكنت أضمها جميعاً إلى عزفي. «يامحمد!» في هذا النداء الموجه إلى شخص ما في هذا الحشد، كان الكثير من العفوية بين الناس وكذلك الأصالة وصفاء البال. أحببت هؤلاء الناس ومدينتهم، وأحبهم. وكان من حسن حظي أنني أمضيت بضع سنوات هنا في «الوطن».

بالإضافة إلى البيانو وجدت أشياء أخرى في هذه الشقة. كانت تحكي عن عصر آخر، عن جزء من تاريخ الطبقة البرجوازية الكبيرة، التي تربت وتعلمت على الطريقة الفرنسية. كان لطابع تأثيرها في المدينة سحر غير مألوف لديّ، إنها آثار الأناقة والإستمرارية والقيم والسلوك، بل الفناء أيضاً، تماماً مثل «آلتي» البيانو.

ماينولف سبيكرمان

AIRPORT - DAMASCUS
Muller

Am Nachmittag

Nach der Arbeit gehe ich nicht direkt ins Hotel, sondern lasse mich ziellos durch die Gassen treiben. So lerne ich mit der Zeit auch die Randquartiere der Stadt kennen, in die sich sonst kein Fremder verirrt. Hier gibt es keine spektakulären Karawansereien oder überdachten Ladenpassagen. Die Gassen sind verwinkelt und staubig. Mauern verstellen den Blick in die schlichten Wohnhöfe.

Oft endet mein Rundgang mit einem Glas Tee in einem der Innenhöfe. Ein Mann, der an der Eingangstür lehnt, bittet mich herein. Langsam versammelt sich die Großfamilie um mich und offenbar auch die gesamte Nachbarschaft, denn häufig sind die Höfe nur durch Tücher oder Betonsteine in mehrere Bereiche unterteilt. Ihr Interesse an mir ist offen und freundlich: „Woher kommst du? Was machst du in Aleppo? Wie gefällt dir die Stadt? Bis du verheiratet, wie viele Kinder hast du?"

In einer Ecke flimmert immer ein Fernseher. Das Dach des unverputzten, zweigeschossigen Hauses krönt eine Satellitenschüssel von der Größe eines Ufos. Einmal schaut die Familie eine Sitcom auf Polnisch.

Ein anderes Mal zitiert sie einen kleinen Jungen herbei, der alle Namen der deutschen Fußball-Nationalmannschaft aufsagen kann.

Allzu tiefgehend ist unsere Konversation nicht, dafür reichen unsere gegenseitigen Sprachkenntnisse nicht aus. Wenn die Neugier gestillt und das Glas geleert ist, darf ich weiterziehen.

Auf dem Rückweg – ich muss den Stadtplan zu Hilfe nehmen – ändert sich das öffentliche Leben immer mehr, je näher ich dem Suq komme. Erst sehe ich nur vereinzelt kleine Läden, dann mehrere nebeneinander. Die Mischung wird immer wilder, bis sich eine Reihe komplementärer Nutzungen ergibt: der Stoffladen neben dem Schlachter, der Teestube, dem Schlosser, dem Büro. Stoisch sitzt ein Verkäufer auf seinen Stoffballen, ein Gewirr aus Kunden, Eselskarren und kleine Suzukis mit Waren zieht an ihm vorbei. Eine Weile schaue ich fasziniert zu, dann beginnt meine Aufnahmefähigkeit zu erlahmen. Die Bilderflut in Kombination mit Gerüchen, Lärm und Staub lässt mich die Oase des Hotelinnenhofs suchen.

Noch in Gedanken folge ich dem Gedränge der Fußgänger über die breite Autostraße. Da kommt ein Polizist zielstrebig auf mich zu. Habe ich die rote Ampel übersehen? Was heißt „Strafmandat" auf Arabisch? Der Uniformierte baut sich vor mir auf, dann streicht er mit der Hand über meinen kahlen Kopf. Als er meinen fassungslosen Gesichtsausdruck sieht, lüftet er seine Uniformmütze, streicht sich über die eigene, ebenso veritable Glatze und sagt auf Englisch: „Same Figaro." Während ich noch nach Luft schnappe, höre ich ihn im Weggehen schallend lachen.

Verwirrt gehe ich ins Hotel zurück, ein aufs Feinste renoviertes ehemaliges Kaufmannshaus mit hellen Sandsteinwänden. In der Mitte des Hofes plätschert ein Brunnen; man serviert mir einen arabischen Mokka.

Kurt Stürzbecher

In The Afternoon

After work I do not go directly to the hotel, but I meander aimlessly through the narrow streets. In this way I get to know even the outer quarters of the city with time where no stranger wanders off to. Here there are no spectacular caravansaries or covered passages of shops. The alleys are crooked and dusty and walls hinder the view into the simple courtyards.

My stroll often ends with a glass of tea in one of the courtyards. A man leaning on the front door asks me to come in. Gradually the whole clan gathers around me and apparently even the whole neighborhood, as often the courtyards are separated only by curtains or concrete stones in several areas. Their interest in me is open and friendly: "Where are you from? What are you doing in Aleppo? How do you like the city? Are you married? How many children do you have?"

A TV in the corner flickers constantly. The roof of the unplastered, two-story house is crowned with a satellite dish the size of a UFO. One time the family even watched a sitcom in Polish.

Another time a boy is called in who can recite all the names of the German national soccer team.

Our conversation is not that deep as our knowledge of one other's languages is not enough for that. When curiosity is satisfied and the glass is empty I am allowed to move on.

On the way back – I have to take the city map to help me – public life always changes more and more the closer I get to the Souq. At first I only see a few individual shops, then several next to one another. The mix gets wilder and wilder until there is a series of related uses: the textiles shop next to the butchery, the tea shop, the locksmith, the office. A salesman sits stoically on his balls of fabrics, a maze of customers, donkey carts, and small Suzuki trucks with merchandise drive past him. Fascinated, I watch this scene for a while. Then, my attention begins to wane. The flood of images combined with aromas, noise, and dust makes me want to seek out the oasis of the hotel's inner courtyard.

Still deep in thought, I follow the mass of pedestrians across the wide street for car traffic. A policeman then strides right up to me. Did I miss the red light? What is "ticket" in Arabic? The uniformed man stood up erect in front of me, then he stroked my bald head with his hand. Noticing the stunned look in my face, he tips his uniform cap, strokes his own veritable bald head and says in English: "Same Figaro." While I am still gasping for air, I hear him laughing out loud as he goes away.

Somewhat confused, I make it back to the hotel, an elegantly renovated, former merchant's home with bright sandstone walls. A fountain ripples in the center of the courtyard and somebody serves me up an Arab mocca.

Kurt Stürzbecher

Aleppo und der Alte Orient

In Aleppo leben heißt die Geschichte erleben. Die Stadt wird in den ältesten sumerischen Keilschrifttafeln erwähnt, die trotz Eroberungskriegen und Naturkatastrophen in Ebla und Ugarit unzerstört entdeckt worden sind.
Der Wettergott Hadad lässt sich zum ersten Mal in den Keilschrifttexten aus dem nordsyrischen Ebla nachweisen, und zwar als einer der bedeutendsten Götter des Pantheons in dieser Zeit. Die in Ebla stets verwendete syllabische Schreibung „A'-da“ stellt die älteste Form des Namens dar und ist als „Hada“ zu lesen. Etymologisch ist der Name mit der semitischen Wurzel „hdd“ (donnern) zu verbinden und steht damit besonders für Regen bzw. Fruchtbarkeit der Erde. Er trug im Lauf der Geschichte verschiedene Namen wie Hada, Adu, Teshub, Tarhunta und Hadad und entspricht dem Gott Baal (dem Gott der Fruchtbarkeit) in der Levante, der ein sehr wichtiger Gott im östlichen Mittelmeer war, wo die Landwirtschaft hauptsächlich vom Regen abhängig ist.
Das bedeutendste Hadad-Heiligtum im Herrschaftsbereich von Ebla war aber zweifellos der Hadad-Tempel in Halab. Der Hada von Halab besaß, wie auch in späteren Epochen, auch außerhalb Halabs eigene Heiligtümer.
Das Bild zeigt den Wettergott Hadad mit dem König Taita von Palistin. Laut der epigrafischen Schrift auf der Königstatue heißt es, dass dieser König den Tempel des Wettergottes Hadad instand gesetzt hat. Diese Inschrift und andere hieroglyphische luwische Inschriften, wie die von Sheizar, Meharde, Cinekoy und Ta'yinat in der Südtürkei, weisen darauf hin, dass das Königreich Palistin auf den Trümmern des althethitischen Imperiums im 12. Jahrhundert v. Chr. entstanden ist. Das Ende der Bronzezeit und der Anfang der Eisenzeit um 1200 v. Chr. ist durch unklare Informationen, besonders in Nordsyrien und der Südtürkei, gekennzeichnet.
Archäologische Ausgrabungen in den letzten Jahrzehnten, besonders durch Professor Kay Kohlmeyer auf der Zitadelle von Aleppo, haben Licht in die Geschichte dieser Zeit gebracht. Zur selben Zeit kamen archäologische Ausgrabungen im Süden (in Palästina) zu einer sehr unterschiedlichen Sichtweise der Geschichte, wie sie im Alten Testament wiedergegeben ist. Die langfristige Feldarbeit einer Vielzahl „biblischer“ Archäologen wie William Albright und Mazar auf der Grundlage des Alten Testaments hat zu falschen Ergebnissen geführt. Sachliche Erkenntnisarbeit begann mit Wellhouzen im 19. Jahrhundert und wurde von Kathleen Kenyon in den 50er-Jahren des 20. Jahrhunderts und den israelischen Archäologen Herzog, Silberman, Ossishkin und besonders Finkelstein fortgesetzt.
Die neuen Ausgrabungen bezeugen, dass sich Palistin von der Stadt Hama in Syrien bis nach Adana in der Südtürkei ausgedehnt hat. Andere Gruppen Palistins oder der Seevölker wanderten um circa 1180 v. Chr. nach Süden, nach Palästina.
Diese Wanderungsbewegungen sind offenbar die Folge einer Dürreperiode, welche „Makedonische Trockenheit“ genannt wird, große Verwirrung im östlichen Mittelmeer ausgelöst und zum Untergang des hethitischen Imperiums und anderer Küstenstädte wie vor allem Ugarit in Syrien geführt hat.
Am Ende dieser Periode, um circa 1150 v. Chr., wurden neue Staaten im Norden gegründet, welche als aramäische Königreiche bekannt sind. Weitere Staaten wurden im Süden gegründet, wie Edom, Ammon, Moab, Yahootha (mit einer Bevölkerung von 5000 Menschen im 10. Jahrhundert v. Chr.) und Israel (das kein jüdischer Staat war).
Diese neuen archäologischen Erkenntnisse führen zu der Überzeugung, dass die frühe Geschichte des östlichen Mittelmeeres neu überdacht werden muss, um von vielen falschen konzeptionellen Ansätzen loszukommen, die mit der von religiösen Quellen beeinflussten Geschichte verbunden sind.

Loutfi Suomi

Aleppo And The Ancient Orient

Living in Aleppo means experiencing history. The city of Aleppo is mentioned in the oldest Sumerian cuneiform inscriptions which, despite wars of conquest and natural disasters, were discovered well-preserved in the archives of Ebla and Ugarit.

In the cuneiform texts from Ebla in northern Syria, the weather god Hadad is attested for the first time as one of the most important gods of the pantheon of that time. The syllabic writing "a'-da"used throughout represents the oldest form of the name and should be read as "hada". Etymologically, the name is connected to the Semitic root "hdd" (thunder) and therefore always stands for rain or the fertility of the earth. In the course of history many different names are found for this weather god such as Hada, Adu, Teshub, Tarhunta and Hadad. He is equivalent to the god Ba'al (the god of fertility) in the Levant, who was a very important god in the East Mediterranean where agriculture relies mainly on rain.

But, the most important Hadad temple in the territory ruled by Ebla was undoubtably the Hadad Temple in Halab, which also possessed its own temples outside Aleppo, as was true also in later epochs.

The picture shows the weather god Hadad with the King Taita of Palistin. The epigraphical inscription on the royal statue says that this king had erected the temple of the weather god Hadad. This inscription and other hieroglyphic Luwian inscriptions, like those of Sheizar, Meharde, Cinekoy, Ta'yinat in southern Turkey indicate that the kingdom of Palistin arose from the ruins of the ancient Hittite empire around 12th century B.C. The end of the Bronze Age and the beginning of the Iron Age around 1200 B.C. is marked by unclear information, especially about northern Syria and southern Turkey.

Archaeological excavations in the last decades especially carried out by Professor Kay Kohlmayer at the Citadel of Aleppo have shed light on the history of that period. At the same time, the excavations in the south (in Palestine) came up with a very different history from that which was reflected by the Old Testament. The long-term field work of numerous "Biblical" archaeologists, such as William Albright and Mazar, on the basis of the Old Testament, led to false conclusions. More factual understanding started with Wellhausen in the 19th century and was continued with Kathleen Kenyon in the 50s of the 20th century and continued with many Israeli archaeologists like Herzog, Silberman, Ossishkin and more importantly Finkelstein.

The new excavations proved that a Palistin state extended from near Hama (Syria) to Adana (in southwest Turkey). Other groups of the Philistines or sea peoples migrated south to Palestine around 1180 B.C. These migrations were apparently the result of a drought period, the so-called "Macedonian drought", which caused great confusion in the eastern Mediterranean and led to the destruction of the Hittite empire and other coastal cities, especially Ugarit in Syria.

At the end of this period, about 1150 B.C., new states were founded in the north, which are known as Aramean kingdoms. Other states were founded in the south such as Edom, Ammon, Moab, Yahootha (with a population of 5,000 in the 10th century B.C.) and Israel (which was not a Jewish state).

These new understandings of archaeology lead to the conviction that the old history of the eastern Mediterranean must be reconsidered to break free from many wrong conceptual approaches that are connected to history influenced by religious sources.

Loutfi Suomi

Stadt der Musiktradition

Aleppo hat ein ganz besonderes Verhältnis zur Musik. Seit jeher ist die Stadt bekannt für ihre reiche musikalische Tradition, die von Generation zu Generation weitergegeben wird und deren Einfluss weit über die Grenzen der Stadt hinaus noch heute wirksam ist. Diese Tradition entstand unter anderem aus geografischen Gründen: Die Stadt war jahrhundertelang ein Tor zur alten Handelsstraße, auf der die Karawanen von China nach Europa zogen, um vor allem über Venedig ihre kostbaren, orientalischen Güter nach Europa einzuführen. Sie brachten Gewürze, Weihrauch und Seide, aber auch Worte und Gedanken in die Stadt. Mit dem Handel entstand auch in der Musik ein lebendiger Austausch. So entwickelte sich ein multikulturelles Musikzentrum.

Aleppo war eine Durchgangsstation für verschiedene Kulturen und immer offen dafür, diese Kulturen in das Leben der Stadt zu integrieren. Als beispielsweise indische oder persische Melodien nach Aleppo gelangten, wurden sie sofort aufgenommen und gespielt. Diese Melodien nannte man später „Koudoud Halabia". Sie kamen von außen in die Stadt, aber weil man sie umarbeitete und mit einem neuen Text versah, erschienen sie den Menschen später als eigene Gesänge. Es ist verblüffend, wie geschickt die Aleppiner die fremde Musik in ihre eigene musikalische Tradition integrierten. Die größten arabischen Musiker und Sänger stammen wohl deshalb aus Aleppo und prägen das musikalische Leben der Stadt. Noch heute findet man fast in jedem Haus eine *Oud* (Laute) oder ein anderes Instrument.

Es ist noch nicht lange her, dass viele bekannte arabische Sängerinnen und Sänger zuerst in dem berühmten aleppinischen Kaffeehaus Schahabandar auftreten mussten, um in der arabischen Welt berühmt zu werden. So haben die Menschen in Aleppo ein sehr kritisches Ohr für Musik entwickelt. Früher sagte man: Wer nicht in Aleppo aufgetreten ist, hat die Prüfung noch nicht bestanden.

Aleppo ist nicht nur für die Musik, sondern auch für die Tradition des Essens und Festefeierns berühmt, und natürlich treten auch dabei Musiker auf. Bei diesen Gelegenheiten treffen sich nicht nur Musikliebhaber, sondern auch Leute, die Geschäfte abwickeln, sich entspannen oder einfach familiäre und sonstige Neuigkeiten austauschen wollen. Dabei hören sie der Musik gerne zu.

Ob bei Hochzeiten oder anderen familiären Anlässen, immer ist die Musik von üppigen, oft stundenlangen Gesangszyklen geprägt. Die Texte mit ihren opulenten Bildern fordern den Sänger geradezu heraus, die Menschen in eine ekstatische, von ansteckender Emotionalität und Heiterkeit beflügelte Stimmung zu versetzen. Gelingt es dem Künstler, die festliche Spannung durch seinen Gesang zu lösen und die Menschen in Begeisterung und Ausgelassenheit zu versetzen, dann – und nur dann! – ist der eigentliche Zweck eines solchen Festes erfüllt.

Suleman Taufiq

City Of Music Tradition

Aleppo has a very special relationship to music. Since the very beginning the city has been famous for its rich musical tradition, handed down generation for generation and whose influence is still active today well beyond the city limits. This tradition arose, among others, for geographical reasons: for centuries, the city was a gate to the old trade route upon which the caravans from China reached Europe, to import especially through Venice, their fine Oriental goods to Europe. They brought spices, incense, and silk, but also words and thoughts into the city. With trade there also arose a lively exchange in music. In this way a multi-cultural music center developed.

Aleppo was a transit station for different cultures and always open for integrating these cultures into the life of the city. When Indian or Persian melodies reached Aleppo, for example, they were immediately taken up and played. These melodies were later called "Koudoud Halabia". They came into the city from the outside, but because they were adapted and given new lyrics, they later appeared to people as their own songs. It is astounding how adroit the Aleppines are at integrating foreign music into the own musical tradition. The greatest Arab musicians and singers are probably, for this reason, from Aleppo and they shape the musical life of the city. Even today you will find in almost every house an *oud* (Arabic lute) or some other instrument.

It has not been that long ago that many well-known Arab singers first had to perform in the famous Aleppine coffeehouse Schahabandar to become famous in the Arab world. This is how the people in Aleppo developed a very critical ear for music. In the past people said: if you have not performed yet in Aleppo, you have not passed the test.

Aleppo is not only famous for music, but also for the tradition of food and celebrating festivals, and, of course, musicians also perform for these. On such occasions, not only music lovers meet, but also people who make deals, relax, or simply want exchange about personal matters and other new things. They like to listen to music while doing such.

Whether it is at weddings or other family occasions, the music is always characterized by abundant cycles of singing, often for hours. With their opulent images the lyrics really challenge the singer to put people into an ecstatic mode, fired by contagious emotionality and exhiliration. If the artist is successful resolving the festive tension with his singing and getting people enthusiastic and exuberant, then, and only then!, is the real purpose of that festival fulfillled.

Suleman Taufiq

Einen Kaffee bitte ...

Ich lief ziellos durch die Gassen. Es war heiß, die Luft stand und ich empfand die Stadt zu dieser Stunde als sehr anstrengend. Das Viertel erschien mir fremd, beinahe wie ein Labyrinth. Plötzlich stand ich vor einem Café. Ich ging hinein und betrat einen relativ großen, traditionell eingerichteten Raum, in dem sich die Theke und ein paar Tische befanden. Hier wurden Getränke, Kaffee, Tee und Wasserpfeifen gereicht. Einige Tische waren von Männern besetzt. Ich setzte mich und beobachtete den Platz und die kleinen Gassen.

Aufgehängte Wäsche, aus den Fenstern schauende Kinder, Reklame für Produkte vergangener Zeiten, mit Weinlauben bedeckte Dächer, Taubenschläge und große Satellitenschüsseln. Tauben flogen hoch über die Dächer hinweg und bogen über dem Platz seitlich ab, dann stiegen sie weiter in den Himmel hinauf. Nach etwa einer Viertelstunde kehrten sie zurück und landeten auf einem der Dächer.

Obwohl das Hupkonzert der Hauptstraße bis hierher dröhnte, hatte ich das Gefühl, weit von der Stadt entfernt zu sein, vom Lärm, vom Staub, von der Hitze und vom chaotischen Verkehr. Es war angenehm kühl. In der Luft lag ein würziger Geruch, eine Mischung aus Kaffee, Tee, Tabak und Minze. Ich fühlte mich wie in eine andere Zeit versetzt.

Drei alte Männer saßen an einem runden Tisch und rauchten Wasserpfeife. Sie unterhielten sich und lachten viel dabei. Alles Gesagte unterstrichen sie durch ausladende Gesten und ausdrucksstarke Mimik. Ihre Hände waren ununterbrochen in Bewegung, vor allem, wenn es im Gespräch um etwas Abstraktes ging, dann begleiteten viele symbolische Augen- und Handzeichen ihre Worte.

An einem Tisch neben der Theke spielten mehrere Männer *Tawle*.

„Fünf, sechs, drei, vier ..."

Ihre Rufe durchbrachen das Getöse der Steine auf dem Brett. Dann das Geschrei der Zuschauer:

„Bist du wahnsinnig? Warum hast du denn so gespielt?"

Einer der Spieler antwortete:

„Bitte, halte dich zurück! Ich spiele nur gegen einen, nicht gegen zwei."

Aber der andere hörte nicht zu und redete einfach weiter:

„Du hast deine größte Chance vertan, Mann!"

Neben mir saß ein Mann mit kurzen, grauen Haaren, er war vielleicht sechzig Jahre alt. Trotz der Hitze trug er einen dunklen Anzug, ein weißes, glatt gebügeltes Hemd und eine Seidenkrawatte. Er hatte dicke, buschige Augenbrauen und einen Schnurrbart. Wasserpfeife rauchend las er die Tageszeitung und plötzlich lächelte er mir zu. Ich lächelte etwas verlegen zurück. Dann gab er mir ein Zeichen, dass ich mich zu ihm setzen sollte. Ein Kellner kam an unseren Tisch. Ich bestellte eine Tasse Kaffee. Der alte Mann mischte sich energisch ein:

„Nein, bring ihm Tee und eine Wasserpfeife."

Ich protestierte. „Ich bin Kaffeetrinker und rauche nicht."

„Ich rauche auch nicht", bemerkte der alte Mann. „Aber im Café bestelle ich mir jeden Tag eine Wasserpfeife. Das ist etwas ganz anderes als Zigaretten rauchen."

Er setzte sich aufrecht hin und nahm einen Zug aus seiner Wasserpfeife, aber sie zog nicht mehr so gut. Er klopfte mit der Feuerzange auf den kupfernen Teller der Wasserpfeife. Ein junger Kellner beeilte sich, zu ihm zu kommen:

„Sie wünschen?"

„Kümmere dich um die Wasserpfeife. Sie zieht nicht richtig. Ich glaube, sie ist verstopft und braucht neue Kohle."

Der Kellner trug die Wasserpfeife zur Theke und stellte sie bald darauf wieder neben den alten Mann auf den Boden:

„Probieren Sie jetzt mal!"

Der alte Mann nahm einen Zug, damit der Tabak wieder brannte, und es blubberte laut.

„Ja, wunderbar, so soll es sein. Du bist ein Meister!"

Eine Rauchwolke kam aus dem Mund des alten Mannes. Er gab dem Kellner eine kleine Münze als Dankeschön. Der bedankte sich, lächelte und schlenderte zu den anderen Tischen hinüber. Der alte Mann sagte:

„Die Wasserpfeife ist wie deine Gefährtin im Café. Das Blubbern beruhigt und schenkt Trost. Das Rauchen ist ein Genuss und es erweitert das Denkvermögen. Hier gibt es die besten Wasserpfeifen der Stadt. Der Besitzer hat seine eigene Tabakmischung. Früher gab es nur eine Sorte Tabak, heute gibt es mehrere: reinen Naturtabak, dann den mit Honig und mit Apfelaroma. Jedes Café hat seine eigenen Geheimnisse. Dieses hier ist bekannt für seinen ausgezeichneten Tee und seine Wasserpfeifen."

„Ich habe so etwas noch nie geraucht", bemerkte ich.

Der alte Mann lachte und sagte:

„Sie sind doch ein Mann, oder? Und da wollen Sie keine Wasserpfeife rauchen? Wenn Sie es tun, werden Ihre Fantasien lebendig, das verspreche ich Ihnen."

„Also gut, ich probiere es vielleicht später einmal", sagte ich leise und lächelte.

Der alte Mann rauchte weiter. Die Kohle auf dem Tabak glühte auf und der Rauch stieg über seinen Kopf empor.

Ein Kellner servierte mir ein Kännchen Tee und ein Glas Wasser, ein anderer brachte mir eine Wasserpfeife und probierte sie vor meinen Augen. Dann steckte er einen kleinen Plastikstöpsel auf das obere Ende des Schlauchs und gab ihn mir:

„Probieren Sie mal."

Ich nahm den ersten Zug und es blubberte unten im Wasserbehälter. Ich hatte so tief eingeatmet, dass ich husten musste. Die anderen Gäste lachten. Der alte Mann sagte:

„Wasserpfeife rauchen braucht Zeit. Sie müssen langsamer und weniger stark ziehen."

Der Rauch brannte unangenehm in meinem Hals, aber ich bemühte mich, mir nichts anmerken zu lassen. Niemand sollte wissen, dass ich keine Ahnung hatte. Ich trank ein Glas Wasser und danach Tee mit viel Zucker: Der Geruch des Tabaks war angenehm, aber der Geschmack im Mund war mir unerträglich.

Der alte Mann war in Gedanken versunken, das zeigte sein Gesicht. Auf einmal schaute er sehr ernst und es bildeten sich Falten auf seiner Stirn.

Einige junge Frauen stolzierten in kleinen Gruppen am Café vorbei. Sie hatten ihre besten Kleider angezogen und waren perfekt geschminkt.

„Gott, du hast die Schönheit erschaffen, um sie zu zeigen", murmelte der alte Mann.

Die Mädchen zeigten sich, aber sie würdigten uns Café-Gäste keines Blickes. Mit wiegenden Hüften schlenderten sie auf und ab und jeder durfte sie bewundern.

Suleman Taufiq

قهوة من فضلك

كنت أسير في الأزقة بلا هدف. كان الجو حاراً والهواء لا يزال ساكناً. شعرت بأن المدينة في هذه الساعة مُرهقة للغاية. بدا لي الحيّ غريبا يكاد يشبه المتاهة. فجأة وجدت نفسي أمام مقهى، فدخلت. كان فضاء كبيراً بُني على الطريقة التقليدية، مؤلفا من بوفيه وبعض الطاولات والكراسي. هنا تقدم المشروبات والقهوة والشاي والنراجيل. عند بعض الطاولات جلس بعض الرجال.
جلست وبدأت أراقب المكان والأزقة المجاورة. غسيل منشور، أطفال يطلون من النوافذ، إعلانات لمنتجات قديمة، عرائش تُغطي الأسطح، رفوف حمام وصحون أقمار صناعية كبيرة. يطير الحمام عالياً فوق السطوح ثم يدور فوق المكان ليطير من جديد باتجاه السماء. وبعد ربع ساعة تقريباً يعود الحمام ويحط من جديد على الأسطح.
رغم أصوات أبواق السيارات الآتية صداحاً من الشارع الرئيسي الى هنا، شعرت بأني بعيد عن المدينة، عن الضجيج والغبار والحرارة وفوضى حركة المرور. كان الطقس لطيفاً يميل إلى البرودة. في الهواء رائحة توابل: مزيج من القهوة والشاي والنعنع والدخان. شعرت وكأنني انتقلت الى زمن آخر.
ثلاثة رجال مُسنون جلسوا الى طاولة مستديرة يدخنون النارجيلة. كانوا يتحدثون ويضحكون كثيرا. وكل شئ يقولونه يؤكدون عليه بحركات إيمائية وبتعابير الوجه. كانت أياديهم تتحرك باستمرار، خاصة عندما يتحدث أحدهم عن شيء مجرد، عندئذ ترافق كلماتهم حركات رمزية من العيون والأيدي.
إلى طاولة بالقرب من البوفيه كان بعض الرجال يلعبون الطاولة.
«شيش/ بيش/ جهار/ سي ...»
كان صياحهم يطغي على صوت حجارة الطاولة على الخشب، ثم صيحات المتفرجين أيضا:
«أنت مجنون؟ لماذا لعبت هكذا؟»
فأجاب أحد اللاعبين:
«من فضلك خلّيك على جنب. أنا ألعب ضد واحد فقط، وليس ضد اثنين».
لكن الآخرين لا يصغون الى كلامه ويواصلون الكلام:
«لقد فاتتك فرصة كبيرة، يا رجل!».
بجانبي جلس رجل شعره قصير عليه علامة الشيب، ربما كان عمره ستين سنة. على الرغم من الحرارة كان يرتدي طقما داكنا وقميصا أبيض مكويا وربطة عنق من الحرير. له حواجب كثيفة وشارب. يقرأ الصحيفة ويدخن النارجيلة. فجأة ابتسم لي. ابتسمت ببعض الحرج. ثم أشار لي أن أجلس الى طاولته. جاء النادل إلى طاولتنا. طلبت فنجان قهوة. لكن الرجل العجوز تدخل فوراً بقوة: «لا، إجلب له شاي ونارجيله!»
اعترضت: «أنا أحب شرب القهوة ولا أدخن».
«أنا أيضاً لا أدخن»، قال الرجل العجوز. «لكن في المقهى أطلب كل يوم نارجيلة. هذا شيء يختلف تماما عن تدخين السجائر».
عدّل من جلسته وأخذ نفساً من النارجيلة، لكنها لم تسحب جيداً. فضرب بالملقط على صحن النارجيلة النحاسي، فأسرع اليه النادل: «نعم، ماذا تريد؟»
«أنظر النارجيلة. لا تسحب جيداً. أعتقد أنها مسدودة وبحاجة إلى فحمة جديدة.»
أخذ النادل النارجيلة معه إلى البوفيه، ثم عاد من جديد ووضعها على الأرض بجانب الرجل العجوز وقال له:
«والآن جرّبها!»
أخذ الرجل العجوز نفساً طويلاً حتى يحترق التبغ وبدأت النارجيلة تكركر عالياً.
«نعم رائعة، هكذا يجب أن تكون. أنت مُعلم.»
وصعدت غيمة من الدخان من فم الرجل العجوز. وأعطى النادل قطعة نقود. فشكره النادل وأنصرف إلى الطاولات المجاورة مبتسماً. قال الرجل العجوز:
«النارجيلة هي رفيقتك في المقهى. دمدمتها تُريح الأعصاب وتمنحك المواساة. تدخينها متعة ويوسع المعرفة. هنا توجد أفضل نارجيلات المدينة. صاحب المقهى لديه مزيج خاص به. في الماضي لم يكن موجوداً سوى نوع واحد من التبغ، أما اليوم فهنا العديد: تبغ طبيعي، ثم مخلوط بالعسل والتفاح. لكل مقهى أسراره. هذا المقهى مشهور بالشاي والنارجيلة».
«لم أدخن في حياتي هذه الأشياء.»
ضحك الرجل العجوز وقال: «أنت رجل، أم لا؟ ولاتريد تدخين النارجيلة؟ إذا جربتها فسوف ينتعش خيالك، أنا أعاهدك على ذلك.»
«طيب، ربما أجربها مرة ثانية.» قلت مبتسماً بصوت منخفض.
تابع الرجل العجوز التدخين. الفحم فوق التبغ يتوهج. والدخان يتصاعد فوق رأسه. جلب لي النادل إبريق شاي صغير وكأس ماء، ونادل ثان جلب لي النارجيلة، ثم جربها أمامي ووضع في نهاية الخرطوم سدادة من البلاستيك وأعطاني اياها. «جربها!»
أخذت نفساً وقرقر الماء في قارورتها. تنشقت الدخان بعمق وبدأت بالسعال. فضحك رواد المقهى الآخرون وقال لي الرجل العجوز:
«تدخين النارجيلة بحاجة إلى وقت. عليك أن تسحب نفساً قصيراً في البداية.»
لسع الدخان حلقي بعض الشيء، لكنني حاولت إخفاء ذلك. لاأحد يجب أن يعرف أنني مبتدىء. شربت كأس الماء ومن بعد الشاي مع سكر كثير. كانت رائحة التبغ لذيذة لكن طعمه في الفم لايُطاق.
كان الرجل العجوز غارقاً في التفكير وظهر هذا على سحنته. فجأة نظر بجدية وبانت التجاعيد على جبينه.
مجموعات صغيرة من الفتيات يتبخترن أمام المقهى. أرتدين أجمل الثياب والزينة.
«يا الله لقد خلقت هذا الجمال، من أجل عرضه أمامنا.» تمتم الرجل العجوز.
كانت الفتيات يعرضن أنفسهن، لكن لم نستحق، نحن ضيوف المقهى، أي نظرة منهن. تابعن سيرهن وهن يهززن الأوراك وكل واحد منا أبدى تعجبه.

سليمان توفيق

My Ramadan

One of my first trips to Aleppo was during the holy month of Ramadan, a time when every Muslim must keep the fast from sunrise to sunset. I went down into the Old City, into a former large family house, Beit Marash, that was being renovated into a small hotel and in which I felt like I was at home.
From the hotel terrace I could see part of the Citadel – a luxury that never got old for me. But, I also found another place where I could get a better look at the Citadel: the Beroea Restaurant, which bears the old name of Aleppo and opens up with large windows to the fortress wall and to the ramparts of the Citadel. From there it was a true joy to admire many centuries of the history of this millennia-old city at sunset. Only the hunger of the day of fasting and the thirst, but especially the diversity and the refinement of Aleppine cuisine, enabled me to tear myself away from the beautiful view.
During the month of fasting I went from looking at the city to enjoying Aleppine hospitality. On the way from the hotel to the restaurant I passed through the narrow, picturesque alleys of the Old City which today is extraordinarily well renovated. As I did this, it often happened that I met "neighbors" who knew I was staying in the hotel and probably assumed that I was alone during the month of fasting. They invited me to have with their family the meal to break the fast and when I could not accept their invitation, they sent me a handful of dates that I should eat at the beginning to break the fast.
Thanks to my "neighbors", I discovered a new side of the city, a side the people of Aleppo are proud of: the generosity, the sincerity, and the warm friendliness of the Aleppines. But, the pride of the inhabitants is also true for the Old City, which has regained its former glory, purity, and beauty.
My friend Meinolf Spiekermann had already told me much about this. He worked for seven years on the Old City project in Aleppo and since that time he has only called Aleppo "my town". My visits to Aleppo the past three years have also made me love this city. In a special way it has also become "my town" – my Aleppo.

Farouk Tebbal

رمضاني

إحدى إقاماتي الأولى في حلب كانت في شهر رمضان المبارك، حيث على كل مسلم الصوم من شروق الشمس إلى غروبها. سكنت في المدينة القديمة، في منزل كان سابقاً لأسرة كبيرة، بيت مراش، الذي تحول إلى فندق صغير. شعرت هناك وكأنني في بيتي.
من شرفة الفندق أستطيع أن أرى جزءا من القلعة: إنه الترف الذي لا يشبع المرء منه. لكني وجدت مكانا آخر يمكنني منه أيضا أن أرى القلعة بكل تفاصيلها: مطعم «بيريا» الذي يحمل أسم حلب القديم، نوافذه الكبيرة مُشرعة على جدارالحصن والسور المنيع للقلعة. من هناك عند غروب الشمس يستطيع المرء الإعجاب بتاريخ هذه المدينة الممتد عبر آلاف السنين. كانت سعادة حقيقية. لم يكن من شيء قادر على أخذي من هذا المنظر الجميل سوى الجوع والعطش بعد نهار صوم، وجودة المطبخ الحلبي وتنوعه.
خلال شهر الصوم كانت نظرتي للمدينة تتبدل مع التمتع بحسن الضيافة عند الحلبين. في الطريق من الفندق إلى المطعم كنت أمر عبر الأزقة الضيقة الخلابة للمدينة القديمة، والتي رُممت بشكل جيد. أحياناً كنت التقي «بجيران» يعلمون أنني مقيم في الفندق ويعتقدون أني وحيدٌ خلال شهر رمضان. عرضوا علي تناول وجبة الإفطار مع عائلاتهم، وعندما لا أستطيع تلبية دعوتهم، كانوا يمنحوني حفنة من التمر التي عليّ تناولها في بداية الإفطار.
بفضل «جيراني» إكتشفت جانباً جديداً من المدينة، جانباً يفتخر به أهل حلب: الكرم والبساطة والطيبة. لكن السكان يفتخرون أيضاً بالمدينة القديمة التي استعادت مجدها السابق ونظافتها وجمالها.
هذا ماكان يُحدثني عنه صديقي ماينهولف سبيكرمان، الذي أمضى سبع سنوات في العمل في مشروع حلب القديمة، ومنذ ذلك الوقت يقول إن حلب أصبحت «مدينتي».

فاروق طبال

Informelle Siedlungen

„Städte werden von der Bevölkerung gebaut, nicht von Herrschern, Prinzen oder Regierungen."

Trotz seiner langen Geschichte wächst Aleppo zurzeit schneller als je zuvor. Viele verschiedene Organisationen, Institutionen und Bauunternehmen tragen zum Wachstum der Stadt bei, aber den weit größten Beitrag leisten die einfachen Familien, Kommunen und Kleinunternehmer.
Laut Schätzungen zur Bevölkerungsstatistik soll Aleppos Bevölkerung von derzeit 2,5 Millionen Einwohnern jährlich um 75.000 (2,8 Prozent) steigen, von denen die überwiegende Mehrheit arm ist. Mit ihrem niedrigen Einkommen können es sich diese Menschen nicht leisten, auf dem offiziellen Markt Immobilien oder Bauland zu erstehen. Sie müssen ihren Wohn- oder Arbeitsraum in Gebieten kaufen, die als „informelle Siedlungen" bezeichnet werden. Diese gelten als illegal, weil den Bewohnern das Eigentum von oder der Anspruch auf Land nicht offiziell zuerkannt wird oder ihr Eigentum nicht den Bau- und Planungsvorschriften entspricht. Dennoch nehmen die informellen Siedlungen etwa 35 Prozent der Stadtbaugebiete ein und beherbergen fast die Hälfte der Bevölkerung.
Die meisten informellen Siedlungen in Aleppo werden von den Kommunen oder von Familien gebaut, die aus verarmten ländlichen Gegenden in die Stadt ziehen, um sich einen besseren Lebensunterhalt zu verdienen. Dabei finden sie Unterstützung bei Freunden und Familien, die vor ihnen gekommen sind und mit dem Aufbau eines Wohnviertels auch ein soziales Netzwerk geknüpft haben. Der Hausbau erfolgt stufenweise – man erweitert und verbessert das Haus, wenn die Familie wächst oder Geld zur Verfügung steht. Diese Art von Bauprozess reagiert auf die besonderen Bedürfnisse und das Einkommen eines jeden Haushalts und ist dadurch effizient und bezahlbar. Manche Einwohner können ihr Eigentum schnell vermehren und entwickeln, andere setzen ihre Prioritäten bei der Investition in ein Unternehmen oder der Ausbildung ihrer Kinder. Wieder andere haben gar keine Mittel, um zu bauen oder zu investieren. Wichtig ist aber, dass alle eine Wahl haben – und man kann sicher sein, dass jedes Stück Land, das am Anfang ein einfacher Zufluchtsort ist, früher oder später zu einer solide gebauten, wertvollen städtischen Immobilie wird. So liegt der geschätzte aktuelle Kapitalwert der informellen Siedlungen in Aleppo bei 280 Billionen Syrischen Pfund (4,5 Billionen Euro).
Ein kleiner Teil der informellen Siedlungen in Aleppo hat sich auf andere Weise entwickelt. Er besteht aus schlecht gebauten, mehrstöckigen Wohnblöcken, die ausbeuterische Bauunternehmer errichtet haben. Diese Siedlungen gelten weithin als ernst zu nehmende Bedrohung für die öffentliche Gesundheit und Sicherheit – sie müssten dringend abgerissen und neu gebaut werden.
Für die Mehrheit der informellen Siedlungen braucht man jedoch eine ganz andere Herangehensweise, die das solide Fundament der Eigeninitiative nutzt und den Prozess des schrittweisen Bauens ermöglicht und unterstützt. Die erste und wichtigste Komponente einer solchen Handlungsweise ist es, den Anspruch der Eigentümer auf ihr Grundstück anzuerkennen und damit die informellen Siedlungen zu formalisieren. Die Zusicherung, dass eine Siedlung legal ist und den Bewohnern ihr Eigentum nicht entzogen werden kann, schafft das Vertrauen, Energie und Mittel zu investieren, um das eigene Haus und das Wohnviertel zu entwickeln. Die zweite, genauso wichtige Komponente besteht darin, bereits erschlossenes Land zu erschwinglichen Preisen zur Verfügung zu stellen, sodass Neuankömmlinge dort ihren schrittweisen Prozess des Stadtbauens beginnen können – und zwar legal, mit genügend Raum für den Bau von Schulen, Kliniken und anderen städtischen Einrichtungen.
Aleppos neue Wohngebiete sind der Beitrag der heutigen Generation zur langen Geschichte des Stadtbauens. Die Stadt bietet Menschen aus allen Teilen des Landes und darüber hinaus soziale, kulturelle und ökonomische Chancen. Im Gegenzug schaffen die neuen städtischen Gemeinschaften Raum für Innovationen und setzen Energien frei, die die Stadt voranbringen. Diese Gemeinschaften sind ein Gewinn für alle, sie müssen weiter gestärkt und von allen mehr geschätzt werden.

Patrick Wakeley

Informal Settlements

"Cities are built by people, not by rulers, princes, or governments."

Despite its long history, Aleppo is currently growing faster than ever. Many different organizations, institutions, and developers are contributing to the city's growth, but by far the greatest contribution is made by ordinary families, communities, and small entrepreneurs.

According to census projections, Aleppo's population of currently 2.5 million is increasing annually by 75,000 (2.8 percent), the vast majority of whom are poor. With their low income these people cannot afford to join the formal property market or to purchase land that is officially approved for building. They have to buy their dwellings and workplaces in areas that have become known as "informal settlements". These are officially illegal because the occupants' ownership or title to the land is not recognized or they do not meet the requirements of planning and building codes. Despite this, the informal settlements cover some 35 percent of the built-up area of the city and house nearly half its population.

Most of Aleppo's informal settlements are built by the communities or by families who move to the city from impoverished rural areas to earn better livelihoods. They do this with the support of friends and families who have come before them, building neighborhoods and a social network as well at the same time. House building is done by incremental stages, extending and improving the dwelling as the family grows or money becomes available. This kind of building process responds to the particular needs and the income of each household and is thereby efficient and affordable. Some residents are able to extend and develop their property quickly, while others give a higher priority to investing in a business or educating their children. Then again others do not yet have the resources to build or to invest. But, what is important is that all have a choice, and you can be sure that every piece of land that is a simple shelter in the beginning sooner or later becomes solidly-built, valuable urban real estate. It is estimated that the current capital value of informal settlements in Aleppo is on the order of 280 billions Syrian pounds (4.5 billion Euros).

A small part of the informal settlements in Aleppo has developed in a different way. This part consists of badly built multi-story apartment blocks erected by exploitative developers. These settlements are widely recognized as a serious threat to public health and safety and urgently need to be demolished and rebuilt.

For the majority of the informal settlements, however, a very different approach is needed that uses the solid foundation of people's own initiative and encourages and supports the process of incremental building. The first and most important component of such an approach is to recognize the claim of the owners to their property and to thereby "formalize" the informal settlements. The assurance that a settlement is legal and will not be dispossessed creates for householders the confidence to invest their energy and resources in developing their own homes and neighborhoods. The second equally important component consists of making serviced land available at affordable prices so that newcomers there can begin the incremental process of city-building legally with adequate space for the construction of schools, clinics, and other urban services and institutions.

Aleppo's new neighborhoods are this generation's contribution to its long history of city building. The city offers social, cultural, and economic opportunities to people from all parts of the country and beyond. In return, the new urban communities provide room for innovation and release energy to drive the city forward. These communities are an asset for all that must be further nurtured and valued more by all.

Patrick Wakeley

Tausendundeine Nacht

Aleppo – das Wort allein weckte bei mir lange Zeit die Sehnsucht nach Geschichten aus der Kindheit, nach Reisen, die nur in meiner Fantasie stattfanden. Dann führte mich ein GTZ-Projekt zur nachhaltigen Altstadterschließung tatsächlich nach Aleppo – was für eine Chance! Unabhängig von der interessanten Arbeit mit den Offiziellen der Stadt war mein Aufenthalt eine unvergessliche Erfahrung. Allein zu wissen, dass sich in Aleppo seit vielen Jahrhunderten die großen Handelswege kreuzten, dass sich hier Menschen unterschiedlichster Kulturen begegnet waren und einen Teil ihrer Identität hinterlassen hatten! Alles, was eine alte Stadt von ländlichen Gebieten unterscheidet, dokumentierte sich in Aleppo: Ein großes Selbstbewusstsein war überall spürbar, eine gemeinsame, gestaltende Kraft. Die engen Gassen, die Häuser mit ihren vor Hektik, Lärm und Hitze abgeschirmten Innenbereichen, still, kühl und grün, mit kleinen Brunnen ausgestattet – diese Oasen zeugten vom Geschmack und von den Bedürfnissen ihrer Bewohner. Dazu das intensive Leben in der Stadt, deren Bürger sich ihrer langen Geschichte bewusst waren – auch wenn sie manchmal sorglos mit diesem Erbe umgingen. Zu den Zeichen der alten Zeit mischten sich die Zeichen der neuen: Geräusche und Gerüche von unzähligen Autos und Motorrädern, der nachlässige Umgang mit Abfällen und der fahrlässige mit Architektur, Boden und Natur.
Eine ganz besondere Erfahrung war für mich der Gang durch den Suq. Mit Herzklopfen begab ich mich in die vollen, engen Gassen, im Bewusstsein, dass es dieses Leben, diese Aktivität, diese Gerüche, Geräusche und Geschäftigkeit seit fast 3000 Jahren unverändert gab – ich hoffte, dass es sie noch ebenso lange geben würde. Im Suq war es so, wie es immer gewesen war und wie es immer bleiben würde – wenn der Stolz und das Selbstbewusstsein derer, die ihn nutzten, wirtschaftliche und planerische Veränderungen verhindern konnten.
Die schönste meiner unauslöschlichen Erinnerungen ist die an unseren Besuch in einem Teppichladen – was für ein prosaischer Begriff für einen wahrlich märchenhaften Ort: Der Boden, die Wände, alles war bedeckt mit wundervollen, kostbaren Teppichen. Schöne Farben und Materialien aus der Natur, Muster, die von Generation zu Generation an die Knüpferinnen weitergegeben worden waren. Alle Teppiche hätte ich mitnehmen wollen, um diesen Eindruck zu bewahren. Der „Herr der Teppiche" schien zeitlos, ein zierlicher Mann mit gegerbtem Gesicht und Fes, der lange mit uns sprach. Auf dem sorgsam gehämmerten Tablett bot er uns in kleinen Gläsern den starken, gesüßten Tee an, der sofort nach den sowieso schon intensiv beschäftigten Ohren und Augen, der Nase und dem Gefühl der Gewebe in den Fingern auch noch den Geschmackssinn mit Beschlag belegte – die Märchen aus Tausendundeiner Nacht wurden Wirklichkeit. Ich hätte mich auf dem Boden und in den Kissen niederlassen und den Geschichten des Mannes lauschen wollen. Wenn ich die Augen schloss, schwebte er auf seinen Teppichen davon, über die Dächer der Altstadt und die Zitadelle hinweg – und wir mit ihm.

Beate Weber

One Thousand And One Nights (Arabian Nights)

Aleppo – this word alone awakens in me the desire for stories from my childhood of trips that only took place in my imagination. Later, a German Technical Cooperation (GTZ) project doing a comprehensive survey of the Old City really led me to Aleppo – what a great opportunity!
Independent of the interesting work with the city officials, my stay there was an unforgettable experience, simply knowing that great trade routes have crossed in Aleppo now for many centuries, that people of different cultures have met here and left a part of their identity! Everything that makes an old city different from rural areas is documented in Aleppo: it is a self-confidence that can be experienced everywhere, a common, building power.
The narrow alleys, the houses with their inner areas protected from the hustle and bustle, noise, and heat, are quiet, cool, and green, equipped with small fountains – these oases are a testimony to the taste and to the needs of their inhabitants. Beside this is the intensive life in the city, whose citizens have always been aware of their long history even when they have sometimes treated this heritage carelessly. The signs of the older time have mixed with the signs of the new: noises and smells from innumerable cars and motorcycles, the negligent way of dealing with waste and the recklessness with architecture, soil, and nature.
A very special experience for me was the walk through the Souq. My heart beat faster as I walked through the full, narrow streets, fully aware that this life, this activity, these aromas, sounds, and activity have been here almost 3000 years – and I hoped that they would be here for just as long yet. In the Souq it was as it had always been and how it would always be – if the pride and the confidence of those who used it could stop economic and planning changes.
The most beautiful of my indelible memories is the one of our visit to a carpet shop – what a prose term for a truly fairytale place: the floor and the walls were all covered with wonderful, expensive rugs. There were beautiful colors and materials from nature, patterns that had been passed down from generation to generation to the ladies tying the knots. I would like to have taken all the rugs with me to preserve this impression. The "Lord of the carpets" appeared to be timeless, a graceful man with a tanned face and fez, who spoke long with us. On a carefully hammered out tray he offered us strongly-sweetened tea in small glasses, which, immediately after the already intensely busied ears and eyes, nose, and the feeling of woven material in the fingers, also paved over the sense of taste – the fairytale from One Thousand and One Nights became reality. I could have just gotten down on the floor and on the pillows and would have liked to have listened carefully to the man's stories. When I closed my eyes, he floated away on his carpets, above the rooftops of the Old City and away from the Citadel – and we were with him.

Beate Weber

هيونداي كوبيه
الآن في سوريا
YUNDAI
PANT
natco
لإعلانك اتصل بنا الآن
موبايل ٠٩٤_٦٩٣٥٨٩
هاتف ٠٢١_٢١١٣٠٤٧
فاكس ٠٢١_٢١١٠٤٢٨

Die Madrasa Shibani

Zu finden ist sie nicht so einfach, die kurze, rechtwinklig geknickte Gasse, die von zwei Seiten zum hohen Holzportal der Madrasa Shibani führt. Sie ist gesichtslos, verglichen mit den meisten Altstadtgassen Aleppos, die Neugier aufkommen lassen, sobald man in sie hineinschaut. Dabei steht sie Rücken an Rücken mit der Seifensiederei „Al-Jubail" und ist nur hundert Meter von der ältesten Nervenklinik der Welt entfernt, in der schon vor Jahrhunderten die Kranken mit Wasserspielen und Musik beruhigt wurden.
Wie fast überall in der Altstadt von Aleppo kann der Boden unter dem Gebäude mehr erzählen als das Gebäude selbst. Wir wissen nicht, welche Bauten dort schon vor vielen Jahrtausenden standen. Wir wissen nur, dass etwa drei- bis viertausend Jahre nach dem vermuteten Beginn der Stadtgeschichte auf diesem Grundstück eine der vier frühchristlichen Kirchen Aleppos gebaut wurde. Mit der islamischen Herrschaft wurde eine Moschee daraus. Das heutige Gebäude entstand erst im 12. Jahrhundert, gehörte zeitweise einer Familie Al-Shibani, diente zwischenzeitlich als Warenhaus und Franziskaner-Kollegium, wurde als christliche Eliteschule genutzt und war dann für einige Jahrzehnte bis 2001 nur noch ein staatliches Tabaklager.
Ein 1994 begonnenes deutsches Altstadt-Entwicklungsprojekt erlöste das Gebäude von diesem Schicksal. Ein noch nicht zerfallener Bereich, der nun als Ausstellungsraum genutzt wurde, konnte renoviert werden. Darin steht noch heute das mit neun Quadratmetern sehenswert große Gipsmodell der Altstadt. Aber auch der Rest des Gebäudes konnte ab 2004 mit Entwicklungsgeldern wieder aufgebaut werden, nämlich aus Gegenwertmitteln erlassener DDR-Kredite an Syrien.
Seitdem ist die Madrasa Shibani zu neuem Leben erwacht. Schon während der Bauzeit fanden dort Seminare der Deutschen Welle zur Ausbildung arabischer Rundfunkjournalisten statt. Schulkinder aus den umliegenden Bezirken werden im Kunstunterricht in die Altstadt geführt und dürfen ihre Zeichnungen in der Madrasa Shibani ausstellen. Das Goethe-Institut veranstaltet darin Deutsch-Sprachkurse und hat dort, wie auch die Aga-Khan-Stiftung, sein Büro. Ende 2010 zog auch noch das Stadtarchiv von Aleppo in das ehrwürdige Gebäude ein.
Ein besonderes Spektakel in der Madrasa Shibani bilden die jährlich im Juni stattfindenden Deutsch-Syrischen Kulturtage. Der etwa 15 x 30 Meter große Innenhof könnte kein besserer Ort dafür sein: Die östliche Querfassade beherbergt einen großzügigen, begehbaren, zweistöckigen römischen Säulengang. Die gegenüber liegende Fassade ist so schlicht gestaltet wie die Längsseiten des Hofes, jedoch ist die Erdgeschosswand spektakulär weggerissen und durch eine raumhohe Glaswand ersetzt. Die darüber liegende Baumasse wird von zwei ebenso massiven wie schlichten Doppel-T-Trägern gehalten. Es ist offensichtlich, dass hier ein Kaffeehaus eröffnet werden muss, aber keinesfalls eine Pappbecherkette, und das begrenzt die Zahl der potenziellen Pächter.
Die hohen Bäume im Hof geben dem Besucher ein Rätsel auf: Wie kommen fünf Eschen und eine Robinie dorthin? Wer hat sie geplant, wer hat sie gepflanzt? Heimisch sind diese Bäume in Syrien eigentlich nicht. Nicht orientalisch, nicht dekorativ, und dazu stümperhaft wüst beschnitten. Aber sie tun ihren Dienst, vermutlich besser als jedes andere Gewächs es könnte: Im Sommer beschatten sie den Hof, die Mauern und die Fenster bis in die zweite Etage hinauf, rechtzeitig vor Wintereinbruch werfen sie ihr Laub ab, um die Sonnenstrahlen durch die Fenster zu lassen und die Mauern zu erwärmen. Im Frühjahr schlagen sie rechtzeitig wieder aus. Und sie scheinen bereit zu sein, dies noch Jahrzehnte weiter zu tun. Damit haben sie es wohl verdient, von denkmalschützerischen Verschönerungsabsichten verschont zu bleiben.

Matthias Weiter

مدرسة الشيباني

العثور عليه لا يتم ببساطة، ذلك الزقاق القصير القائم الزوايا والمتعرج الذي يؤدي من جهتين إلى بوابة مدرسة الشيباني الخشبية العالية. إنه بلا ملامح مُقارنة بأكثر أزقة المدينة القديمة في حلب، التي تثير الفضول بمجرد أن يطأها المرء. يقع الزقاق خلف «الجُبيل» مكان طبخ الصابون، ويبعد مئة متر فقط عن أقدم مستشفى للأمراض النفسية في العالم، كان قبل قرون يُعالج المرضى بالألعاب المائية والموسيقى.

مثل كل مكان تقريباً في مدينة حلب القديمة، تستطيع الأرض تحت المبنى أن تحكي أكثر من المبنى نفسه. لا نعرف أي بناء كان قائماً هنا بالفعل قبل آلاف السنين. كل ما نعرفه أنه بعد ثلاثة أو أربعة آلاف سنة من بدء تاريخ المدينة المفترض، شيّدت على هذه الأرض إحدى الكنائس الأربع التي بنيت في بداية المسيحية في حلب. مع الحكم الإسلامي تحول المكان إلى مسجد. المبنى الحالي شُيد في القرن الثاني عشر، وكان لفترة من الزمان ملك عائلة الشيباني، وأستخدم في الوقت نفسه بمثابة متجر وكلية الفرنسيسكان، مدرسة النخبة المسيحية، وكان لعدة عقود حتى عام ٢٠٠١ مستودع تبغ للدولة.

بدأ إنقاذ المبنى من هذا المصير عام ١٩٩٤ بمشروع تنمية المدينة القديمة الألماني. وتم ترميم حيز لم يتهدم بعد، ويستخدم الآن صالة عرض، تحوي إلى اليوم مُجسماً كبيراً للمدينة القديمة مصنوعاً من الجبس ومساحته تسعة أمتار مربعة، وهو يستحقَ المشاهدة. كما تم إعادة بناء ما تبقى من المبنى عام ٢٠٠٤ بتمويل من صناديق التنمية، أي من القروض المعفاة التي منحتها حكومة ألمانيا الشرقية لسوريا سابقاً.

منذ ذلك الحين إنبعثت مدرسة الشيباني إلى الحياة من جديد. أثناء فترة البناء نظمت إذاعة دويتشه فيله هناك حلقات دراسية لتدريب الصحفيين العرب. تلاميذ مدارس من النواحي المحيطة يقومون برسم معالم المدينة القديمة ضمن دروس الفن ثم تُعرض أعمالهم في مدرسة الشيباني. كما ينظم معهد غوته دورات في اللغة الألمانية، ولديه فرع في حلب مثله مثل مؤسسة الآغا خان. نهاية عام ٢٠١٠ أنتقل إلى هذا المبنى العريق أرشيف مدينة حلب أيضاً. بيد أن الفعالية الفريدة من نوعها التي تُقام سنوياً في مدرسة الشيباني في شهر يونيو هي أيام الثقافة الألمانية السورية. فالفناء الذي مساحته ١٥ x ٣٠ متر أفضل مكان لذلك: الواجهة الشرقية تضم رواقاً كبيراً من الأعمدة الرومانية في كل من الطابقين. وتتميز الواجهة المقابلة ببساطة التشكيل مثل جانبي الفناء الطويلين. تم هدم الجدار في الطابق الأرضي وإستبداله بجدار زجاجي. الكتلة الخرسانية تم رفعها على جسرين مزدوجين بشكل T.

من الواضح أنه لا بد من فتح مقهى هنا، لكن ليس من مقاهي الخدمات السريعة بفناجين من البلاستيك. مع مراعاة عدم تحويل المبنى إلى مركز تجاري.

الأشجار العالية في الفناء تبدو لغزاً للزائر: كيف وصلت إلى هنا خمس شجرات دردار وشجرة روبينيا؟ من الذي خطط لذلك؟ ومن الذي زرعها؟ موطن هذه الأشجار ليس سوريا، وهي مقصوصة بشكل بدائي وعشوائي لا هو شرقي ولا زخرفي. لكنها تقدم خدمات قد لا تتمكن أي نبتة أخرى من تقديمها بنحو أفضل: في الصيف تظلل الفناء والجدران والنوافذ حتى الطابق الثاني، وقبل بداية فصل الشتاء تسقط أوراقها حتى تدخل أشعة الشمس من خلال النوافذ لتدفئة الجدران. وفي فصل الربيع تورق من جديد. ويبدو أنها على استعداد للقيام بذلك إلى عقود أخرى قادمة. لذا فقد أستحقت التجميل والبقاء وتصنيفها ضمن الآثار المحمية.

ماتياس فايتر

نعمان قابل
مضر بري
(أبو فاتح)
إنتخبوا المرشح المستقل
ظاهر شواخ ابن محمد
محمد أبو عبايه
عبد القادر ناعورة
رامي ستوت
انتخبوا مرشحكم المستقل فئة "ب"
معاً يداً بيد
نبني سوريا الغد
(أبو خالد)
أحمد دحدوح
علاء الدين أحمد هنداوي

Hammam im Winter

Die Winter in Aleppo können recht kalt werden, auch wenn es selten schneit. Zu dieser Jahreszeit liegt es deshalb nahe, ein traditionelles Bad („Hammam al-Suq") aufzusuchen. Aleppo ist wie Damaskus noch reich an funktionierenden Bädern. Eines der schönsten und größten ist das Hammam Yalbugha al-Nasiri aus dem 14. Jahrhundert, das sich in der Nähe der Zitadelle von Aleppo befindet.

Schon die Eingangshalle, die äußere Vorhalle *(Barrani)*, ist überwältigend. In der Mitte des großen Raumes, der auf drei Seiten von *Iwanen* und erhöhten steinernen Nischen gefasst wird, plätschert ein Springbrunnen. Fenster mit bunten Glasscheiben in der Kuppel brechen das Licht.

Ich war allein und bekam einen Platz zum Umziehen zugewiesen. Ich erhielt Seife, einen Schwamm und ein Handtuch, dazu Holzpantoffeln. Nachdem ich mich ausgezogen und mir das Handtuch um die Hüften gewickelt hatte, kam der Bademeister und führte mich in den nächsten Raum, den *Wastani*. Hier befinden sich die Räume für die „Dienstleistungen", zum Waschen, zur Massage und zur Haarentfernung. Die dahinter liegenden Räume sind heißer, es handelt sich um den *Juwwani*, den innersten Bereich. Der zentrale Raum wird von einer großen Kuppel überspannt, in der Löcher ein Sternmuster von berückender Ästhetik bilden, das mich an die Form eines Mandala erinnerte. Diese Löcher sind kleine Fenster, die ein diffuses Licht von außen hereinlassen. Der Boden ist mit einem geometrischen Dekor aus Marmor und anderen Steinsorten verziert. Von diesem zentralen Raum gehen vier kleinere Räume ab. Einer davon ist ein besonders heißer Raum, die eigentliche Dampfsauna. In allen Räumen gibt es kleine Steinbecken mit Hähnen für kaltes und warmes Wasser. Hier sitzt man und gießt sich mit einer kleinen Messingschüssel das Wasser über den Körper.

Das Hammam war gut besucht. Gruppen von Männern verschiedenen Alters saßen zusammen, Jugendliche sangen, rangelten oder wuschen sich gegenseitig, Kinder kreischten und ältere Männer tauschten Neuigkeiten aus dem Suq oder der Familie aus. Eine Gruppe winkte mich freundlich zu sich, eine Familie, deren Oberhaupt ein Händler aus dem Suq war. Schnell entwickelte sich ein Gespräch auf Arabisch, das um die üblichen Themen kreiste: Woher ich käme, was ich in Aleppo machte, wo meine Familie sei, ob mir Syrien gefalle ...

Schließlich wurde ich aufgefordert, mich zum Bademeister zu begeben. Bei der Waschprozedur wird man zunächst mit einem sehr rauen Ziegenhaarlappen mit der Konsistenz von Schmirgelpapier abgerieben. Zu Beginn kostete mich das etwas Überwindung, denn mir wurde eine Hautschicht abgezogen. Doch der Peeling-Effekt ist eine Wohltat. So präpariert, wird man sanft gewaschen: der Schwamm, der aus Hanffasern besteht, wird in eine große Schüssel eingetaucht, die Seife darin aufgelöst. Das Einseifen des Körpers folgt einer bestimmten Reihenfolge, am Ende kommen die Haare dran. Dann das Abspülen mit heißem Wasser und man fühlt sich erfrischt und wie ein neuer Mensch.

Zurück bei der Gruppe meiner neuen Freunde, wurde ich aufgefordert, mitzuessen. Ganze Platten mit Salaten, *Hummus* und gegrilltem Fleisch waren gebracht worden. Es war ungewohnt für mich, in der feucht-heißen Umgebung zu essen. Beim Hinausgehen wurde ich eingepackt, festgezurrt von Kopf bis Fuß in sieben Handtüchern. So verpackt genoss ich die Ruhe im *Barrani*, schlürfte schwarzen Tee und den für Syrien charakteristischen *Zuhurat* (Kräutertee).

Die freundliche Aufnahme und die entspannte Atmosphäre erleichterten mir meine Initiation in die Tradition des Hammam, viele Besuche sollten folgen. Für Aleppo sind sie ein Teil der Lebensqualität und ein soziales Erlebnis. So ist ein Badbesuch am Abend vor der Hochzeit als Junggesellenabschied bei vielen üblich. Doch nicht alle Schichten genießen die Badbesuche: In den gehobenen Mittelschichten hieß es häufig auf meine Frage, ob sie in das „Hammam al-Suq" gehen: „Wir haben selbst ein Bad zu Hause."

Stefan Winkler

Hammam In Winter

Winters in Aleppo can get pretty cold, even when it rarely snows. During this season, it seems obvious, therefore, to frequent a traditional bath ("Hammam al-Suq"). Like Damascus, Aleppo still has lots of baths in operation. One of the largest and most beautiful is the Hammam Yalbugha al-Nasiri from the 14th century that is located near the Citadel of Aleppo.

The awesomeness starts even in the entryway, the outer atrium *(barrani)*. In the center of the large room, which is enclosed on three sides by *iwans* and raised stone niches, a fountain ripples. Windows with colorful glass pieces in the dome refract the light.

I was alone and was told where I could undress. I got soap, a sponge, and a towel as well as wooden slippers. After I had undressed and wrapped the towel around my waist, the bath attendant came and led me into the next room, the *wastani*. Here were the rooms for the different "services offered", such as washing, massage, and depilatories. The rooms located behind these are hotter, as this is the *juwwani*, the inner area. Spanning the central room is a large dome in which holes make up a starlike pattern of captivating beauty. That reminded me of the shape of a mandala. These holes are small windows that let in a diffuse light from the outside. The floor is adorned with a geometric decorum of marble and other kinds of stone. Four smaller rooms lead away from this central room. One of them is an especially hot room, the real steam sauna. In all of the rooms there are small stone sinks with faucets for cold and hot water. You sit here and pour the water over your body from a small brass bowl.

The Hammam was full. Groups of men of different ages sat together, the young men sang, had play fights, or washed one another, children yelled and older men traded news from the Souq or the family. A group beckoned me over to them in a friendly way, a family, whose head was a merchant from the Souq. A conversation quickly developed in Arabic that covered the usual topics: where I was from, what I was doing in Aleppo, where my family was, if I liked Syria, ...

Finally, I was called up to the bath attendant. The washing procedure starts out by getting a rubdown with a very raw goat hair rag of sandpaper texture. It takes quite a bit of getting used to at first as a layer of skin was removed. But, the peeling effect is beneficial. Prepared in this way, you are then washed gently. The sponge made of hemp fibers is dipped in a large bowl of dissolved soap. Soap down the body follows a certain procedure and at the end, even hair is washed. Then you are rinsed with hot water and you feel refreshed and like a new man.

Back to the group of my new friends, I was asked to join them for a meal. Whole platters of salads, *hummus*, and grilled meat were brought out. It was unusual for me to eat in a hot, damp environment. Going out I was all bundled up, tied up from head to toe in seven hand towels. Packed up in this way I enjoyed the tranquility in the *barrani*, sipping black tea and typical Syrian herb tea *(zuhurat)*.

The friendly hospitality and the relaxed atmosphere eased my initiation in the tradition of the hammam and many visits were to follow. For Aleppo, they are a part of the quality of life and a social experience. A visit to the bath on the eve of one's wedding is quite customary for many as a farewell to bachelorhood. Yet, not all classes of society enjoy the visits to the bath. People from the upper middle-class who answer my question about whether they go to the "Hammam al-Souq" reply: "We have got our own bath at home."

Stefan Winkler

Irgendwo dazwischen

In Abdelrahman Munifs Roman *Salzstädte* bildet der armenische Lastwagenfahrer Agop ein Bindeglied zur Welt für das fiktive Dorf Harran am Golf, das sich in den 1930er-Jahren von einem rückständigen, unbedeutenden Ort in eine Erdöl-Stadt verwandelt. Agop stammt aus Aleppo – obwohl er zu verstehen gibt, dass seine Heimat in einem noch weiter entfernten Land liegt – und jedes Jahr unternimmt er die anstrengende Reise nach Norden, durchquert die Wüste über Tausende von Meilen, um Autoersatzteile und ein paar Handelswaren zurückzubringen.

Ob Agop wohl jedes Mal in dem Quartier der Ersatzteillager, Werkzeugläden und Reparaturwerkstätten hinter Bab al-Faraj abstieg, wenn er nach Aleppo kam? Zu einer Zeit, als das nahe gelegene Hotel Baron den Stadtrand markierte, ist dieser heute etwas heruntergekommene Ort wohl ein modernes, geschäftiges Viertel gewesen. Zwischen Ölkanistern und Wagenhebern, die manchmal bis auf die Straße hinaus herumliegen, schmücken die Namen Bedrossian, Artinian, Kassabian noch immer die Ladenfronten eines Handelszweiges, dessen Zentrum längst nach Sulaymaniyya und an die nördliche Umgehungsstraße nach Raqqa abgewandert ist. Hier findet der bescheidene Reisende noch immer Erfrischungen in billigen Hotels und *Pastirma*-Läden aus früheren Zeiten. Hier, denke ich, hätte sich Agop für ein paar Tage ausgeruht, Neuigkeiten gesammelt und Reparaturen durchgeführt, bevor er sich mit seinen Vorräten wieder auf den Rückweg machte.

Während ich über Agop nachdenke, holen mich eigene Erinnerungen ein. Erinnerungen an einen Spätherbst vor vielen Jahren, als ich beinahe zufällig als sehr junger Mann zum ersten Mal nach Aleppo kam. Ich war viele Wochen unterwegs gewesen und wusste nichts über diese Stadt, hatte nicht die leiseste Ahnung von ihren herrlichen Suqs und Khans, von ihrer Vielfalt oder Geschichte. In Bab al-Faraj fühlte ich mich wohl, behaglich in meiner abgenutzten Kleidung und willkommen in dem warmen, einfachen Grillrestaurant, in dem man sich freundlich mit mir unterhielt, obwohl ich ungewöhnlich ausgesehen haben muss, und mir eine große Flasche des einheimischen Al-Sharq-Biers zu meinem gegrillten Hühnchen servierte. Ein paar Jahrzehnte mehr oder weniger – Agop und ich hätten am gleichen Tisch sitzen können.

Vieles hat sich seitdem verändert: das sozialistische Dekor vieler Geschäfte und Straßen, der Anblick der neuen Hotels und Reisebüros, die am Rande der Viertels aus dem Boden geschossen sind. Selbst das Bier ist anders – es hat seinen früheren Geschmack verloren, seit das Rezept vor zwei Jahren verändert wurde. Am meisten habe natürlich ich selbst mich verändert. Ich streife nur noch selten durch das Quartier der Autoersatzteillager und kann mich kaum daran erinnern, wie es war, als ich mich dort zugehörig fühlte. Agop seinerseits starb vor langer Zeit in Harran, weit entfernt von Aleppo und seiner Heimat. Er wurde dort einfach als „Ya'qub al-Harrani" begraben. Wenn ich auf dem Weg zur Arbeit an Bab al-Faraj vorbeikomme, selbst gerade von einer Reise in die Golfstaaten zurückgekehrt, und die kalte Luft einatme, die mich an mein erstes Mal in Aleppo erinnert, hoffe ich immer noch, dass ich einen Blick auf ihn erhaschen kann.

Stefan Winter

في مكان ما

في رواية عبد الرحمن منيف مدن الملح، كان سائق الشاحنات الأرمني أغوب همزة وصل بين العالم والقرية الخيالية «حران» في منطقة الخليج، التي تحولت في ثلاثينيات القرن الماضي من مكان مُتخلف لا أهمية له إلى مدينة نفط. ينحدر أغوب من حلب، على الرغم من قوله إن وطنه في بلد أبعد من ذلك. وكل عام يقوم برحلة شاقة إلى الشمال، يعبر الصحراء لمسافة آلاف الأميال جالباً معه قطع غيار للسيارات وبعض السلع التجارية.
ترى، هل كان أغوب عندما يُسافر إلى حلب يسكن في كل مرة في حي محلات بيع قطع الغيار والآلات اليدوية وورشات تصليح السيارات وراء باب الفرج؟
في ذلك الزمان عندما كان فندق البارون قريب من المعالم، كان هذا الحي الذي أصبح اليوم رثاً في الماضي حياً تجارياً حديثاً.
بين صفائح الزيت ورافعات السيارات الموجودة بعض الأحيان في الشارع، مازالت أسماء مثل بيدروسيان وآرتينيان وقصابيان تزيّن واجهات المحلات الخاصة بحرفة معينة، التي إنتقل مركزها بعيداً إلى السليمانية وإلى الطريق الشمالي الذي يقود إلى الرقة. هنا يمكن للمسافر المتواضع الإمكانيات أن يحصل على مرطبات في فنادق رخيصة وفي محلات البصطرمه القديمة. هنا، كما أعتقد، كان أغوب يستريح لبضعة أيام، ويجمع الأخبار الجديدة ويقوم بالإصلاحات قبل أن يعود من جديد مُحملاً بالمؤونة.
بينما أفكر بأغوب تُباغتني بعض الذكريات العائدة إلى سنوات مضت، عندما جئت بالمصادفة لأول مرة إلى حلب وأنا في عمر الشباب. كنا في أواخر الخريف وكنت قد أمضيت عدة أشهر مرتحلاً.
ولم تكن لدي أي فكرة عن هذه المدينة، عن تاريخ أسواقها وتنوعها وعن خاناتها الرائعة. في باب الفرج شعرت بإرتياح وإنبساط وأنا بملابسي البسيطة، وبالترحيب الذي لقيته في مطعم بسيط للشواء، حيث تحدثوا معي بكل طيبة، على الرغم من أنني كنت أبدو غريباً، وقدموا لي زجاجة بيرة «شرق» محلية كبيرة مع فروج مشوي.
لعلنا كنا التقينا، أغوب وأنا، هنا على طاولة واحدة قبل نحو بضعة عقود. لقد تغير الكثير منذ ذلك الحين: الديكور الاشتراكي في معظم المحلات التجارية والشوارع، منظر الفنادق الجديدة ووكالات السفر التي إنتشرت بكثرة عند مشارف الحي. حتى البيرة تغيرت وفقدت طعمها السابق، عندما بدلوا الوصفة قبل عامين. وأكثر ما تغير هو بالطبع أنا.
نادراً ما أجوب شوارع منطقة محلات بيع قطع غيار السيارات، وبالكاد أتذكر كيف كانت عليه سابقاً عندما كنت أشعر أنني أنتمي إليها. أغوب، في المقابل، توفي منذ زمن طويل في حران، وبعيداً عن حلب ووطنه. وقد دُفن هناك تحت إسم «يعقوب الحراني». مع كل ذلك عندما أمر في طريقي إلى العمل بباب الفرج، أو عندما أعود من رحلة سفر في الخليج وأتنفس الهواء البارد الذي يذكرني بزيارتي الأولى لحلب، آمل دائماً في أن أتلقف نظرة منه.

ستيفان فينتر

TBZ

Autoren Authors الكُتّاب

Stand Status الصادر 2011 (2015)

Mafalda Ade (S. 57)

studierte Filmregie an der École cantonale d'art de Lausanne (ECAL) sowie Politikwissenschaft und Turkologie an der Universität Wien. Sie forschte im Rahmen eines Archivprojekts der Universität Tübingen (Privatarchiv der Familien Poche/Marcopoli) mehrere Jahre in Aleppo; ihre hieraus entstandene Dissertation „Picknick mit den Paschas: Aleppo und die levantinische Handelsfirma Fratelli Poche (1853–1880)" wurde 2013 vom Deutschen Orient-Institut veröffentlicht. Sie arbeitet nun als Teilnehmerin des Projekts „Mediterranean Reconfigurations" (European Research Council) an ihrem zweiten Buch über osmanische Handelsgerichte im 19. Jahrhundert am Beispiel von Damaskus.

مافالدا آده (ص ٥٨)

درست الإخراج السينمائي في معهد الإقليمي للفنون في لوزان، كذلك العلوم السياسة واللغة التركية في جامعة فيينا، قبل ان تجري ابحاث لسنوات عديدة في ارشيف بوخه - ماركوبولي في حلب. حصلت عام ٢٠٠٩ على الدكتوراه من جامعة توبينغن المانيا. وصدرت اطروحتها عام ٢٠١٣ في كتاب بعنوان: "سيران مع الباشا - حلب وشركة فراتيلي بوخه التجارية (١٨٥٣ - ١٨٨٠)" في معهد الإستشراق. تعمل مافالدا آدا حاليا كأحد المشاركين في مشروع إعادة ترتيب البحر الأبيض المتوسط (المجلس الأوروبي للبحوث) على كتابها الثاني عن المحاكم التجارية العثمانية في القرن ال١٩ في دمشق مثالا.

Pierre Antaki (S. 61)

wurde 1958 in Aleppo geboren. Er studierte Wirtschaftswissenschaften an der Amerikanischen Universität in Beirut und war in den Bereichen Management und Import/Export im Libanon, in Saudi Arabien und Portugal tätig, bevor er 1994 nach Aleppo zurückkehrte. Pierre Antaki ist Mitbegründer der im Jahr 2002 gegründeten Syrischen Akademie für Gastronomie. Seit 2006 ist er deutscher Honorarkonsul in Aleppo.

بيير انطاكي (ص ٦٢)

ولد عام ١٩٥٨ في حلب ودرس الاقتصاد في الجامعة الاميركية في بيروت. عمل كمدير في مجال الإستيراد والتصدير في لبنان والسعودية والبرتغال، قبل أن يعود عام ١٩٩٤ إلى حلب. أسس بيير أنطاكي مع آخرين عام ٢٠٠٢ الأكاديمية السورية لفن الطهو. ومنذ عام ٢٠٠٦ يشغل منصب القنصل الفخري لألمانيا في حلب.

Jörg Armbruster (S. 13)

studierte von 1968 bis 1973 in Köln Sozial- und Politikwissenschaften. Danach arbeitete er fünf Jahre in der Hörfunkabteilung des Westdeutschen Rundfunks und hatte einen Lehrauftrag an der Fachhochschule für Sozialwesen in Köln. 1979 ging Jörg Armbruster zum Süddeutschen Rundfunk nach Heidelberg und arbeitete bis 1982 als Reporter und Moderator beim Radio. 1982 wechselte er zum SDR-Fernsehen und war bis 1986 in Mannheim als Reporter und Moderator, von 1986 bis 1988 als Redakteur für Innenpolitik, von 1988 bis 1994 als Auslandskorrespondent und -redakteur und von 1995 bis 1998 als Leiter der Auslandsabteilung tätig. Als ARD-Korrespondent arbeitete Jörg Armbruster von 1999 bis Juli 2005 im Nahen und Mittleren Osten mit Hauptsitz in Kairo. Seit September 2005 leitete er beim Südwestrundfunk die Abteilung Ausland/Europa und moderierte bis Januar 2010 bei der ARD den Weltspiegel. Von August 2010 bis 2013 war Jörg Armbruster wieder ARD-Korrespondent für den Nahen Osten mit Sitz in Kairo. Er berichtete über die arabischen Revolutionen aus verschiedenen arabischen Ländern, wie unter anderem Ägypten, Libyen, Syrien und dem Jemen.

يورغ أرمبروستر (ص ١٤)

درس من عام ١٩٦٨ حتى عام ١٩٧٣ العلوم الاجتماعية والسياسية والمسرح في مدينة كولونيا. ثم عمل لمدة خمسة سنوات في إذاعة غرب ألمانيا و-كذلك كمحاضر في المعهد العالي للعمل الاجتماعي في كولونيا. التحق عام ١٩٧٩ للعمل في إذاعة جنوب ألمانيا كمراسل إذاعي في مدينة هايدلبرغ. عام ١٩٨٢ انتقل إلى التلفزيون، وعمل كمحرر في قسم السياسة الداخلية، وكذلك عمل مراسلا متجولا ورئيساً لدائرة الشؤون الخارجية في تلفزيون SDR. من ١٩٩٩ حتى ٢٠٠٥ أقام يورغ أرمبروستر في القاهرة كمراسل تلفزيوني ومدير أستوديو محطة ARD. حتى عام ٢٠١٠ كان يشغل مديراً للقسم الأوروبي في محطة و يقدم المجلة التلفزيونية الأسبوعية المعروفة "مرآة العالم". SWR. اليوم يعمل من جديد في القاهرة كمراسل تلفزيوني، حيث يُغطي ١٥ دولة عربية ويعد تقارير صحفية حول الثورة العربية في عدة بلدان مثل مصر وليبيا واليمن.

Rasha Arous (S. 65)

studierte Bauingenieurwesen an der Universität von Aleppo und schloss ihr Studium mit einem Magister in Stadtplanung in Entwicklungsländern an der Oxford Brookes University ab. Zudem hat Rasha Arous einen Magisterabschluss in integrierter Stadtentwicklung und nachhaltigem Design der Universität Stuttgart und der Ain-Shams-Universität. Danach arbeitete sie für den Aga Khan Trust for Culture in der Stadterneuereung und -entwicklung. Sie war u. a. als Bauleiterin bei der Restaurierung der Stadt Masyaf tätig. Rasha Arous initiierte das Aleppo Socio-economic Development Programme und leitete es bis zum Jahr 2010. Seit der Syrien-Krise liegt ihr Fokus auf Vertreibung und Entwicklung und sie hat über syrische Flüchtlinge in Kairo geforscht. Im Oktober 2013 initiierte sie und ist zurzeit Geschäftsführerin des Stadtentwicklungsprogramms des UNHCR für städtische Flüchtlinge in Ägypten. Heute arbeitet Rasha Arous als freiberufliche Beraterin.

رشا عروس (ص ٦٦)

درست الهندسة المدنية في جامعة حلب، وحصلت على درجة الماجستير في التخطيط الحضري والتنمية الإقليمية من جامعة بروكس في أكسفورد. وماجستير في العمران المتكامل والتصميم المستدام من جامعات شتوتجارت وعين شمس. بدأت العمل مع مؤسسة الآغا خان للثقافة في التخطيط والتنمية الحضرية في برامج التنمية المكانية والاجتماعية والاقتصادية والثقافية والتراثية. وكانت ضابط في إعادة تأهيل مدينة مصياف، والتي شملت إعادة تأهيل مكان السوق القديم جنبا إلى جنب مع مشاريع التنمية المجتمعية. كما أنها عملت في برنامج التنمية في مدينة حلب القديمة حتى عام ٢٠١٠. وجهت تركيزها منذ بداية الأزمة السورية على مشاكل اللاجئين السوريين في القاهرة. تعمل رشا عروس اليوم كمستشارة غير متفرغة.

Lina Sergie Attar (S. 69)

hat 1998 ein Architekturstudium an der Universität von Aleppo abgeschlossen und danach Abschlüsse in Masterstudiengängen für Architektur an der Rhode Island School of Design (2001) und für Architekturwissenschaften am Massachusetts Institute of Technology (2003) im Rahmen des Aga-Khan-Programms für islamische Architektur erworben. Lina Sergie Attar hat Architektur, Innenarchitektur und Kunstgeschichte in Boston und Chicago gelehrt und war 2007 Mitgründerin der Wohltätigkeitsorganisation Karam Foundation NFP in Chicago. Ihr Blog (tooarab.com) erkundet die negativen und die positiven Aspekte, gleichzeitig Araber und Amerikaner zu sein – auch wenn sie selbst immer Aleppinerin sein wird.

Lina Sergie Attar (p. 70)

graduated from the University of Aleppo, Faculty of Architecture, in 1998. She received a Master's of Architecture from the Rhode Island School of Design in 2001 and a Master's of Science in Architectural Studies from the Massachusetts Institute of Technology in 2003 under the Aga Khan Program for Islamic Architecture. She has taught architecture, interior architecture, and art history courses in Boston and Chicago. In 2007, Lina Sergie Attar co-founded Karam Foundation NFP, a charity based in Chicago. Her blog (tooarab.com) explores the bitter and the sweet aspects of being Arab and American, although she will always be from Aleppo.

Abed Azrié (S. 73)

wurde 1946 in Aleppo geboren, wo er umgeben von orientalischer geistlicher Musik (christlich und islamisch) aufwuchs. Als junger Mann beschäftigte er sich mit westlicher Volksmusik und studierte arabische Literatur in Beirut. 1967 zog er nach Paris, wo er seine Kenntnisse der Musik vertiefte. Abed Azrié arbeitet als Schriftsteller, Musiker, Komponist und Sänger. Seine Musik verbindet die traditionellen Instrumente des Nahen Ostens mit den Instrumenten des Westens, die Musik der Vergangenheit mit der Musik der Gegenwart. Seine Musik wurde und wird von Künstlern wie Yehudi Menuhin, Leonard Cohen, Jeff Buckley und John Adams bewundert. Seit 2004 führt Abed Azrié sein eigenes Plattenlabel.

Abed Azrié (p. 74)

was born in Aleppo in 1946 where he grew up surrounded by Oriental clerical music (Christian and Islamic). As a young man he devoted himself to Western folk music and studied Arabic literature in Beirut. In 1967 he moved to Paris, where he furthered his knowledge of music. Today, Abed Azrié works as a writer, musician, composer, and singer. His music combines the traditional instruments of the Middle East with Western instruments, the music of the past with the music of the present. His music was and is admired by artists such as Yehudi Menuhin, Leonard Cohen, Jeff Buckley and John Adams. Since 2004 Abed Azrié has had his own recording label.

عابد عازريّــة (ص ٧٤)

وُلد عام ١٩٤٦ في حلب. تشبّعت طفولته بالتراتيل الروحية الشرقية (مسيحية وإسلامية). اكتشف في مراهقته الموسيقى الشعبية ودرس بعدها الأدب العربي في بيروت. وخلال رحلة، اكتشف باريس التي لا يزال يعيش ويعمل فيها منذ عام ١٩٦٧. عابد عازريّــة مؤلف موسيقي ومغن. يمزج في موسيقاه بين الآلات الكلاسيكيّة القادمة من أصوله الشرق أوسطية والآلات الغربية. وتتميّز أعماله بالتوليف بين الموسيقى القديمة والمعاصرة. تمكنت موسيقى عابد عازرية من جذب إعجاب فنانين كبار ومختلفين مثل يهودي منوهين وليونارد كوهن وجيف باكلي وجون آدامز.

Sussan Babaie (p. 77)

is a specialist of the history of Islamic art and architecture. She completed her doctorate at the Institute of Fine Arts of New York University and is currently a visiting professor for Islamic art history at the University of Munich. At present she is also writing a book on domestic architecture and cultural exchange in the 17th century in Aleppo, Cairo, Damascus and Isfahan. Among her already published works is the book: *Isfahan and its Palaces: Statecraft, Shi'ism and the Architecture of Conviviality in Early Modern Iran*, which won the Houshang Pourshariati Book Award in 2009.

سوسن بابائي (ص ٧٨)

متخصصة في الفن وتاريخ العمارة الإسلامي. حصلت على الدكتوراة من معهد الفنون الجميلة في جامعة نيويورك وتعمل حالياً أستاذة زائرة لمادة تاريخ الفن الإسلامي في جامعة ميونيخ. تنكب حالياً على تأليف كتابها عن فن العمارة السكنية والتحول الحضاري للقرن السابع عشر في حلب ودمشق والقاهرة وأصفهان.

من الأعمال التي صدرت لها كتاب "اصفهان وقصورها: الحنكة السياسية، والتشيع والهندسة المعمارية للعيش المشترك في إيران ماقبل الحداثة"، و مُنحت عام ٢٠٠٩ جائزة هوشانغ بورشاريعاتي للكتاب.

Daniel Bachmann (S. 81)

machte sich einen Namen als Regisseur (u. a. *Die Geheimnisse der Xhosas*) und Drehbuchautor (*Der Ranger*), ehe er sich ganz dem Schreiben zuwandte. Seine Reiseberichte (u. a. *Hamburger, Hollywood & Highways*) und Romane (u. a. *Raus aus der Provinz!*) wurden in mehrere Sprachen übersetzt. Daniel Bachmann erhielt unter anderem den Hemingway-Preis der Stadt Triberg, den Münchner Kurzgeschichten-Literaturpreis, den George-Sand-Literaturpreis und den Literaturpreis der Akademie Ländlicher Raum. Er war *Writer in Residence* in zahlreichen europäischen Ländern sowie in Amerika und Australien.

Daniel Bachmann (p. 82)

made a name for himself as a film director (in movies such as *Die Geheimnisse der Xhosas*) and a scriptwriter *(Der Ranger)* before he devoted himself completely to writing. His travelogues (such as *Hamburger, Hollywood & Highways*) and novels (such as *Raus aus der Provinz!*) have been translated into several languages. Some of many awards Daniel Bachmann has won include the Hemingway-Preis of the city of Triberg, the Munich Literature Prize for short stories, the George Sand prize for literature and the Literature prize of the Academy for Rural Areas. He has been a writer-in-residence in numerous European countries as well as in America and Australia.

Eva M. Battis (S. 85)

wurde 1978 in Hamburg geboren, wuchs aber in Hagen auf. Das Architekturstudium mit Schwerpunkt Denkmalpflege an der TU Berlin führte Eva Battis häufig ins Ausland und schließlich nach Syrien: Nach Forschungen für ihre Diplomarbeit im Jahre 2004 arbeitete sie 2005 als Beraterin im Altstadterhaltungsprojekt von Aleppo für die Gesellschaft für Technische Zusammenarbeit (GTZ). Seit ihrer Spezialisierung durch den Studiengang „World Heritage Studies" der BTU Cottbus arbeitet und lehrt sie im Bereich der Denkmalpflege und des Welterbes. Von 2008 bis 2012 war sie in Bahrain unter anderem für das Kulturministerium tätig und ist derzeit Mitarbeiterin im IHM-Institut für Heritage Management in Deutschland.

Eva M. Battis (p. 86)

was born in 1978 in Hamburg, but grew up in Hagen. Her architectural studies focusing on heritage conservation at the Technical University Berlin led Eva Battis often abroad and finally to Syria. After research for her Master's thesis in 2004, she worked as a consultant in 2005 in the historic preservation project of Aleppo for the Society for Technical Cooperation (GTZ). Since her specialization through the program "World Heritage Studies" of the BTU Cottbus Battis has worked and taught in the field of heritage conservation and the World Heritage. From 2008 to 2012 she worked among others for the Ministry of Culture in Bahrain and is currently assistant in the IHM Institute for Heritage Management in Deutschland.

Ilka Beling (S. 89)

wurde in Berlin geboren und lebt auch dort. Nach einer Ausbildung als Wirtschaftsübersetzerin für Englisch und Französisch war Ilka Beling über dreißig Jahre im Bereich Protokoll und Internationale Beziehungen an der TU Berlin tätig. Heute ist sie im Ruhestand.

Ilka Beling (p. 90)

was born and still resides in Berlin. After doing professional training as a professional translator for English and French, Ilka Beling worked for over thirty years in the areas of international relations and protocol at the Technical University of Berlin. She is currently retired.

Stefano Bianca (S. 17/20)

wurde 1941 in Lissabon geboren. Er studierte Architektur an der ETH Zürich und promovierte im Fach Architekturgeschichte. Von 1975 bis 1978 war er Leiter des UNESCO-Projekts für die Erhaltung der Altstadt von Fes, von 1978 bis 1979 Gastprofessor an der ETH Zürich. Zwischen 1979 und 1991 führte Stefano Bianca als freiberuflicher Stadtplaner und *Urban Designer* diverse Stadterhaltungs- und Erneuerungsprojekte in Aleppo, Bagdad, Medina und Kairo durch und widmete sich Forschungen zu historischen islamischen Wohnbauten. Von 1992 bis 2006 war er Direktor des neu gegründeten „Aga Khan Historic Cities Programme" in Genf, das sich mit der baulichen Erhaltung und sozio-ökonomischen Revitalisierung bedeutender Kulturstätten in der islamischen Welt befasst. Seit 2007 ist Stefano Bianca wieder freiberuflich tätig. Er hat zahlreiche Bücher veröffentlicht, dazu gehören unter anderem *Hofhaus und Paradiesgarten – Architektur und Lebensformen der islamischen Welt* und *Urban Form in the Arab World – Past and Present.*

ستيفانو بيانكا (ص ١٨)

ولد عام ١٩٤١ في لشبونه. درس الهندسة المعمارية في جامعة زيوريخ وحصل على الدكتوراه في تاريخ الهندسة المعمارية. من

١٩٧٥ حتى ١٩٧٨ كان رئيساً لمشروع اليونسكو للحفاظ على المدينة القديمة لفاس، ومن ١٩٧٨ حتى ١٩٧٩ أستاذاً زائراً في جامعة زيوريخ. بين عامي ١٩٧٩ و ١٩٩١ أنجز ستيفانو بيانكا كمهندس تخطيط ومصمم مدن، مشاريع تجديد وترميم عديدة في حلب وبغداد والمدينة المنورة والقاهرة. كرس وقته للبحث في تاريخ البناء العمراني الإسلامي. شغل من عام ١٩٩٢ حتى ٢٠٠٦ منصب مدير "برنامج الآغا خان للمدن التاريخية" الذي تأسس حديثاً في جنيف، والذي أهتم بصيانة وتنشيط الهيكلية الرئيسية والإجتماعية والإقتصادية للمواقع الثقافية المهمة في العالم الإسلامي. منذ عام ٢٠٠٧ يعمل ستيفانو بيانكا من جديد كمهندس حر. وقد أصدر العديد من الكتب، منها، فناء البيت وحدائق الجنة - الهندسة المعمارية وأساليب الحياة في العالم الإسلامي وكذلك "النموذج العمراني في العالم العربي - الماضي و الحاضر".

Stefano Bianca (p. 19)

was born in 1941 in Lisbon. He studied architectural studies at the ETH (Swiss Institute of Technology) in Zürich and did his Ph.D. in architectural history. From 1975 to 1978 he was director of the UNESCO project for the preservation of the Old City of Fez, Morocco, and was a visiting professor from 1978 to 1979 at the ETH in Zürich. From 1979 to 1991 Stefano Bianca was responsible as a freelance urban planner and urban designer for various urban preservation and rehabilitation projects in Aleppo, Baghdad, Medina and Cairo, as well as conducting research on traditional housing in the Islamic world. From 1992 to 2006 he was director of the newly established Aga Khan Historic Cities Programme based in Geneva that focuses on the physical preservation and socio-economic revitalization of important cultural sites in the Islamic world. He has worked as a free-lance consultant since 2007 and has published many books such as *Hofhaus und Paradiesgarten – Architektur und Lebensformen in der islamischen Welt* (Munich, 1991 and 2001), *Urban Form in the Arab World – Past and Present* (Zürich, London, New York, 2000).

Ulrich Bormann (S. 93)

wurde 1978 in Krefeld geboren. Er studierte Landeskultur und Umweltschutz in Rostock und reiste im Rahmen seines Studiums 2002 zum ersten Mal nach Syrien. Ein Jahr später verfasste er dort seine Diplomarbeit zur ländlichen Dorfentwicklung in der Umgebung von Damaskus. Im Auftrag des Deutschen Entwicklungsdienstes kehrte Ulrich Bormann Anfang 2008 nach Syrien zurück, um für zwei Jahre bei einem Stadtentwicklungsprojekt in Aleppo beratend tätig zu sein.

Ulrich Bormann (p. 94)

was born in 1978 in Krefeld. He studied land improvement and ecology in Rostock and traveled to Syria in 2002 for the first time as part of his studies. A year later, he wrote his Master's thesis in rural village development there in the vicinity of Damascus. Ulrich Bormann returned to Syria at the beginning of 2008 sent by the German Development Service for work as a consultant in an urban development project in Aleppo.

Xavier Casanovas Boixereu (S. 99)

studierte Architektur und Archäologie. Er ist Leiter der Abteilung „Sanierung und Umwelt" der Architektenvereinigung in Barcelona sowie Professor für Gebäudesanierung an der Polytechnischen Universität Katalonien und der Universität Ramon Llull. Er arbeitet als Gutachter für den Europarat und die UNESCO und ist Mitglied des Internationalen Rates für Denkmalpflege (ICOMOS) sowie Präsident des Verbandes RehabiMed. Xavier Casanovas veröffentlicht Studien zum Thema „Sanierung und städtische Regeneration" und hält dazu auch Vorträge. Er hat an verschiedenen Sanierungsprojekten gearbeitet und mehrere Ausbildungsprojekte in Europa, im Mittelmeerraum und in Lateinamerika organisiert.

خافيير كازانوفاس بويخيرو (ص ١٠٠)

درس الهندسة المعمارية وعلم الآثار. وهو رئيس قسم إعادة التأهيل والبيئة لجمعية المهندسين المعماريين في برشلونه، وأستاذ تجديد الأبنية في جامعة البوليتكنيك في كاتالونيا وجامعة رامون لول. يعمل مستشاراً لمجلس اروبا واليونسكو وعضو في المجلس الدولي للمعالم والمواقع التاريخية، ورئيس رابطة ريهابيمد. نشر خافيير كازانوفاس دراسات حول التجديد والترميم الحضري، وحاضر في هذا الموضوع مراراً. ونظم مشاريع ترميم وكذلك مشاريع تعليمية عدة في أوروبا، و في منطقة البحرالأبيض المتوسط وأمريكا اللاتينية.

Jean-Claude David (S. 23)

ist studierter Geograf und war von 1968 bis 1972 Mitarbeiter am neuen Masterplan der Stadtverwaltung für Aleppo, aus der seine Dissertation „Die Stadtlandschaft von Aleppo" hervorging. Danach holte man ihn in das Team für das erste Sanierungsprojekt der alten Stadtviertel. Als Stipendiat des Französischen Instituts für Arabistik in Damaskus setzte Jean-Claude David seine Forschungsarbeit über die Städte Syriens, die alten Stadtviertel und die traditionelle Architektur der Bürgerhäuser fort. 1985 ging er an das CNRS (Centre national de la recherche scientifique) in Lyon und arbeitet seither als Forscher (mittlerweile im Ruhestand) im Team für Forschungen über den Mittelmeerraum und den Mittleren Osten. Jean-Claude David hat etwa hundert Artikel und mehrere Publikationen über die Städte des Mittleren Ostens, deren räumliche Struktur, die Entwicklung der Lebensweisen sowie den gegenwärtigen Umbruch verfasst.

جان كلود دافيد (ص ٢٣/١٠٤)

درس الجغرافية وعمل في الفترة من عام ١٩٦٨ حتى ١٩٧٢ في الخطة الرئيسية الجديدة لبلدية حلب، والتي على أساسها قدم إطروحته للدكتوراه عام ١٩٧٢ بعنوان "المشهد

الحضري لمدينة حلب". ثم أستدعي ليكون في الفريق الذي عمل في أول مشروع لإعادة تطوير وترميم المدينة القديمة في حلب. وكزميل المعهد الفرنسي للدراسات العربية في دمشق، تابع جان كلود دافيد أبحاثه حول المدن السورية والأحياء القديمة، وفن العمارة للبيوت التقليدية. في ١٩٨٥ عاد إلى ليون للعمل كباحث في "المركز الوطني للبحث العلمي". (حالياً هو متقاعد) وكان عضو فريق البحث المتخصص في منطقة البحر المتوسط والشرق الأوسط. وقد كتب جان كلود دافيد مئات من المقالات والعديد من الكتب حول مدن الشرق الأوسط وبنيتها، وحول تطوير سبل الحياة فيها وحول التغييرات الحالية.

Jean-Claude David (p. 103)

is a trained geographer and from 1968 to 1972 he worked as a member of the team on the new master plan of the city administration for Aleppo, out of which his dissertaion arose, entitled: "The Urban Landscape Of Aleppo". Later, he was called to be part of the team for the first redevelopment project of the old city quarter. As a research fellow of the French Institute For Arab Studies in Damascus, Jean-Claude David continued his research work on the cities of Syria, the old city quarters, and on the traditional architecture of the middle-class houses there. In 1985 he went to the CNRS (Centre national de la recherche scientifique) in Lyon and has worked there since then as a researcher (now in retirement) on the team for research on the Mediterranean Basin and the Middle East. Jean-Claude David has written about hundred articles and several publications about the cities of the Middle East discussing structures of space, development of lifestyles as well as the current change there.

Fouad El-Auwad (S. 25)

wurde 1965 in Damaskus geboren. Er studierte Architektur und promovierte an der RWTH in Aachen. Danach war er als Lehrbeauftragter an der FH Neubrandenburg tätig. Heute lebt und arbeitet Fouad El-Auwad als freier Schriftsteller Lyriker, Erzähler, Übersetzer, Publizist, Herausgeber, Bildender Künstler in München und leitet den „deutsch-arabischen Lyrik-Salon", den er 2005 gegründet hat und seitdem in mehreren Städten organisiert. Neben zahlreichen eigenen Gedicht- und Prosabänden (zuletzt erschienen u. a. in 2. bzw. 3. Auflage der Gedichtband *mit den buchstaben unterwegs* sowie *buch der momente)* sind von ihm diverse Bücher unterschiedlicher Genres sowohl ins Deutsche als auch ins Arabische übersetzt und herausgegeben worden. Beiträge in renommierten Anthologien und Zeitschriften. Er arbeitet für verschiedene deutsche Zeitungen und Rundfunkanstalten. Als Übersetzter und Herausgeber veröffentlichte Foud El-Auwad bisher sechs zweisprachigen Anthologien im deutsch-arabischen Lyrik-Salon, zuletzt *die kerze brennt noch* (2014) und *zartheit des feuers* (2015).

فؤاد آل عوّاد (ص ٢٦)

من مواليد دمشق ١٩٦٥. شاعر، فنان تشكيلي، مترجم وناشر، دَرَس في جامعة "آخن" الفنون المعمارية وقدّم أطروحة الدكتوراه في هذا المجال فيما بعد دَرَّس لسنين طويلة في جامعة "نوي براندن بورغ" كأستاذ محاضر. ساهم مع بعض الكتّاب المنحدرين من أصول غير ألمانية وممن تبنوا اللغة الألمانية لغة أدبية، في تكوين لغة شعرية غير تقليدية، بعيدة عن مواضيع الغربة الكلاسيكية المهجرية. في قصائده مزج بين روح الشرق الغنائية وهيكلية الغرب الفلسفية. يعد من الأسماء المهمة في الأدب الألماني المعاصر. أسس سنة ٢٠٠٥ صالون الشِعر الألماني العربي في مدينة ميونخ وما زال إلى الآن يديره وينظمه في عدة مدن ألمانية. يعمل للصحافة الألمانية. صدرت له عدة دوواوين شعرية باللغة الألمانية وتُرجم منها إلى العربية وإلى عدة لغات أخرى. أخر مؤلفاته "مع الأحرف على الطريق" الطبعة الثانية و "كتاب اللحظات" الطبعة الثالثة. ومن ترجماته واصداراته في صالون الشِعر الألماني العربي أنطلوجية "لاتزال الشمعة مشتعلة" ٢٠١٤ و "نعومة النار" ٢٠١٥.

Zeina M. El-Cheikh (S. 107)

wurde 1979 in Nancy geboren. Heute lebt und arbeitet sie in Syrien. Sie war an der technischen Dokumentation archäologischer Ausgrabungen des Directorate General of Antiquities and Museums (DGAM) beteiligt, hat als Architektin im Bureau d'Études et d'Entreprises Générales (BÉEG) gearbeitet und ist seit 2007 Vertreterin der General Company for Engineering and Consulting (GCEC). Von 2008 bis 2011 war sie als Beraterin bei der Deutschen Gesellschaft für Technische Zusammenarbeit (GTZ) tätig. Zeina M. El-Cheikh ist Mitglied des Beratungsausschusses Adventures in Preservation (AiP) und des Forums UNESCO University and Heritage Networks (FUUH). Bei internationalen Veranstaltungen hat sie Vorträge zum Thema Denkmalschutz gehalten. Ihre Artikel werden in syrischen, französischen und libanesischen Printmedien veröffentlicht.

Zeina M. El-Cheikh (p. 107)

was born in Nancy in 1979. Today she lives and works in Syria. She took part in the technical documentation of archaeological excavations of the Directorate General of Antiquities and Museums (DGAM) and has worked as an architect in the Bureau d'Études et d'Entreprises Générales (BÉEG), and from 2007 to the present at the General Company for Engineering and Consulting (GCEC). From 2008 to 2011 she has been a consultant at the German Society for Technical Cooperation (GTZ). Zeina M. El-Cheikh is a member of the advisory board of Adventures in Preservation (AiP) and of the Forum UNESCO University and Heritage Network (FUUH). She has given presentations at international events on the topic of the protection of historical monuments. Her articles are available in Syrian, French, and Lebanese publications.

Hussein I. El-Mudarris (S. 29)

ist ein Historiker, der sich auf die osmanische Zeit spezialisiert hat. Von 1997 bis 2009 war er Honorarkonsul der Niederlande in Aleppo. Er arbeitet als Fotograf, sammelt aber auch Kunst und alte, vor allem ikonografische Dokumente. Seit mehreren Jahren organisiert er regelmäßig Ausstellungen und hat in Zusammenarbeit mit Olivier Salmon zahlreiche Bücher über Aleppo und Syrien veröffentlicht. Dazu gehören u. a. *Les Relations entre les Pays-Bas et la Syrie ottomane au XVIIe siècle* (2007), *Le Consulat de France à Alep au XVIIe siècle* (2009), *Alep sous le consulat de Henri Guys* (2009) und *Voyage en Orient de Guillaume II en 1898* (2010).

Hussein I. El-Mudarris (p. 30/109)

is an historian specialized in the period of the Ottoman Empire. From 1997 to 2009 he was honorary consul of the Netherlands in Aleppo. He works as a photographer, but he also collects art and old, particularly iconographic documents. For several years now he has organized regular exhibitions and, in cooperation with Olivier Salmon, published numerous books on Aleppo and Syria. Some of these include: *Les Relations entre les Pays-Bas et la Syrie ottomane au XVIIe siècle* (2007), *Le Consulat de France à Alep au XVIIe siècle* (2009), *Alep sous le consulat de Henri Guys* (2009) and *Voyage en Orient de Guillaume II en 1898* (2010).

حسين المدرس (ص ١١٠)

مؤرخ متخصص في الفترة العثمانية. شغل من ١٩٩٧ إلى ٢٠٠٩ منصب القنصل الفخري لهولندا في حلب. يعمل مصوراً، ولكنه يجمع أيضاً الأعمال الفنية القديمة، والوثائق الخاصة بالإيقونات. منذ سنوات يقوم بتنظيم المعارض، وأصدر بالتعاون مع أوليفييه سالمون العديد من الكتب عن حلب وسوريا. منها على سبيل المثال "علاقة هولندا بسوريا العثمانية في القرن السابع عشر" (٢٠٠٧)، "القنصليات الفرنسية في حلب في القرن السابع عشر" (٢٠٠٩) و"رحلة غليوم الثاني عام ١٨٨٩ الى الشرق" (٢٠١٠).

Jörg Esefeld (S. 113)

wurde 1960 geboren, studierte Architektur und Stadtplanung an der Universität Stuttgart und war nach dem Diplom Assistent und wissenschaftlicher Mitarbeiter an der ETH Zürich (ORL-Institut). Danach hatte Jörg Esefeld zeitweise Lehraufträge an der Universität Stuttgart, den Fachhochschulen Nürtingen und Stuttgart und hielt Gastkritiken an verschiedenen anderen Hochschulen. Von 2003 bis 2009 war er Berater für den Aga Khan Trust for Culture (AKTC) in Aleppo und zeitweise Khorog (Tadschikistan). Jörg Esefeld lebt und arbeitet als Architekt, Stadtplaner und Verleger in Stuttgart.

يورغ اسيفيلد (ص ١١٤)

ولد عام ١٩٦٠، درس الهندسة المعمارية وتخطيط المدن في جامعة شتوتغارت، عمل بعد حصوله على الدبلوم كمعيد وباحث في جامعة زيوريخ. من بعد عمل أحياناً في التدريس في جامعة شتوتغارت ونورتيغن وكذلك كناقد ضيف في العديد من الجامعات الأخرى. من ٢٠٠٣ إلى ٢٠٠٩ كان مستشاراً لمؤسسة الآغا خان للثقافة في حلب، وأحياناً في خوروغ (طاجيكستان). يورغ اسيفيلد يعمل كمهندس معماري، ومخطط مدن، وناشر في شتوتغارت.

Khaldoun Fansa (S. 33)

ist als beratender Architekt in Aleppo tätig und hat mehrere Sanierungsprojekte in der Altstadt von Aleppo durchgeführt. Er war einer der Gründer des Revitalisierungsprojekts für die Altstadt Aleppos und zwischen 1993 und 2001 im Auftrag der GTZ für die Residents Loaning Funds zuständig. In den Jahren 2000 und 2006 wirkte er bei den deutschen Ausstellungen „Damaskus – Aleppo: 5000 Jahre Stadtgeschichte in Syrien" und „Saladin und die Kreuzfahrer" mit. Khaldoun Fansa hat mehrere Schriften zur Altstadt von Aleppo veröffentlicht und arbeitete zwischen 2000 und 2008 als Berater des Aga Khan Trust for Culture. Er war 2006 eines der Gründungsmitglieder des Vereins Aleppo Citadel Friends und veröffentlichte das Jugendbuch *The Preserved Heritage*.

Khaldoun Fansa (p. 33)

is a consulting architect from Aleppo, who managed several restoration projects in the Old City of Aleppo. He was one of the founders of "The Old City of Aleppo Rehabilitation Project" and was selected by GTZ to establish and manage the "Residents Loaning Funds" between 1993 and 2001. He was a contributor to the German exhibitions "Damascus – Aleppo: 5000 Years of Civic Development" in 2000, and "Saladin and The Crusaders" in 2006. Khaldoun Fansa presented and published several papers related to the Old City of Aleppo and worked as a consultant to the Aga Khan Trust for Culture between 2000 and 2008. He was a founding member of Aleppo Citadel Friends Society in 2006, and published the youth book *The Preserved Heritage*.

Anette Gangler

ist Architektin und Stadtplanerin mit langjähriger Erfahrung in der Stadt- und Regionalplanung in Deutschland und der arabisch-muslimischen Welt. Im Mittleren Osten war sie an einer Reihe von städtebaulichen Entwicklungsmaßnahmen und Stadterneuerungsprojekten beteiligt. Ihr ganz besonderes Engagement galt der Mitarbeit in einem Projekt zur Erhaltung der historischen Altstadt von Aleppo in Syrien. Am Städtebau-Institut der Universität Stuttgart ist Anette Gangler in Forschung und Lehre vor allem im Bereich Stadtplanung tätig. Die Entwicklung der orientalischen Stadt und die

Bewahrung des kulturellen Erbes bilden dabei ihren besonderen Schwerpunkt. Anette Gangler hat mehrere Bücher und eine Vielzahl an Artikeln zum Thema publiziert.

Anette Gangler

is a registered architect and urban planner with many years of experience in urban and regional planning in Germany and the Arab-Muslim world. She has been involved in a series of urban development measures and urban renewal projects in the Middle East. Her very special involvement has been in collaborating on a project to preserve the historic city of Aleppo in Syria. Anette Gangler works at the Urban Development Institute of the University of Stuttgart in research and teaching, especially in the field of urban planning. The development of the Oriental city and the preservation of cultural heritage are her particular focus. Anette Gangler has published several books and numerous articles on the topic.

أنيته غانغلر

مهندسة معمارية ومخططة مدن. لديها سنوات من الخبرة في مجال التخطيط الحضري والإقليمي في ألمانيا والعالم العربي والإسلامي. شاركت في مشاريع عدة في مجال التنمية و التجديد الحضري في العديد من بلدان الشرق الأوسط. ساهمت بشكل خاص في مشروع الحفاظ على المدينة القديمة في مدينة حلب السورية. تعمل أنيته غانغلر كباحثة واستاذة في معهد التخطيط العمراني في جامعة شتوتغارت، متخصصة في مجال التخطيط الحضري. مع التركيز على موضوع تطوير المدينة الشرقية والحفاظ على التراث. وقد نشرت أنيته غانغلر عدة كتب والعديد من المقالات حول هذا الموضوع.

Siegfried Gaß (S. 117)

wurde 1955 in Albstadt geboren. Nach einem Architekturstudium an der Universität Stuttgart und der Königlichen Kunstakademie in Kopenhagen war er von 1984 bis 1990 wissenschaftlicher Mitarbeiter am Institut für leichte Flächentragwerke der Universität Stuttgart unter der Leitung von Frei Otto. 1990 promovierte Siegfried Gaß und gründete ein eigenes Architekturbüro mit Schwerpunkt leichte Flächentragwerke. Von 1990 bis 1993 war er freier Mitarbeiter im Architekturbüro plus+ von Peter Hübner mit dem Schwerpunkt Bauen mit Kindern und Jugendlichen. Seit 1995 ist Siegfried Gaß Professor für Baukonstruktion und Entwerfen an der Hochschule für Wirtschaft und Umwelt Nürtingen-Geislingen.

Siegfried Gaß (p. 117)

was born in Albstadt, Germany, in 1955. After studying architecture at the University of Stuttgart and at the Royal Art Academy in Copenhagen he was a research assistant from 1984 to 1990 at the Institute for Light Plane Load-Bearing Structures of the University of Stuttgart under the direction of Frei Otto. Siegfried Gaß completed his doctorate in 1990 and started his own architecture office specializing in light plane load-bearing structures. From 1990 to 1993 he was also a free-lancer at the architectural office plus+ of Peter Hübner with the special emphasis of building with children and young people. Since 1995 Siegfried Gaß has been Professor for Building Construction and Design at the College for Business and Environment in Nürtingen-Geislingen.

Heinz Gaube (S. 119)

wurde 1940 geboren. Er absolvierte eine Optikerlehre und studierte ab 1965 Islamkunde, Iranistik, Semitistik, Kunstgeschichte, Klassische Archäologie und Theologie (Altes Testament) in Hamburg, Wien, Leningrad, Beirut und London, 1970 promovierte er in Hamburg. Danach begab er sich als wissenschaftlicher Referent und später als Forschungsstipendiat an das Orient-Institut der Deutschen Morgenländischen Gesellschaft in Beirut. 1976 habilitierte er sich an der Universität Frankfurt/Main. Heinz Gaube war Gastprofessor an Universitäten in den USA, Großbritannien und Jordanien, bevor er 1978 auf die Professur für Irankunde an der Universität Tübingen berufen wurde. 1981 war er Professor für Geschichte, Theorie und Kritik der islamischen Architektur und Urbanistik am MIT (Cambridge, Mass., USA). Heinz Gaube hat zahlreiche Bücher, Aufsätze und Fachbeiträge verfasst und ist Mitherausgeber der Zeitschriften bzw. Serien *Baal* (Beirut), *Muqarnas* (Cambridge, Mass.), *Res Orientalis* (Paris) und *Environmental Design* (Rom).

Heinz Gaube (p. 121)

was born in 1940 and after completing professional training as an optometrist, in 1965 he began studying Islam and Iran studies, Semitic studies, art history, classical archaeology, and theology (Old Testament) in Hamburg, Vienna, Leningrad, Beirut, and London, completing his doctorate in Hamburg in 1970. Later he went to Beirut first as an academic instructor and later as a research fellow at the Oriental Institute of the German Oriental Society (Deutsche Morgenländische Gesellschaft). In 1976 he qualified as a university lecturer at the University of Frankfurt/Main. Heinz Gaube was a guest professor at universities in the U.S., Great Britain, and Jordan before being called as Professor for Iran Studies at the University of Tübingen in 1978. In 1981 he was Professor for History, Theory, and Criticism of Islamic Architecture and Urban Studies at MIT (Cambridge, Mass., U.S.A.). Heinz Gaube has written numerous books, essays, and professional journal articles and is Co-Editor of the following periodicals and series: *Baal* (Beirut), *Muqarnas* (Cambridge, Mass.), *Res Orientalis* (Paris) and *Environmental Design* (Rome).

M. Ammar Ghazal (S. 125)

studierte Bauingenieurwesen an der Universität von Damaskus und schloss das Studium mit einem Bachelor of Science ab. Von 1992 bis 2003 arbeitete er in der Stadtverwaltung von Aleppo, danach war er bis 2010 als Direktor für das Projekt zur Rehabilitation der Altstadt von Aleppo tätig. In diesem Rahmen arbeitete er mit der GTZ, dem Aga Khan Trust for Culture und dem Arab Fund for Economic and Social Development zusammen. M. Ammar Ghazal engagiert sich für soziale und kulturelle Projekte und ist weltweit als Gastredner an verschiedenen Universitäten tätig. Seit 2011 arbeitet er freischaffend als Experte der Stadterhaltung.

M. Ammar Ghazal (p. 125)

studied civil engineering at the University of Damascus and graduated with a Bachelor of Science degree. From 1992 to 2003 he worked for the city administration of Aleppo. Later, until the year 2010, he worked as the director for the project for the restoration of the historic city center (Old City) of Aleppo. In this capacity he worked together with the German Technical Cooperation (GTZ), the Aga Khan Trust For Culture and the Arab Fund for Economic and Social Development. M. Ammar Ghazal is involved in social and cultural projects and gives guest lectures worldwide at different universities. Since 2011 he has worked as an independent expert for city preservation.

Kathleen Göbel (S. 127)

studierte Germanistik, Orientalistik, Turkologie, Kunstwissenschaft und Psychologie. Sie arbeitet als Autorin, Herausgeberin, Fotografin und Kunstschaffende an Projekten im interkulturellen und interreligiösen Bereich sowie als Übersetzerin zahlreicher Werke aus Kleinasien und dem Vorderen Orient. Sie gilt als anerkannte Spezialistin dieser Kultur und Literatur. Kathleen Göbels Leben ist vom Reisen geprägt. Während eines einjährigen Aufenthalts in der Türkei begann sie, anatolische Geschichten zu sammeln und aufzuschreiben, später folgten Volkserzählungen und Überlieferungen aus der islamischen Tradition. Zu ihren Werken gehören u. a. *In dir liegt der verborgene Schatz – Anatolische Derwischgeschichten*, *Mullah Nasrudin – Orientalische Eulenspiegeleien I & II*, *Mullah Nasrudin – The Wise Fool* und *Gottes geheimer Name – Eine Reise ins Herz des Islam.*

كاتالين غوبل (ص ١٢٨)

درست الأدب الألماني والعلوم الشرقية والتركية، وعلوم الفن وعلم النفس. عملت ككاتبة ومصورة ومحررة وفنانة في مشاريع التواصل بين الثقافات والأديان، كذلك كمترجة لأعمال كثيرة من آسيا الصغرى والشرق الأوسط. فهي متخصصة في هذه الثقافة والأدب. حياة كاتالين غوبل مطبوعة بالترحال. أثناء إقامتها لمدة عام في تركيا بدأت بجمع وتدوين قصص من الأناضول، ثم في وقت لاحق جمعت الحكايات الشعبية من التراث الإسلامي."من بين أعمالها"، على سبيل المثال "عندك يكمن الكنز الدفين"، "قصصص الدراويش من الأناضول"،"الملا نصر الدين، والأحمق الحكيم وأسم سر الله، ورحلة في قلب الإسلام".

Thierry Grandin (p. 131)

was born in Paris in 1956, where he later studied architecture and urban planning. After work in the respective offices of Safarti, Le Caisne and Marcel Breuer in Paris, he taught at the University of Aleppo from 1982 to 1984. Since then he has lived and worked in Syria and currently works as a partner and design architect for Conception & Construction Consultants. Thierry Grandin had an active role in the Project for the Revitalization of the Old City Center of Aleppo and he participated in several missions in the "Dead Cities of Northern Syria" with the French Institute of Archaeology in the Near East. Since 1999 he has worked as Project Manager for the Aga Khan Trust for Culture on the restoration of the Salah ad-Din fortress, the citadels of Aleppo and Masyaf and on the development of free space around the Citadel of Aleppo. He has also published many articles on the history of Syria's architecture, particularly that of Aleppo.

تييري غراندين (ص ١٣٢)

ولد عام ١٩٥٦ في باريس، حيث درس في وقت لاحق الهندسة المعمارية وتخطيط المدن. بعد أن عمل في مكاتب سارفاتي وليكاين ومارسيل بروير في باريس. درّس من عام ١٩٨٢ - ١٩٨٤ في جامعة حلب ومنذ ذلك الحين يعيش ويعمل في سوريا، وهو شريك ومهندس تصميم لشركة للتصميم والإستشارات المعمارية. عمل تييري غراندين في مشروع لتنشيط المدينة القديمة في حلب، وتعاون مع المعهد الفرنسي لعلم الآثار في الشرق الأوسط في القيام بدراسات أثرية حول "المدن الميتة" في شمال سوريا مثل داحس والقديس سمعان. يعمل منذ عام ١٩٩٩ كمدير مشروع لمؤسسة الآغا خان للثقافة في ترميم قلعة صلاح الدين, قلعة حلب, قلعة مصياف وتطوير الفضاء المفتوح حول قلعة حلب. له العديد من الدراسات في تاريخ سوريا المعماري بشكل خاص مدينة حلب.

Abdullah Hamouch (S. 137)

wurde 1969 in Aleppo geboren. Er studierte Architektur in Aleppo und in Stuttgart. Von 1992 bis 2005 lebte er in Deutschland und arbeitete als Architekt. Seit 2006 ist er in den Vereinigten Arabischen Emiraten für einen deutschen Baukonzern tätig. Als Mitgründer und Mitglied in mehreren deutsch-syrischen Vereinen engagierte er sich ehrenamtlich in der Kulturarbeit. Seiner Geburtsstadt Aleppo sind die meisten seiner Aquarelle gewidmet.

عبدالله حموش (ص ١٣٨)

ولد عام ١٩٦٩ في حلب. درس الهندسة المعمارية في حلب و شتوتغارت. عاش من عام ١٩٩٢ حتى ٢٠٠٥ في ألمانيا وعمل كمهندس معماري. منذ عام ٢٠٠٦ يعيش في دولة الإمارات العربية المتحدة، حيث يعمل لحساب شركة بناء ألمانية. عضو ومشارك في تأسيس جمعيات ألمانية سورية عدة، حيث نشط في المجال الثقافي التطوعي. كرس لمدينته حلب اكثر رسوماته المائية.

Stefan Heidemann (S. 143)

wurde 1961 in Westfalen geboren. Er studierte Islamwissenschaften, Volkswirtschaft und Geschichte in Regensburg, Berlin, Damaskus und Kairo. 1991 promovierte er mit dem Thema „Das aleppiner Kalifat 1261". Die Mitarbeit an archäologischen Grabungen führte Stefan Heidemann seit 1993 oft nach Aleppo. Von 1994 bis 2010 lehrte er an der Friedrich-Schiller-Universität in Jena, zwischen 2006 und 2010 nahm er *Fellowships* und Gastprofessuren im Vorderen Orient und in den USA wahr. Seit 2010 arbeitet er als *Associate Curator* für islamische Kunst am Metropolitan Museum of Art und lehrt als Professor am Bard Graduate Center in New York.

شتيفان هايدمان (ص ١٤٤)

ولد عام ١٩٦١ في فيستفاليا. درس العلوم الإسلامية والإقتصاد والتاريخ في ريجنسبورج ودمشق وبرلين والقاهرة. حصل عام ١٩٩١ على الدكتوراه في موضوع "الخلافة في حلب عام ١٢٦١". من خلال عمله في الحفريات الأثرية يسافر شتيفان هايدمان منذ عام ١٩٩٣ بكثرة إلى حلب. عمل من عام ١٩٩٤ حتى ٢٠١٠ أستاذاً في جامعة فريدريش شيلر في ينا و بين عامي ٢٠٠٦ و ٢٠١٠ كان أستاذاً زائراً في الشرق الأوسط والولايات المتحدة. منذ عام ٢٠١٠ يعمل كمعاون مُنسق في قسم الفن الإسلامي في متحف متروبوليتان للفنون وكأستاذ في مركز دراسات بارد في نيويورك.

Dalal Heikal (S. 147)

stammt aus einer angesehenen Familie aleppinischer Kaufleute. Sie war eine der ersten syrischen Frauen, die ein Hochschulstudium absolvierten. 1953 erlangte sie den Bachelor in Kunst und Englischer Literatur am Frauen-College der Amerikanischen Universität Beirut.

Dalal Heikal (p. 147)

is from a respected family of Aleppine merchants. She was one of the first Syrian women to graduate from college, receiving her Bachelor's degree in 1953 in art and English literature at the Women's College of the American University in Beirut.

Mahmoud Heretani (S. 149)

wurde 1924 geboren. Er studierte Literatur, Erziehungswissenschaften und Jura in Damaskus und Aleppo sowie Islamische Studien und Kultur an der Universität Lyon. Von 1952 bis 1963 arbeitete er in Aleppo in der Lehrerausbildung, von 1963 bis 1969 an der Kunstfakultät der Universität Aleppo und von 1969 bis 2005 am Wissenschaftskolleg Arabisches Erbe und an der Architekturfakultät. Von 1969 bis 1980 war Mahmoud Heretani Direktor des Museums für die nördlichen Regionen Syriens und von 1980 bis 1989 Direktor des Museums für traditionelle Volkskunst in Aleppo. Seit 1969 beteiligt er sich in einer Reihe internationaler Verbände und Gesellschaften an der wissenschaftlichen Forschung, darunter der Syrischen Gesellschaft für Wissenschaftsgeschichte, der Deutschen Historischen Gesellschaft und der Internationalen Museumsgesellschaft. Mahmoud Heretani ist Autor mehrerer Reiseführer und Bücher über Aleppo.

Mahmoud Heretani (p. 150)

was born in 1924 and studied literature, education, and law in Damascus and Aleppo as well as Islamic studies and culture at the University of Lyon. From 1952 until 1963 he worked in Aleppo in teacher training, from 1963 to 1969 in the Department of Art at the University of Aleppo, and from 1969 to 2005 at the Science college of Arabic heritage and in the Architecture department. Mahmoud Heretani was director of the Museum for the Northern Regions of Syria from 1969 until 1980 and director of the Museum for Traditional Folklore Art in Aleppo from 1980 to 1989. Since 1969 he has contributed to a series of international associations and societies in academic research, among them the Syrian Society for the History of Science, the German Historical Society, and the International Museum Society. Mahmoud Heretani is the author of several travel guides and books about Aleppo.

Ludwig Huber (S. 140)

(1946–2015) studierte an der Akademie der Bildenden Künste und an der Ludwig-Maximilians-Universität in München. Von 1973 bis 2009 war er als Kunsterzieher an einem Gymnasium in München tätig, zuletzt als Studiendirektor. Über 30 Jahren lang reiste Ludwig Huber in Länder des arabischen Kulturraums, ab 1981 jedes Jahr nach Syrien. Ab 2005 war er Vorstandsmitglied des Fördervereins „Freunde der Altstadt von Aleppo". Ludwig Huber war Autor mehrerer Filmdokumentationen über Syrien und Aleppo.

Ludwig Huber (p. 140)

(1946–2015), studied at the Academy of Fine Arts and at the Ludwig-Maximilians-Universität in Munich. From 1973 to 2009 he was an art teacher at a high school in

Munich, ending his tenure there as academic vice-principal. For more than thirty years he traveled in Arab countries, including annual trips to Syria since 1981. From 2005 he served on the board of the supporting association "Friends of Historic Aleppo". Ludwig Huber was the author of several film documentaries on Syria and Aleppo.

Faisal Khertesh (S. 155)

wurde 1952 in Aleppo geboren. Er studierte arabische Literatur und Pädagogik in Aleppo und Damaskus. Faisal Khertesh ist Autor einer Reihe von Erzählbänden, Romanen, Drehbüchern und TV-Filmen. Seine bekanntesten Romane sind *Kurzabriss der Geschichte des Paschas* und *Khan Al Zaitoun*. Außerdem beschäftigte er sich mit der armenischen Frage und verfasste darüber zwei Romane.

فيصل خرتش (ص ١٥٦)

ولد في مدينة حلب عام ١٩٥٢ ونشأ فيها. درس اللغة العربية وآدابها في جامعة حلب والتربية في جامعة دمشق. حصل على دبلوم في اللغات الشرقية القديمة عام ١٩٨٣. أصدر فيصل خرتش العديد من المجموعات القصصية القصيرة والروايات وكتب السيناريوهات للعديد من الأفلام التلفزيونية. من رواياته المعروفة "موجز تاريخ الباشا" و "خان الزيتون". شغلته القضية الأرمنية، فكتب روايتين حول الموضوع.

Holger Kuhle (S. 159)

wurde 1968 geboren. Er promovierte in Stadt- und Regionalsoziologie und lebte bis 2009 für zweieinhalb Jahre in Aleppo. Dort war er in der Altstadt zur lokalen Wirtschaftsförderung für die deutsche Entwicklungszusammenarbeit tätig. Anschließend lebte er in Tunis, wo er ebenfalls für die deutsche Entwicklungszusammenarbeit arbeitete, in einem Programm zum Thema „Innovation und Unternehmertum“. Zurzeit befindet sich sein Lebensschwerpunkt in Paris, wo er im Büro des United Nations Sustainable Solutions Network tätig ist. Seine Veröffentlichungen beziehen sich auf Themen der Stadtentwicklung, der lokalen und regionalen Entwicklung sowie auf Fragen der Wirtschaftsentwicklung.

Holger Kuhle (p. 160)

was born in 1968. He received his Ph.D. in urban and regional sociology and lived for two and a half years in Aleppo until 2009. There he worked in the old city for local economic development for the German Development Cooperation. Thereafter he lived in Tunis, where he also worked for the German Development Cooperation in a program on "Innovation and Entrepreneurship". Currently, his life focus is in Paris, where he works in the office of the United Nations Sustainable Solutions Network. His publications relate to topics of urban development, local and regional development as well as to issues of economic development.

Franziska Laue (S. 163)

hat ein Diplom der Architektur (TU Berlin) sowie einen Master of Science Integrated Urbanism and Sustainable Design (IUSD) der Universität Stuttgart/Ain-Shams-Universität in Kairo. Seit 2008 hat sie in Kooperationsvorhaben der GIZ zu Stadtentwicklung in Damaskus (2007), Altstadtsanierungsvorhaben in Aleppo (2005, 2007–2011) und Kairo (2013) gearbeitet. Franziska Laue ist momentan in der Forschung und Lehre an der Universität Stuttgart tätig und aktives Mitglied des Vereins der Freunde der Altstadt von Aleppo e. V.

Franziska Laue (p. 164)

has a diploma of Architecture (TU Berlin) and a Master of Science degree in Integrated Urbanism and Sustainable Design (IUSD) from the University of Stuttgart in cooperation with the Ain Shams University in Cairo. Since 2008 she has worked in cooperation projects of the GIZ for Urban Development in Damascus (2007) and in urban renewal projects in Aleppo (2005, 2007–2011) and Cairo (2013). Franziska Laue is currently engaged in research and teaching at the University of Stuttgart and is an active member of the Friends of the Old City of Aleppo e. V.

Anja Massoth (S. 167)

wurde 1968 in Worms geboren. Sie studierte Theaterwissenschaft, Publizistik, Spanisch und Französisch in Wien und arbeitete anschließend einige Jahre als Dramaturgin für Theater und Fernsehen. Seit 2004 ist sie freiberuflich tätig als Autorin für TV-Serien. Darüber hinaus lektoriert Anja Massoth Drehbücher für die Medien- und Filmgesellschaft Baden-Württemberg und ist Dozentin für Drehbuchschreiben an der Universität Wien. Von ihr sind zwei Kinder- und Jugendbücher erschienen.

Anja Massoth (p. 168)

was born in 1968 in Worms. She studied theater, journalism, Spanish, and French in Vienna, and later worked several years as a dramatic advisor for theater and television. Since 2004 she has worked as a free-lance author for TV series. Besides this Anja Massoth also proofreads scripts for the media and film society of Baden-Württemberg and is a lecturer for scriptwriting at the University of Vienna. She has published two children's and youth books.

Marianne Massoth (S. 167)

wurde 1937 geboren. Sie arbeitete nach Abschluss der Höheren Handelsschule in der Buchhaltung des Mannheimer Modehauses Mages. Nach der Geburt ihrer Kinder kümmerte sie sich um die buchhalterischen und kaufmännischen Belange im Betrieb ihres Mannes. 1978 bot sich die Gelegenheit, in einem Reisebüro mitzuarbeiten. Schließlich übernahm und leitete die schon immer Reisebegeisterte das Büro mit mehreren Angestellten als Geschäftsführerin bis zu ihrem Ruhestand 2003, den sie eher als „Unruhestand" bezeichnet. Denn auch nach 25 Jahren in der Reisebranche kann sie nicht genug davon bekommen, andere Länder, Menschen und Kulturen kennenzulernen.

Marianne Massoth (p. 168)

was born in 1937 and, upon completion of her business degree, worked in the accounting department of the fashion boutique Mages in Mannheim. After her children were born she took care of the bookkeeping and management affairs in her husband's company. In 1978, she got the opportunity to work in a travel agency. Finally, always excited about travel, she became the manager of this travel agency with several employees until retiring in 2003. However, she considers her retirement a bustle of activity because, after 25 years in the travel business, she can not get enough of it, getting to know other countries, cultures, and people.

Wolfgang Mayer (S. 173)

studierte von 1969 bis 1973 in Innsbruck und Stuttgart Architektur und Bauforschung. Von 1975 bis 1981 war er wissenschaftlicher Referent am Deutschen Archäologischen Institut Kairo und zu dieser Zeit auch im UNESCO-Team zur Restaurierung des mittelalterlichen Kairos. 1981 wechselte Wolfgang Mayer zum Landesdenkmalamt Baden-Württemberg und war als Konservator für verschiedene Landkreise verantwortlich. 1991 wurde er Hauptkonservator, verantwortlich für die Denkmalpflege in Stuttgart. Neben seiner Lehrtätigkeit an der Stuttgarter Universität lehrte Wolfgang Mayer von 1998 bis 2005 als Gastprofessor an der archäologischen Fakultät der Universität Kairo Denkmalpflege und Archäologie. Daneben war er als Berater, Projektkoordinator und Forscher für das Deutsche Archäologische Institut, den Deutschen Akademischen Austauschdienst (DAAD), die Gesellschaft für Internationale Zusammenarbeit (GIZ) und die Aga Khan Foundation tätig. Von 2005 bis 2011 leitete Wolfgang Mayer das Auslandbüro Kairo der Hanns-Seidel-Stiftung. Er ist unter anderem Mitglied von ICOMOS International und Autor zahlreicher Veröffentlichungen zu denkmalpflegerischen Problemen und Maßnahmen in verschiedenen Ländern des Mittelmeerraums und in Deutschland.

فولفغانغ ماير (ص ١٧٤)

درس في انسبروك وشتوتغارت الهندسة المعمارية وبحوث البناء وتخرج سنة ١٩٧٣. من ١٩٧٥ إلى ١٩٨١ كان زميل أبحاث في معهد الآثار الألماني في القاهرة، وفي الوقت نفسه كان عضو فريق اليونسكو لترميم القاهرة في العصور الوسطى. من بعد انتقل إلى إدارة الآثار في مقاطعة بادن فوتنبرغ وكان مسؤولا عن مناطق مختلفة. ومنذ ١٩٩١ أصبح مسؤولا عن قسم الحفاظ على الآثار في مدينة شتوتجارت. من ١٩٩٨ إلى ٢٠٠٥ قام بتدريس علوم الآثار في كلية الآثار في جامعة القاهرة، إضافة إلى ذلك عمل مستشارا ومنسق مشروع وباحثا في المعهد الألماني للآثار، والهيئة الألمانية للتبادل العلمي (DAAD)، وجمعية للتعاون الدولي (GIZ) ومؤسسة الآغا خان. ومن ٢٠٠٥ إلى ٢٠١١ ترأس المكتب الخارجي لمؤسسة هانس زايدل في القاهرة. ونشرالعديد من الدراسات حول الحفاظ على الآثار في مختلف بلدان منطقة البحرالأبيض المتوسط، وألمانيا.

Günter Meinert (S. 35)

wurde 1957 in Werne geboren. Er studierte Raum- und Umweltplanung und verfügt über umfangreiche Berufserfahrung im Bereich Dezentralisierung, Kommunal- und Stadtentwicklung in Entwicklungsländern. 2007 wurde er von der Deutschen Gesellschaft für Technische Zusammenarbeit (GTZ) als Berater zur „Cities Alliance – Cities without Slums" nach Washington entsandt. Zuvor war Günter Meinert bei der GTZ Kompetenzfeldleiter im Bereich Dezentralisierung, Regional- und Stadtentwicklung und mehrere Jahre in Kolumbien und Bolivien tätig. 2008 wurde er von der Technischen Universität Berlin zum Honorarprofessor für Stadtmanagement ernannt.

غونتر ماينرت (ص ٣٦)

ولد عام ١٩٥٧ في فيرنا. درس تخطيط الفضاء والبيئة، ويتمتع بخبرة مهنية واسعة في مجال اللامركزية وتطوير البلديات والمدن في البلدان النامية. في عام ٢٠٠٧ أرسلته الوكالة الألمانية للتعاون الفني (GTZ) إلى واشنطن كمستشار لـ "تحالف المدن - مدن بلا أحياء فقيرة". قبل ذلك عمل غونتر ماينرت مع الوكالة الألمانية للتعاون الفني (GTZ) وترأس قسم العمل في مجال اللامركزية والتنمية الإقليمية والحضرية لعدة سنوات في كولومبيا وبوليفيا. في عام ٢٠٠٨ تم تعيينه من قبل جامعة برلين التقنية كأستاذ فخري في الإدارة الحضرية.

Claudia Mende (S. 177)

wurde in Köln geboren und wuchs in den USA, Frankreich, Jordanien und Ägypten auf. Nach dem Abitur an der Deutschen Evangelischen Schule in Kairo studierte sie Theologie und Politikwissenschaft mit Schwerpunkt Naher Osten in Bonn und Münster. Claudia Mende unternahm zahlreiche Reportagereisen nach Ägypten, Syrien, Jordanien und in den Sudan. Heute arbeitet sie mit den Themenschwerpunkten Islam und arabische Welt als freie Journalistin in München.

Claudia Mende (p. 178)

was born in Cologne and grew up in the U.S., France, Jordan, and Egypt. After finishing high school at the German Lutheran School in Cairo, she studied theology and political science with an emphasis in the Middle East in Bonn and in Münster. Claudia Mende has undertaken many travel reportages to Egypt, Syria, Jordan, and to Sudan. Today she works as a free-lance journalist in Munich, specializing in the topics of Islam and the Arab world.

Gunter Mulack (S. 181)

wurde 1943 in Landsberg/Warthe geboren. Er studierte Rechts- und Islamwissenschaft in Marburg, Göttingen und den USA, bevor er nach seiner Promotion 1971 in den Höheren Auswärtigen Dienst eintrat. Er war u. a. als Generalkonsul in Casablanca, Botschafter in Kuwait und Bahrain, Damaskus und Islamabad sowie Referatsleiter in der Politischen Abteilung des Auswärtigen Amtes tätig. Von 2002 bis 2005 arbeitete Gunter Mulack als Beauftragter für den Dialog mit der Islamischen Welt, Dialog der Kulturen, des Auswärtigen Amtes. Seit 2008 ist Gunter Mulack Direktor des Deutschen Orient-Instituts in Berlin, seit 2012 auch Mitglied im Beirat der Deutsch-Arabischen Freundschaftsgesellschaft.

Gunter Mulack (p. 182)

was born in 1943 in Landsberg/Warthe, Germany. He studied law and Islamic studies in Marburg, Göttingen, and in the U.S. before entering the German Foreign service upon completion of his doctorate in 1971. Some of the posts he has held include German general consul in Casablanca, German ambassador in Kuwait and Bahrain, Damascus and Islamabad as well as division head in the political department of the German foreign ministry. From 2002 to 2005 Gunter Mulack worked as Commissioner for the Dialogue with the Islamic world, Dialogue of Cultures, of the German Foreign Ministry. Since 2008, Gunter Mulack has been the director of the German Orient Institute in Berlin, and since 2012, he has also been a member of the advisory board of the German-Arab Friendship Society.

Armasch Nalbandian (S. 185)

wurde 1973 in Aleppo mit dem bürgerlichen Namen Hagop geboren. Von 1987 bis 1993 studierte er am Theologischen Institut in Armenien und wurde 1991 zum Diakon geweiht. 1993 ging er nach Deutschland, um sein Theologiestudium fortzusetzen und sich um die armenische Gemeinde zu kümmern. Von 1995 bis 2000 studierte er evangelische Theologie an der Universität Nürnberg mit den Nebenfächern Altgriechisch und Latein. 1999 wurde er als Bischof Armasch Nalbandian zum Archimandrit geweiht und betreute die armenisch-orthodoxen Gemeinden in Süddeutschland. 2004 wurde er zum Erzbischof von Damaskus geweiht. Bischof Armasch spricht mehrere Sprachen, darunter Arabisch, Armenisch, Russisch, Englisch, Deutsch und Türkisch.

Armash Nalbandian (p. 186)

was born in 1973 in Aleppo as Hagop Nalbandian. From 1987 to 1993 he studied at the Theological Institute of Armenia and was ordained as a deacon in 1991. He went to Germany in 1993 to continue his theological education and to serve the Armenian church there. From 1995 to 2000 he studied Protestant theology at the University of Nürnberg with minors in classical Greek and Latin. In 1999 he was ordained as Archimandrite Bishop Armash Nalbandian and served the Armenian Orthodox congregations in Southern Germany. In 2004 he was ordained as Archbishop of Damascus. Bishop Armash speaks a number of languages, such as Arabic, Armenian, Russian, English, German, and Turkish.

Adli Qudsi (p. 39)

studied architecture at Washington State University. After his graduation in 1964 he worked as an architect in Seattle until he founded the architecture and planning office Conception & Construction Consultants in Aleppo in 1975. In the 1970s Adli Qudsi initiated the campaign for the preservation of the historic city center of Aleppo and in 1992 the project for its rehabilitation. For this achievement, he received the Rolex Award for Enterprise in 1998. From 1999 to 2008 Adli Qudsi worked as a consultant and representative of the Aga Khan Trust for Culture, in 2007 he founded the association Aleppo Citadel Friends. Adli Qudsi has written numerous theoretical works as well, such as *The Master Plan of a Historic Town, Scrapped* and *Traffic in the Meydan-E-Imam and a Rehabilitation Brief For Isfahan, Iran.*

عدلي قدسي (ص. ٤٠)

درس الهندسة المعمارية في جامعة واشنطن. عمل بعد تخرجه عام ١٩٦٤ إلى عام ١٩٧٥ كمهندس معماري في سياتل، حيث أسس مكتب للعمارة و التخطيط لتصميم وإستشارات البناء في حلب. في السبعينات بدأ عدلي قدسي بحملة لترميم المدينة القديمة في حلب وفي عام ١٩٩٢ أسس مشروع إعادة التأهيل، لهذا حصل على جائزة رولكس للمبادرات الطموحة. في الفترة من ١٩٩٩ إلى ٢٠٠٨ عمل عدلي قدسي كمستشار وممثل مؤسسة الآغا خان للثقافة، و في عام ٢٠٠٧ أسس جمعية أصدقاء قلعة حلب. كتب العديد من الأبحاث النظرية، منها "الخطة الرئيسية للمدينة التاريخية وحركة المرور في ميدان الإمام"، و "موجز إعادة تأهيل مدينة أصفهان في إيران".

Eckhart Ribbeck (S. 189)

hat in Aachen und Stuttgart studiert. Er war als Stadtplaner in Stuttgart, in der Karibik (UNDP) und in Brasilien (GTZ) tätig. In Mexiko-Stadt übernahm er eine Gastprofessur. Ab 1991 war Eckhart Ribbeck Professor an der Universität Stuttgart, bevor er im Jahr 2010 emeritiert wurde.

Eckhart Ribbeck (p. 189)

studied in Aachen and in Stuttgart. He has worked as a city planner in Stuttgart, in the Caribbean (UNDP) and in Brazil (GTZ). He has also lectured as a visiting professor in Mexico City. From 1991 to 2010 Eckhart Ribbeck was a professor at the University of Stuttgart before he retired as an emeritus professor.

Maruan Rifai (S. 191)

wurde 1935 in Aleppo in eine bekannte und große Familie hineingeboren. Nach dem Abitur zog er 1953 nach Deutschland, um Maschinenbau zu studieren. Er promovierte an der TH Darmstadt und kehrte danach mit seiner deutschen Ehefrau nach Aleppo zurück, wo er für das Wirtschaftsministerium arbeitete. Seit 1974 lebt Maruan Rifai mit seiner Familie wieder in Deutschland. Er war u. a. als Berater bei verschiedenen deutschen und europäischen Wirtschaftsverbänden sowie Regierungsstellen tätig. Seit 2000 arbeitet er als selbstständiger Berater von Wirtschaftsunternehmen.

مروان رفاعي (ص ١٩١)

ولد عام ١٩٣٥ في حلب من عائلة معروفة وكبيرة. إنتقل عام ١٩٥٣ إلى المانيا لدراسة الهندسة الميكانيكية. حصل على الدكتوراه من الجامعة التقنية في دارمشتات، ثم عاد مع زوجته الألمانية إلى مدينة حلب، حيث عمل لصالح وزارة الإقتصاد. منذ عام ١٩٧٤ يعيش مروان رفاعي وعائلته من جديد في المانيا. عمل مستشاراً للعديد من الهيئات الإقتصادية الألمانية والأوروبية وكذلك لدوائر حكومية. منذ عام ٢٠٠٠ يعمل مستشاراً مستقلاً لشركات خاصة.

Alfred Ruther-Mehlis (S. 193)

wurde 1961 in Lieser geboren. Er studierte Stadt- und Regionalplanung in Berlin und arbeitete am Institut für Entwicklungsplanung und Strukturforschung in Hannover, bevor er 1992/93 die Leitung des Sachgebietes „Flächennutzungsplanung im Planungsamt Bremen" übernahm. Bis 1996 war er Referent im Referat für Stadtentwicklung in Hannover, danach promovierte er an der TU Berlin. 1997–2002 leitete Ruther-Mehlis das Amt für Stadtentwicklung in Villingen-Schwenningen. Seit 2002 ist er Professor für Stadtplanung an der Hochschule für Wirtschaft und Umwelt Nürtingen-Geislingen und Mitinhaber des Instituts für Stadt- und Regionalentwicklung (IfSR).

Alfred Ruther-Mehlis (p. 194)

was born in Lieser, Germany, in 1961. He studied city and regional planning in Berlin and worked at the Institute for Developmental Planning and Structural Research in Hannover before taking over the leadership of the subject group land consolidation planning in the Planning Office of the city-state of Bremen in 1992/1993. Until 1996 he was a divisional head in the Department of Urban Development in Hannover, later receiving his doctorate from the Technical University of Berlin. In the years 1997–2002 Ruther-Mehlis directed the Office for Urban Development in the twin cities of Villingen-Schwenningen. Since 2002 he has been professor for Urban planning at the College for Business and Environment in Nürtingen-Geislingen and co-partner of the Institute for Urban and Regional Development (IfSR).

Beate Rygiert (S. 197)

ist Schriftstellerin, Filmemacherin und Malerin. Sie verfasste die Romane *Bronjas Erbe*, *Die Fälscherin*, *Der Nomade* und *Das Liebesleben der Farne*. Außerdem schreibt sie Kurzprosa, Theaterstücke sowie Drehbücher und verfilmt eigene Kurzfilmstoffe. Für ihre Drehbuchadaption von *Bronjas Erbe* für einen Kinofilm erhielt Beate Rygiert 2008 den Thomas-Strittmatter-Drehbuchpreis. Auch ihre Prosa wird durch Stipendien gefördert und mit Preisen ausgezeichnet. Sie erhielt u. a. den Würth-Literaturpreis für die Erzählung *Jelenas Augen* und zahlreiche internationale Aufenthaltsstipendien in den USA, in Australien, Schottland, Italien, Spanien und der Schweiz.

بآته ريغيرت (ص ١٩٧)

كاتبة ومخرجة أفلام ورسامة. كتبت الروايات التالية: "ورثة برونجاس"، "والمزورة"، "والبدوي وكذلك حياة الحب للسرخس". كما تكتب القصص القصيرة والمسرحيات وسيناريوهات الأفلام وأخرجت أفلام قصيرة من تأليفها. حصلت بآته ريغيرت عام ٢٠٠٨ على جائزة توماس شتريتمتر عن سيناريو فيلم "ورثة برونجاس". وحصلت على جوائز عن قصصها مثل جائزة فيرت الأدبية لقصة "عيون يلينا" وحصلت على منح عالمية للكتابة في الولايات المتحدة واستراليا واسكتلندا وايطاليا واسبانيا وسويسرا.

Olivier Salmon (S. 43)

hat einen Doktortitel in französischer Literatur und studierte an der Sorbonne in Paris, er widmete seine Dissertation dem Thema „Aleppo in der europäischen Reiseliteratur während der osmanischen Ära". Von 2003 bis 2004 lehrte er Französisch in Aleppo, inszenierte dort drei Theaterstücke und organisierte mehrere Ausstellungen mit Hussein I. El-Mudarris. Er ist Mitherausgeber mehrerer Werke zu Aleppo und Syrien, dazu gehören u. a. *Romantic Travel through Bartlett's Engravings* (2007), *Souvenir de Damas* (2008), *Voyage en Orient de Lamartine* (2009) und *Mémoire sur la Syrie ou Promenades d'un ingénieur géographe à Alep de Camille Callier* (2010).

أوليفيه سالمون (ص ٤٤)

دكتور في الأدب الفرنسي، درس في جامعة السوربون في باريس، كان موضوع أطروحته "حلب في أدب السفر الأوروبي في العصر العثماني". من ٢٠٠٣ إلى ٢٠٠٤ درّس الفرنسية في حلب، أخرج هناك ثلاثة مسرحيات ونظم عدة معارض بالتعاون مع حسين المدرس. شارك في إصدار العديد من الكتب حول حلب وسورية، منها: "رومانسية السفر من خلال فن النقش البارتليتي" (٢٠٠٧)، "تذكاريات دمشقية" (٢٠٠٨)، "رحلة لامارتين إلى الشرق" (٢٠٠٩)، "ذكريات رحلة على الأقدام إلى سوريا للمهندس الجغرافي في حلب كميل كالبير" (٢٠١٠).

Esther Saoub (S. 47/199)

ist Radiojournalistin beim Südwestrundfunk. Sie studierte Judaistik, Islam- und Literaturwissenschaft und stammt ursprünglich aus Stuttgart. 1991 ging sie für ein Jahr nach Damaskus, seither hat das Land sie nicht mehr losgelassen. Verheiratet mit einem Mann aus Damaskus, lernte Saoub Aleppo aus dem Blickwinkel der Journalistin kennen. Als stolze Handelsstadt, deren Bewohner sich nicht als Syrer vorstellen, sondern als Aleppiner. Seit 2006 ist Esther Saoub ARD-Hörfunkkorrespondentin in Kairo. Aber Ostern feiert sie jedes Jahr in Syrien, denn das ist dort die allerschönste Zeit.

إستر صعوب (ص ٤٨)

صحافية في إذاعة وتلفزيون الغرب الجنوبي. درست العلوم اليهودية والإسلامية والأدب، وهي في الأصل من مدينة شتوتغارت. سافرت عام ١٩٩١ إلى دمشق لمدة سنة، منذ ذلك الحين وهي مُغرمة بهذا البلد. متزوجة من رجل من دمشق، تعرفت إستر صعوب على مدينة حلب من وجهة نظر الصحفي: كمدينة تجارية فخورة بنفسها، سكانها لا تتخيلهم سوريين، ولكن كحلبيين. منذ عام ٢٠٠٦ تعمل إستر صعوب مراسلة إذاعية لـ ARD في القاهرة. لكنها تحتفل بعيد الفصح كل عام في سوريا، لأنه هناك من أجمل الأوقات.

Esther Saoub (p. 200)

is a radio journalist for the Südwestrundfunk radio station in Stuttgart. She studied Judaism, Islam studies and literature and is a native of Stuttgart. In 1991 she went to Damascus for a year and since then, the country has not let her go. Married to a man from Damascus, Saoub got to know Aleppo from the perspective of the journalist, as a proud city of commerce whose residents do not introduce themselves as Syrians, but as Aleppines. Since 2006 Esther Saoub has been the German ARD radio correspondent in Cairo. But, she celebrates Easter every year in Syria because this is the most beautiful time of the year there.

Herbert Schmalstieg (S. 203)

wurde 1943 in Hannover geboren. Er absolvierte eine Ausbildung zum Sparkassenbetriebswirt und ein Abendstudium zum Werbekaufmann. Von 1972 bis 2006 war er zunächst ehrenamtlicher, dann hauptamtlicher Oberbürgermeister der Landeshauptstadt Hannover und von 1986 bis 1996 Mitglied des Niedersächsischen Landtags. Herbert Schmalstieg war viele Jahre Präsident bzw. Vizepräsident des Deutschen Städtetags und Präsident des Niedersächsischen Städtetags. Er hat hohe nationale und internationale Auszeichnungen erhalten und ist Ehrenbürger von Hannover, Hiroshima, Poznan und New Orleans, Ehrenvorsitzender der Sozialdemokratischen Gesellschaft für Kommunalpolitik (SGK) und Ehrenpräsident der Euro-SGK. Herbert Schmalstieg ist aktiv in der Friedensbewegung und in Fragen der Menschenrechte engagiert.

هربرت شمالستيغ (ص ٢٠٣)

ولد عام ١٩٤٣ في هانوفر درس إقتصاد المصارف وفي دورات مسائية إدارة أعمال الدعاية. من ١٩٧٢ إلى ٢٠٠٦ شغل منصب عمدة مدينة هانوفر، ومن عام ١٩٨٦ إلى ١٩٩٦ عضو في برلمان ولاية ساكسونيا السفلى. وكان لسنوات طويلة رئيساً أو نائب رئيس لمجلس المدن الألمانية ورئيساً لمجلس مدن ولاية ساكسونيا السفلى. وقد حصل على جوائز محلية ودولية. وهو مواطن فخري لكل من هانوفر، بوزنان، هيروشيما، نيو أورليانز. هربرت شمالستيغ له نشاطات عديدة في حركات السلام وقضايا حقوق الإنسان.

Peter Schweiger (S. 51)

wurde 1939 in Wien geboren, seit 1965 lebt er in der Schweiz. Nach einigen Jahren fast ausschließlicher Arbeit für das Fernsehen, wo er für Sendungen zum Thema Musik und einige Fernsehspiele verantwortlich war, und der Direktion des Zürcher Theaters am Neumarkt, während der er sich besonders der zeitgenössischen DDR- und Schweizer Dramatik angenommen hat, arbeitete er von 1994 bis 2004 als Schauspieldirektor am Theater St. Gallen. Seither ist Peter Schweiger als freischaffender Regisseur vor allem im zeitgenössischen Musiktheater tätig. 2001 wurde er mit dem Hans-Reinhart-Ring geehrt.

Peter Schweiger (p. 52)

was born in Vienna in 1939 and has lived in Switzerland since 1965. After some years of almost exclusively working for TV, where he was responsible for music programs and some television plays and the direction of the Zürich Theater at the New Market, during which he particularly attended to modern East German and Swiss drama, he worked as the drama director at the St. Gallen Theater from 1994 to 2004. Since then Peter Schweiger has worked as a free-lance director specializing in contemporary music theater. He was awarded the Hans Reinhart Ring in 2001.

Gerhard Schweizer (S. 205)

wurde 1940 in Stuttgart geboren. Er promovierte an der Universität Tübingen in Empirischer Kulturwissenschaft. Heute lebt er in Wien, wenn er nicht gerade auf Reisen recherchiert und Material für neue Bücher sammelt. Einem breiten Publikum wurde Gerhard Schweizer vor allem durch seine Veröffentlichungen über die islamischen, hinduistischen und fernöstlichen Kulturräume bekannt. Er schrieb u. a. *Syrien. Religion und Politik im Nahen Osten*, *Iran. Drehscheibe zwischen Ost und West* und *Islam und Abendland. Geschichte eines Dauerkonflikts*.

غيرهارد شفايتسر (ص ٢٠٦)

ولد عام ١٩٤٠ في شتوتغارت. حصل على درجة الدكتوراة من جامعة توبينجن في علوم الحضارة التجريبية. يعيش اليوم في فيينا عندما لايكون في سفر للأبحاث وجمع مواد كتابه الجديد. غيرهارد شفايتزر معروف من خلال كتبه حول الحضارات في المناطق الهندوسية والإسلامية والشرق الأقصى. من مؤلفاته كتاب "سوريا، الدين والسياسة في الشرق الأوسط" وكذلك كتاب "إيران المحور بين الشرق والغرب" وأيضاً "الإسلام والغرب. قصة صراع طويل الامد".

Gudrun Selz (S. 209)

wurde 1951 in Braunschweig geboren. Sie studierte Vorderasiatische Archäologie, Assyriologie und Ethnologie in Freiburg und München und promovierte 1982 in Vorderasiatischer Archäologie. Zwischen 1983 und 1988 lehrte sie an der Universität Freiburg und wirkte an Ausgrabungen in Syrien mit. Seit 1985 widmet sich Gudrun Selz der Vermittlung zeitgenössischer Kunst und ist als selbstständige Galeristin tätig.

Gudrun Selz (p. 210)

was born in Braunschweig in 1951. She studied Near Eastern archaeology, Assyrian studies, and ethnology in Freiburg and Munich completing her doctorate in 1982 in Near Eastern archaeology. Between 1983 and 1988 she taught at the University of Freiburg and took part in excavations in Syria. Since 1985 Gudrum Selz has devoted herself to promoting contemporary art and she is active as an independent gallery owner.

Nabil Shawkat (S. 213/215)

lebt als freischaffender Schriftsteller in Kairo. Er schreibt über Kultur, Architektur, Politik und im Allgemeinen über Menschen, die er nicht kennt. Seine Texte sind ein regelmäßiger Bestandteil der angesehenen Kunst und Architekturzeitschrift *El Beit*. Im Jahr 2006 wurde sein Buch *Breakfast with the Infidels* veröffentlicht. Von 2009 bis 2010 lebte Nabil Shawkat in Aleppo. Heute ist er wieder in Kairo, wo er mit seiner Frau und einem alternden, imaginären Papagei auf der liebenswerten, aber ungeordneten Insel Zamalek wohnt. Zurzeit arbeitet Nabil Shawkat an einer Webseite über die moderne Geschichte und die vielen versteckten Freuden der Stadt Kairo. Dem Projekt hat der Autor den vorläufigen Namen „Cairo Guru" gegeben.

نبيل شوكت (ص ٢١٣)

يعيش ككاتب متفرغ في القاهرة. يكتب حول الثقافة والعمارة والسياسة و بشكل عام حول البشر الذين لايعرفهم. ينشر نصوصه بانتظام في مجلة البيت المختصة بالهندسة المعمارية والفن. صدر عام ٢٠٠٦ كتابه إفطار مع الكفار. عاش نبيل شوكت بين عامي ٢٠٠٩ - ٢٠١٠ في حلب. اليوم يعيش من جديد في القاهرة ويسكن مع زوجته وببغاء عجوز إفتراضي في جزيرة الزمالك الغير منظمة. يعمل نبيل شوكت حالياً على تطوير موقع له على شبكة الإنترنت حول التاريخ الحديث وعن الكثير من المسرات الخفية في مدينة القاهرة. وقد أعطى هذا المشروع اسم مؤقت "معلم القاهرة".

Nabil Shawkat (p. 215)

lives and works as a free-lance writer in Cairo. He writes about culture, architecture, politics, and in general, about people he does not know. His articles are a regular component of *El Beit*, a renowned magazine for art and architecture. His book *Breakfast with the Infidels* was published in 2006. Nabil Shawkat lived in Aleppo from 2009 to 2010. Today he is back in Cairo, where he lives with his wife and an aging, imaginary parrot on the lovely, but disorderly island of Zamalek. At the moment Nabil Shawkat is working on a website about modern history and the many hidden joys of the city of Cairo. The author has given the project the temporary name "Cairo Guru".

Nihad Sirees (S. 217)

wurde 1950 in Aleppo geboren. Nihad Sirees ist Schriftsteller und Theaterautor. Seine bekanntesten Erzählungen sind u. a. *Der Krebs (Al-Saratan)*, *Die Nordwinde I/II* und *Der Lärm und die Ruhe (Al Samt Wa Al Sakhab)*. Er hat eine Reihe von Drehbüchern für das Fernsehen (*Der Seidenmarkt I/II*, *Kahlil Gibran*) und für Kinder (*Das Puzzle (Al-Lughz)*, *Das Spielhaus* oder *Das Piano*) geschrieben.

نهاد سيريس (ص ٢١٨)

ولد عام ١٩٥٠ في حلب. كتب نهاد سيريس سلسلة من الروايات والقصص القصيرة والمسرحيات والأفلام التلفزيونية وكتب الأطفال. من رواياته المعروفة: "السرطان"، "رياح الشمال - سوق الصغير"، "الصمت والصخب".

Hans Spiekermann (S. 221)

wurde 1946 in Eisborn im Sauerland geboren. Er studierte Anglistik und Biologie in Bonn und Madison, Wisconsin (USA) und war seit 1973 als Lehrer am Gymnasium bzw. an Gesamtschulen in Düsseldorf tätig. Zwischenzeitlich engagierte er sich in einem privat organisierten Entwicklungshilfeprojekt in Ghana (Landwirtschaft) sowie in verschiedenen ökologischen Projekten. Seit 2011 ist er pensioniert.

هانز سبيكرمان (ص ٢٢٢)

ولد عام ١٩٤٦ و درس علوم الأحياء والأدب الإنجليزي في بون وماديسون ويسكونسن في الولايات المتحدة، وعمل كمدرس منذ عام ١٩٧٣ في ثانويات مدينة دوسلدورف. في غضون ذلك نشط في مشروع للتنمية الزراعية في غانا وكذلك في المشاريع البيئية المختلفة.

Meinolf Spiekermann (S. 225)

wurde 1953 in Westfalen geboren. Er studierte Raumplanung in Dortmund und schloss daran eine landwirtschaftliche Ausbildung an. Nach vierjähriger Lehr- und Forschungstätigkeit an den Universitäten Dortmund und Hannover arbeitet er seit 1989 für die Deutsche Gesellschaft für Internationale Zusammenarbeit GIZ (GmbH), zunächst in Zentral- und Westafrika. Von 2001 bis 2008 leitete er den deutschen Beitrag zur bürgerorientierten Sanierung und Entwicklung der Altstadt von Aleppo und zum Erhalt des städtischen Kulturerbes. Derzeit verantwortet er im Auftrag der Bundesregierung den Aufbau grenzüberschreitender Lernnetzwerke für Kommunal- und Stadtentwicklung und lokale Demokratie in Marokko, Algerien und Tunesien.

ماينلوف سبيكرمان (ص ٢٢٥)

ولد عام ١٩٥٣ في فستفالن. درس التخطيط الاقليمي في دورتموند، انهى دراسته بالتدريب الزراعي. بعد أربع سنوات من التدريس والأبحاث في جامعات دورتموند وهانوفر، التحق عام ١٩٨٩ بالوكالة الألمانية للتعاون الفني GTZ. بداية في وسط وغرب أفريقيا. ترأس من عام ٢٠٠١ إلى ٢٠٠٨ فريق المساهمة الألمانية لمشروع الحفاظ على التراث الثقافي وإعادة تأهيل المدينة القديمة في حلب. حاليا يعمل لصالح وزارة التعاون الاقتصادي والتنمية الألمانية لبناء شبكة تعليمية لتنمية البلديات والمناطق الحضرية في المغرب والجزائر وتونس.

Kurt Stürzbecher (S. 227)

wurde 1944 geboren. Er studierte Architektur an der RWTH Aachen sowie Stadtplanung an der AA School of Architecture in London und promovierte 1978 an der RWTH Aachen in Baugeschichte. Zwischen 1973 und 1989 war er bei Heidelberger Ingenieurbüros beschäftigt, danach arbeitete er als selbstständiger Berater. Für die GTZ war Kurt Stürzbecher u. a. acht Jahre lang in Nepal und im Jemen als Stadtplaner tätig. 1997 und 1998 arbeitete er als Berater der Planungsgruppe und Koordinator der Fachexperten für die Erstellung des Altstadt-Entwicklungsplans für Aleppo.

Kurt Stürzbecher (p. 227)

was born in 1944. He studied architecture at the Rhineland-Westphalian Technical University (RWTH) in Aachen as well as urban planning at the AA School of Architecture in London and he completed his doctorate in 1978 at the RWTH Aachen in the history of architecture. Between 1973 and 1989 he was employed in Heidelberg construction engineering offices and later worked as an independent consultant. Kurt Stürzbecher worked for the German Technical Cooperation service (GTZ) as a city planner for eight years in Nepal and in Yemen. In 1997 and 1998 he worked as a consultant of the planning group and as a coordinator of the experts for the completion of a development plan for the historic city center (Old City) of Aleppo.

Loutfi Suomi (S. 229)

wurde 1936 in Jenin, Palästina, geboren. Nach dem Studium der Philosophie und Soziologie an der Universität von Kairo arbeitete er zunächst in Katar und Kuwait. 1966 zog er nach Aleppo, wo er bis 1970 im staatlichen Dienst beschäftigt und gleichzeitig an der Universität von Aleppo als Rektor tätig war. Bis 1991 war Loutfi Suomi für den Export von Textilien in die ehemalige Sowjetunion verantwortlich. Seit 1981 galt sein Interesse jedoch chinesischem Porzellan und islamischem Steingut. Er hat mehrere Studien zur altorientalischen Geschichte sowie zur Geschichte Palästinas von der Bronze- bis zur Eisenzeit veröffentlicht.

Loutfi Suomi (p. 230)

was born in 1936 in Jenin, Palestine. After studying philosophy and sociology at the University of Cairo, he worked first in Qatar and Kuwait. In 1966 he moved to Aleppo, where he was employed by the government and, at the same time, was rector of the University of Aleppo. Until 1991, Loutfi Suomi was responsible for the export of textiles to the former Soviet Union. However, since 1981 he has been interested in Chinese porcelain and Islamic earthenware. He has published several studies on ancient Oriental history as well as the history of Palestine from the Bronze Age until the Iron Age.

Suleman Taufiq (S. 233/235)

wurde 1953 in Syrien geboren. Er wuchs in Damaskus auf und zog 1971 nach Deutschland, wo er Philosophie und Komparatistik studierte. 1983 erhielt er den Literaturpreis der Stadt Aachen, in der er heute noch lebt. Suleman Taufiq ist deutschsprachiger Autor und als Lyriker, Erzähler, Musikkritiker sowie Herausgeber und Übersetzer arabischer und deutscher Literatur bekannt. Zu seinen Werken gehören u. a. der Gedichtband *Hier wohnt die Stille*, die Novelle *Im Schatten der Gasse*, das Kinderbuch *Oh wie schön ist Fliegen* und das Buch *Dinge, die andere nicht sehen: 20 Lyrikerinnen aus dem arabischen Raum*, das er aus dem Arabischen übersetzt und herausgegeben hat. Sein Werk umfasst mehr als 25 Titel.

Suleman Taufiq (p. 233)

was born in Syria in 1953 and grew up in Damascus. In 1971 he moved to Germany where he studied philosophy and comparative literature. In 1983 he received the prize for literature of the city of Aachen where he still lives today. Suleman Taufiq is well-known as a German-speaking author and as a lyricist, narrator, music critic, as well as editor and translator of Arabic and German literature. Among his works are the following, *Hier wohnt die Stille*, a volume of poetry, *Im Schatten der Gasse*, a short story, *Oh wie schön ist Fliegen*, a childrens' book, and the book: *Dinge, die andere nicht sehen: 20 Lyrikerinnen aus dem arabischen Raum*, which he translated from Arabic and published. His work comprises more than 25 titles.

سليمان توفيق (ص ٢٣٦)

ولد عام ١٩٥٣ في سوريا، ترعرع في مدينة دمشق، سافر عام ١٩٧١ إلى المانيا و درس الفلسفة و الأدب المقارن في جامعاتها. في عام ١٩٨٣ حصل على جائزة الأدب لمدينة آخن، حيث لايزال يقيم فيها. يكتب سليمان توفيق باللغة الألمانية وهو معروف كشاعر و قاص و ناقد موسيقي و مترجم للأدب العربي و الألماني. من بين أعماله على سبيل المثال ديوان الشعر "هنا يمكث السكون"، و رواية "في ظل الزقاق"، و كتاب للأطفال "مأجمل الطيران عالياً" و "أشياء لايراها الآخرين - ٢٠ شاعرة من العالم العربي"، صدر له أكثر من ٢٥ كتاباً باللغة الألمانية.

Farouk Tebbal (p. 239)

was born in Algeria and studied civil engineering at the École nationale des Ponts et Chaussées in Paris and at the University of California in Berkeley, U.S.A. After graduation he was first a state employee in his homeland and then, from 2001 to 2008, he worked for the United Nations (UN-Habitat). After a two-year stay in Washington, where he worked for the globally active Cities Alliance, in 2008, a few months after his retirement, Farouk Tebbal began to become involved as a main consultant in the development strategy project of the city of Aleppo. Currently, he is coordinating the technical area of the project, a job that has led him to Aleppo a number of times.

فاروق طبال (ص ٢٣٩)

ولد في الجزائر ودرس الهندسة المدنية في باريس وفي جامعة كاليفورنيا في بيركلي. بعد التخرج عمل كموظف حكومي في بلده ومن بعد من ٢٠٠١ إلى ٢٠٠٨ في الأمم المتحدة. بعد الإقامة لعامين في واشنطن حيث كان يعمل لحساب الجمعية العالمية لتحالف المدن، إلتحق فاروق طبال عام ٢٠٠٨ - بعد شهور من إحالته على التعاقد - كمستشار أساسي في مشروع إستراتيجية التنمية لمدينة حلب. حالياً يُنسق المجال التقني للمشروع، وهو النشاط الذي قاده مراراً وتكراراً إلى حلب.

Patrick Wakely (S. 241)

ist emeritierter Professor der Stadtentwicklung an der London University und ehemaliger Direktor der Abteilung für Entwicklungsplanung am University College in London (1989–2003). Als ausgebildeter Architekt arbeitete er vierzig Jahre lang in der Forschung, Beratung und Lehre im Bereich Wohnungsbau, Stadtplanung und Stadtentwicklung und war in über zwanzig Entwicklungsländern tätig, lehrte als Dozent in Asien, Afrika und Lateinamerika. Von 2008 bis 2010 erarbeitete Patrick Wakely mit der Stadtverwaltung Aleppos und ortsansässigen Fachleuten Strategien für die informellen Siedlungen der Stadt. Diese Arbeit war Bestandteil eines syrisch-deutschen nachhaltigen Stadtentwicklungsprojekts.

Patrick Wakely (p. 242)

is emeritus professor of urban development at the University of London and former Director of the Developmental Planning Unit (DPU) at University College London (UCL) (1989–2003). Trained as an architect at the Architectural Association (AA) in London, he has worked for over forty years in research, consulting, and teaching in the areas of urban housing policy and management and urban development planning and in over twenty developing countries as well as teaching in Asia, Africa, and Latin America. From 2008 to 2010 Patrick Wakely developed a housing policy and strategies for the improvement of informal settlements with the city administration of Aleppo. This work has been a component of a continuous Syrian-German urban development project.

Beate Weber (S. 245)

wurde 1943 in Reichenberg/Riesengebirge geboren. Sie studierte Sprachen sowie Erziehungswissenschaften mit Soziologie und Politik und arbeitete zunächst als Lehrerin. Von 1979 bis 1990 war sie Mitglied des Europäischen Parlaments, Vorsitzende des Ausschusses für Umweltfragen, Gesundheit, Verbraucherschutz und zwischen 1990 und 2006 Oberbürgermeisterin von Heidelberg. Zu ihren Schwerpunktthemen gehörten Nachhaltige Entwicklung, Klima- und

Naturschutz, Verwaltungsreform, Bürgerbeteiligung, Gleichstellung und strategische Stadtentwicklung. Beate Weber war Mitglied in nationalen und internationalen Gremien zu Planungsfragen und nachhaltiger Entwicklung. Seit 2006 geht sie verstärkt einer Vortragstätigkeit nach.

Beate Weber (p. 246)

was born in 1943 in Reichenberg/Riesen Mountains. She studied foreign languages as well as education along with sociology and political science and worked first as a teacher. From 1979 to 1990 she was a member of the European Parliament, chairwoman of the Commission on Environmental Issues, Health, Consumer Protection, and between 1990 and 2006 she was the mayor of Heidelberg. Some of the main issues she dealt with were sustainable growth, protecting the climate and nature, government administrative reform, community involvement, equal rights, and strategic urban planning. Beate Weber has been a member in national and international bodies related to questions of planning and sustainable development. Since 2006 she has devoted herself more to giving lectures.

Matthias Weiter (S. 249)

reist seit 1978 nach Aleppo. Bis 2007 war er Leiter des Nahost-Referats des Entwicklungsministeriums, heute lehrt er Entwicklungsökonomie an der Humboldt-Universität Berlin und baut deutsch-arabische Studiengänge auf.

ماتياس فايتر (ص ٢٥٠)

منذ عام ١٩٧٨ حتى عام ٢٠٠٧ وهو يسافر إلى مدينة حلب. شغل منصب رئيس شعبة الشرق الاوسط في وزارة التنمية الألمانية، واليوم يُدرس إقتصاديات التنمية في جامعة هومبولت في برلين، ويبني فروع للدراسات العربية الألمانية.

Stefan Winkler (S. 253)

wurde 1967 in Mannheim geboren. Er ist Islamwissenschaftler und Germanist und hat in Heidelberg, Kairo, Teheran und Bamberg studiert. 1998 bis 2003 arbeitete er für den DAAD an der Universität Aleppo. Nach einer Station im Auswärtigen Amt übernahm er von 2004 bis 2008 die Leitung des Goethe-Instituts in Alexandria. 2012 bis 2015 war er wieder für das Goethe-Institut in Ägypten tätig, als Koordinator der Projekte der Transformationspartnerschaft. Seit Juni 2015 leitet er das Goethe-Institut Pakistan in Karachi. Stefan Winkler beschäftigt sich mit Kultur, Kulturpolitik und den aktuellen Diskursen in muslimischen Ländern.

Stefan Winkler (p. 254)

was born in 1967 in Mannheim. He is a Middle Eastern studies scholar and specialist in German and studied in Heidelberg, Cairo, Tehran, and Bamberg. From 1998 to 2003 he worked for the DAAD at the University of Aleppo. After a stint in the German Foreign Ministry, he took over as head of the Goethe-Institut in Alexandria from 2004 to 2008. From 2012 to 2015 he worked again for the Goethe-Institut in Egypt, as coordinator of the projects of the Transformation Partnership. Since June 2015 he has worked as the head of the Goethe-Institut Pakistan in Karachi. Stefan Winkler concerns himself with culture, cultural policy, and the current discourse in Muslim countries.

Stefan Winter (S. 257)

ist Professor an der Université du Québec à Montréal (UQAM). In Deutschland geboren, aber in Québec aufgewachsen, studierte er Arabisch und Geschichte des Mittleren Ostens in Toronto, Erlangen, Damaskus, Ankara und Chicago, wo er 2002 promovierte. Während der Arbeit an seinem Buch *The Shiites of Lebanon under Ottoman Rule* lebte er für zwei Jahre in Aleppo. Später führten ihn regelmäßige Recherchen und ein Forschungsjahr in die Stadt zurück. Zurzeit forscht Stefan Winter auf dem Gebiet der kurdischen und arabischen Stammesherrschaft in Nord-Syrien und der Türkei im osmanischen Zeitalter.

ستيفان فينتر (ص ٢٥٨)

أستاذ في جامعة كيبيك دو مونتريال. ولد في ألمانيا، لكنه ترعرع في كيبيك، درس العربية و تاريخ الشرق الأوسط في تورونتو، إرلنغن، دمشق، أنقرة وشيكاغو، حيث حصل على الدكتوراة عام ٢٠٠٢. أثناء تأليفه لكتاب "الشيعة في لبنان تحت الحكم العثماني"، عاش لمدة عامين في حلب. وفي وقت لاحق عاد إلى المدينة للقيام ببعض الأبحاث. حالياً يبحث ستيفان فينتر في موضوع سلطة العشائر العربية والكردية في شمال سوريا وتركيا في العهد العثماني.

Danksagungen Acknowledgements كلمة شكر

Für ihre Mitarbeit am Buch, bei der Übersetzung der Originaltexte, beim Lektorat, bei der Herstellung von Kontakten zu den Autoren und bei der Sponsorensuche möchten wir uns ausdrücklich recht herzlich bedanken bei:

Pierre Antaki, Aleppo
Honorarkonsul der Bundesrepublik Deutschland in Aleppo

Abed Azrié, Paris

Thierry Grandin, Aleppo

Paul Hahn, Berlin

Abdullah Hamouch, Dubai

Jim Kautt, Tübingen

Jenny Poche-Marrache, Aleppo

Suleman Taufiq, Aachen
Fares Youwakim, Bonn

Hannah Dotzauer, Bern
Sigrid Kröner, Stuttgart
Cornelia Renner, Berlin
Gerlinde Schneck, Stuttgart

Catrine Ronner, Stuttgart

For their work on this volume in translating the original texts, proofreading, establishing contact with the individual authors as well as seeking sponsors, we would like express our most heartfelt thanks to the following individuals:

Pierre Antaki, Aleppo
Honorary consul of the Federal Republic of Germany in Aleppo

Abed Azrié, Paris

Thierry Grandin, Aleppo

Paul Hahn, Berlin

Abdullah Hamouch, Dubai

Jim Kautt, Tübingen

Jenny Poche-Marrache, Aleppo

Suleman Taufiq, Aachen
Fares Youwakim, Bonn

Hannah Dotzauer, Bern
Sigrid Kröner, Stuttgart
Cornelia Renner, Berlin
Gerlinde Schneck, Stuttgart

Catrine Ronner, Stuttgart

لكل من ساهم في هذا الكتاب من مترجمين للنصوص الأصلية ومحررين والذين قدموا مساعدة للاتصال بالكتاب وللداعمين جزيل الشكر:

بيير انطاكي، قنصل المانيا الفخري في حلب

عابد عازرية، باريس

تيري غراندين، حلب

باول هان، برلين

عبدالله حموش، دبي

جيم كاوت، توبينغن

جيني بوخه - مراش، حلب

سليمان توفيق، آخن
فارس يواكيم، بون

حنه دوتساور، بيرن
زيغريد كرونر، شتوتغارت
كورنيليا رينر، برلين
غرلينده شنيك، شتوتغارت

كاترين رونر، شتوتغارت

Photonachweis Photo Credits مصادر الصور

Glossar Glossary فهرس المصطلحات

Abassiden (Abbasiden)
Islamische Kalifendynastie (Bagdad, 750–1258)

Alkoven
Bettnische, Wandbett

Araghil
Wasserpfeife

Ataba
Abgesenkter Bereich am Türeingang zum Ablegen der Schuhe

Ayyubiden
Dynastie (Machtbereich Ägypten/Syrien, 1127–1250)

Charwal
Hose, im Wadenbereich eng, darüber weit geschnitten

Chubz
(Fladen-)Brot

Eid-Fest
Fest zum Abschluss des Fastenmonats Ramadan

Hammam
Öffentliches Badehaus

Ikat(-Textilien)
Web- und Färbetechnik

Iwan (Liwan)
Hoher, überwölbter Raum (Loggia), der sich ganzseitig zum Hof öffnet

Kebbeh (Kibbeh)
Vorspeisengericht, gefüllte Fleischbällchen

Khan
Karawanserei, Herberge und Handelslager für Kaufleute

Krapar (Grabar)
Armenisch: „geschrieben“ / Literarische Sprache bis ins 19. Jahrhundert und bis heute liturgische Sprache der armenischen Kirche

Luwisch
Altorientalische, indogermanische Sprache / Hieroglyphenschrift im Anatolien des 1. und 2. Jahrtausends v. Chr.

Madrasa
„Ort des Lernens“, islamische mittelalterliche Schule (Theologie, Recht, Medizin, Philosophie)

Mamelucken (Mamluken)
Ursprünglich türkisch-tscherkessische Militärsklaven (Herrschaftsbereich Ägypten/Syrien, 1250–1577)

Mashrabiya
Hölzernes Fenstergitter

Masjid
Arabisch: „Ort des Niederwerfens vor Gott“ = Moschee

Muqarnas
Baudekor aus vorkragenden konkaven Elementen, die ein Gewölbe bilden

Omayyaden (Umayyaden)
Erste islamische Kalifendynastie (Damaskus, 661–750)

Ombaz
Traditionelles aleppinisches, langes Kleidungsstück für Männer

Parther
Dynastie (Machtbereich Iran, 3. Jahrhundert v. Chr.)

Pastirma
Luftgetrocknetes Rindfleisch

Piedestal (Pedestal)
Podest

Qa’a
Großer Raum/Halle

Quaisariyah (Qisariya)
Gewerbehof

Sabah Fakhir
Bekannter aleppinischer Sänger

Sassaniden (Sasaniden)
Persische Dynastie (227–651)

Sham
(Klassisch-)arabischer Name für die Levante

Stanza
(Lied-)Strophe

Suq
Basar, geschlossener Marktbereich

Syllabisch
Silbenweise so komponiert, dass jeder Silbe des Textes einer Note zugeordnet wird

Wakf (Waqf)
Islamische Stiftung, unterstützt den Betrieb von gemeinnützigen, wohltätigen Institutionen (wie Schulen, Moscheen, Krankenhäusern etc.)

Zengiden (Zangiden)
Dynastie (Syrien, 12. Jahrhundert)

Abassid (Abbasids)
Islamic Caliphate dynasty (Baghdad, 750–1258 A.D.)

Alcoves
bed niches, a recess in a room, usually screened off by pillars, balustrades, or drapery

Araghil
water pipe, narghile

Ataba
lowered area at a door entrance to take off shoes

Ayyubids
dynasty (in Egypt/Syria, 1127–1250 A.D.)

Charwal
trousers, tight in the calves, otherwise widely-cut

Chubz
(pita) bread

Eid-Feast
feast at the end of Ramadan, the Islamic month of fasting

Hammam
public bathhouse

Ikat (textiles)
weaving and dye technique

Iwan (Liwan)
high, vaulted hall or space (loggia) walled on three sides, with one end entirely open to the courtyard

Kebbeh (Kibbeh)
an appetizer dish with filled meatballs

Khan
caravansary, lodge and commercial storage area for merchants

Krapar (Grabar)
Armenian: "literary" / Classical, literary Armenian language used until the 19th century, still used today as the liturgical language of the Armenian Orthodox Church

Luwian (Luvian)
extinct Indo-European language / hieroglyphic script in Anatolia from the 1st and 2nd millennia B.C.

Madrasa (Madrash)
"place of learning", Islamic Medieval academy of theology, law, medicine, philosophy

Mameluke (Mamluk)
originally Turkish-Circassian slave soldiers (rulers in Egypt/Syria, 1250–1577 A.D.)

Mashrabiya
wooden window grating

Masjid
Arabic: "place of bowing down before God" = mosque

Muqarnas
decorative devices from projecting concave elements that form an arch

Omayyad (Umayyad)
first Islamic Caliphate dynasty (Damascus, 661–750 A.D.)

Ombaz
traditional Aleppine long robe cloth for men

Parthian
dynasty (ruling Iran, 3rd century B.C.)

Pastirma
(air-)dried beef jerky

Piedestal (Pedestal)
pedestal

Qa'a
large room/hall

Quaisariyah (Qisariya)
business/commerical park

Sabah Fakhir
well-known Aleppine singer

Sassanid (Sasanid)
Persian dynasty (227–651 A.D.)

Sham
(Classical) Arabic name for the Levant

Stanza
(song) line, stanza

Souq
bazaar, enclosed market area

Syllabic
composed syllable for syllable so that each syllable of lyrics corresponds to a musical note

Wakf (Waqf)
Islamic foundation, supported by non-profit, charitable institutions (such as schools, mosques, hospitals, etc.)

Zengid (Zangid)
dynasty (Syria, 12th century A.D.)

edition
esefeld
& traub

Lieferbare Bücher | Available books